QUESTION-AND-ANSWER
OF CHARACTERISTIC TOWN POLICIES
(2017-2018)

特色小镇政策
一 问 一 答
（2017~2018）

北京瑞鼎智业投资咨询有限公司特色小镇事业部

许菡芬　主编

社会科学文献出版社
SOCIAL SCIENCES ACADEMIC PRESS (CHINA)

特色小镇建设的系统推进

　　2016 年以来，中央部委及全国各省份相继出台相关政策，积极推进特色小镇建设。特色小镇是国家新农村建设、新型城镇化背景下的新举措、新模式。党的十九大报告、两会、中央一号文件均对特色小镇建设做出了明确指示。在此背景下，理解特色小镇建设要义，系统推进特色小镇建设具有重要意义。

　　特色小镇建设的系统推进，应注重保护与开发并行，遵循体系化思考、系统化推进、科学化规划、精细化设计、伙伴化合作、国际化视野原则。

　　体系化思考强调在推进特色小镇建设时，关注线性到环形、局部到整体、静态到动态的全过程。不仅要综合考虑各子系统之间的关系，还需走一条资源有效利用、经济持续增长、环境友好保护、社会公平和谐、空间结构合理、智慧城市创建的可持续的城镇化道路，对过去、现在到未来的整个周期进行综合性思考。

　　系统化推进强调综合打造政策引领、设计规划、产业落地、招商引资的全链条。在政策上进行全面梳理，理解政策要点。注重规划设计的科学性和指导性，结合当地的资源，引入适宜产业并落地，细化原有各产业，推动产业转型升级，围绕龙头企业，延伸其产业链，构建完整的全产业链体系。

　　科学化规划强调规划模式的升级与思维的转型，即充分认识特色小镇建设的复杂性，了解建设重点，预测发展趋势，将特色小镇看作开放性的系统，明确其中各要素的关系，采用现代化的技术手段和思维方法进行小镇规划。与此同时，融入多学科交叉视角，有效实施特色小镇的科学规划。

精细化设计强调设计的系统整合。在保证实用、美观、有效的基础上，坚持以人为本的原则，体现设计的人性化，提升小镇居民的生活品质，并配以社会服务，使小镇的建设不仅是打造景观，也能塑造生活，因此应从产业、文化、生态等方面入手，建设景美自然、宜业宜居、宜游宜养的特色小镇。

伙伴化合作强调企业与政府的良好协作。政府、社会、投资主体、咨询机构及未来特色小镇的消费者之间具有平等的、开放的、合作伙伴式的关系。创新特色小镇相关主体的关系，在规划、咨询、建设以及运营服务全过程中，建立"政府引导，企业主体，市场运作"的合作制度，为特色小镇的发展提供全方位保障。

国际化视野强调对国际理念、国际经验的借鉴与融合。智慧技术的发展为中国与西方经验的碰撞创造了机遇。需对国外特色小镇发展的先进经验与思维方式，尤其是城市设计、运营管理、融入绿色生态环保等理念进行综合考量。在此基础上，结合本地的自然环境、社会经济、历史人文，打造特色水平与建设质量齐驱的小镇。

此外，在系统推进特色小镇建设的过程中，也需实现政策衔接与落地，发掘地域特色，打造特色小镇建设的中国范式。

国家发展和改革委员会国际合作中心

景朝阳

前言 >>>

党的十九大报告强调了推动区域协调发展、推动新型城镇化发展的要义。我国自开展城镇化建设以来，促进大中城市和小城镇的协调发展即为关键的发展方向。特色小镇作为一大抓手，其多样化形态、地域性设计、产业化发展、区域性联动都为推动政策的实施提供了良好的载体。自 2016 年以来，党中央和国务院大力推动特色小镇建设，颁布各项政策引导特色小镇发展。中央政策的出台既是对特色小镇建设必要性、实时性的肯定，也为地方发展新业态提供了思路、指明了方向，因此关注特色小镇的政策动向，是进行特色小镇研究、建设、发展的关键。

2016 年 7 月，中华人民共和国住房和城乡建设部、国家发改委、财政部联合下发了《关于开展特色小镇培育工作的通知》，决定在全国范围内开展特色小镇培育工作，到 2020 年，培育 1000 个左右各具特色、富有活力的休闲旅游、商贸物流、现代制造、教育科技、传统文化、美丽宜居等特色小镇。此项政策作为特色小镇的引导性政策，在全国范围内引发了"小镇"热潮。各地政府积极响应中央号召，颁布并实施地方特色小镇建设政策，并通过试点评比、论坛交流等多样化形式推进政策落地。在此背景下，地方政府、相关机构学习特色小镇政策更具必要性，学习、掌握、运用政策是切合国家指向、促进地方发展的有效路径。

基于此，本书对国家与地方的特色小镇政策进行了全面和专业的梳理，作为特色小镇的科普式读物，采用一问一答的形式，提供明晰的政策指南，便于读者查阅关键问题、理解政策要义。

　　本书编者均为从事特色小镇理论研究、政策分析和规划咨询的专业人士。后续会根据政策的动向适时更新，总结国家政策动态，满足读者知识更新所需。感谢编委李才华、温馨对本书编辑做出的贡献。

目录 >>>
CONTENTS

上篇　特色小镇国家政策

1. 国家颁布哪些政策支持特色小镇发展？

2016.7.1   住房和城乡建设部、国家发展改革委、财政部《关于开展特色小镇培育工作的通知》

2016.8.3   住房和城乡建设部村镇建设司《关于做好2016年特色小镇推荐工作的通知》

2016.10.11   住房和城乡建设部《关于公布第一批中国特色小镇名单的通知》

2016.12.12   国家发展改革委、国家开发银行、中国光大银行、中国企业联合会、中国企业家协会、中国城镇化促进会《关于实施"千企千镇工程"推进美丽特色小（城）镇建设的通知》

2017.1.24   住房和城乡建设部、国家开发银行《关于推进开发性金融支持小城镇建设的通知》

2017.1.13   国家发改委、国家开发银行《关于开发性金融支持特色小（城）镇建设促进脱贫攻坚的意见》

2017.4.1   住房和城乡建设部、中国建设银行《关于推进商业金融支持小城镇建设的通知》

2017.5.9   国家体育总局办公厅《关于推动运动休闲特色小镇建设工作的通知》

2017.5.26   住房和城乡建设部办公厅《关于做好第二批全国特色小镇推荐工作的通知》

2017.7.4	国家林业局办公室《关于开展森林特色小镇建设试点工作的通知》
2017.7.7	住房和城乡建设部《关于保持和彰显特色小镇特色若干问题的通知》
2017.8.9	国家体育总局办公厅《关于公布第一批运动休闲特色小镇试点项目名单的通知》
2017.8.22	住房和城乡建设部《关于公布第二批全国特色小镇名单的通知》
2017.12.4	国家发展和改革委员会、国土资源部、环境保护部、住房和城乡建设部《关于规范推进特色小镇和特色小城镇建设的若干意见》

2. 在住建部、国家发改委、财政部颁布的《关于开展特色小镇培育工作的通知》中，特色小镇五点培育要求是什么？

特色鲜明的产业形态、和谐宜居的美丽环境、彰显特色的传统文化、便捷完善的设施服务、充满活力的体制机制。

（1）特色鲜明的产业形态

产业定位精准，特色鲜明，战略新兴产业、传统产业、现代农业等发展良好、前景可观。产业向做特、做精、做强发展，新兴产业成长快，传统产业改造升级效果明显，充分利用"互联网＋"等新兴手段，推动产业链向研发、营销延伸。产业发展环境良好，产业、投资、人才、服务等要素集聚度较高。通过产业发展，小镇吸纳周边农村剩余劳动力就业的能力明显增强，带动农村发展效果明显。

（2）和谐宜居的美丽环境

空间布局与周边自然环境相协调，整体格局和风貌具有典型特征，路网合理，建设高度和密度适宜。居住区开放融合，提倡街坊式布局，住房舒适美观。建筑彰显传统文化和地域特色。公园绿地贴近生活、贴近工作。店铺布局有管控。镇区环境优美，干净整洁。土地利用集约节约，小镇建设与产业发展同步协调。美丽乡村建设成效突出。

（3）彰显特色的传统文化

传统文化得到充分挖掘、整理、记录，历史文化遗存得到良好保护和利用，非物质文化遗产活态传承。形成独特的文化标识，与产业融合发展。优秀传统文化在经济发展和社会管理中得到充分弘扬。公共文化传播方式方法丰富有效。居民思想道德和文化素质较高。

（4）便捷完善的设施服务

基础设施完善，自来水符合卫生标准，生活污水全面收集并达标排放，垃圾无害化处理，道路交通停车设施完善便捷，绿化覆盖率较高，防洪、排涝、消防等各类防灾设施符合标准。公共服务设施完善、服务质量较高，教育、医疗、文化、商业等服务覆盖农村地区。

（5）充满活力的体制机制

发展理念有创新，经济发展模式有创新；规划建设管理有创新，鼓励多规协调，建设规划与土地利用规划合一，社会管理服务有创新；省、市、县支持政策有创新；镇村融合发展有创新。体制机制建设促进小镇健康发展，激发内生动力。

3. 在住建部、国家发改委、财政部颁布的《关于开展特色小镇培育工作的通知》中，三个坚持是什么？

坚持突出特色；坚持市场主导；坚持深化改革。

坚持突出特色。从当地经济社会发展实际出发，发展特色产业，传承传统文化，注重生态环境保护，完善市政基础设施和公共服务设施，防止千镇一面。依据特色资源优势和发展潜力，科学确定培育对象，防止一哄而上。

坚持市场主导。尊重市场规律，充分发挥市场主体作用，政府重在搭建平台、提供服务，防止大包大揽。以产业发展为重点，依据产业发展确定建设规模，防止盲目造镇。

坚持深化改革。加大体制机制改革力度，创新发展理念，创新发展模式，创新规划建设管理，创新社会服务管理。推动传统产业改造升级，培育壮大新兴产业，打造创业创新新平台，发展新经济。

4. 在住建部、国家发改委、财政部颁布的《关于开展特色小镇培育工作的通知》中，特色小镇培育目标是什么？

到 2020 年，培育 1000 个左右各具特色、富有活力的休闲旅游、商贸物流、现代制造、教育科技、传统文化、美丽宜居等特色小镇，引领带动全国小城镇建设，不断提高建设水平和发展质量。

5. 在住房和城乡建设部村镇建设司颁布的《关于做好 2016 年特色小镇推荐工作的通知》中，对候选特色小镇的要求是什么？

候选特色小镇近 5 年应无重大安全生产事故、重大环境污染、重大生态破坏、重大群体性社会事件、历史文化遗存破坏现象。

6. 国家发展改革委、国家开发银行、中国光大银行、中国企业联合会、中国企业家协会、中国城镇化促进会颁布《关于实施"千企千镇工程"推进美丽特色小（城）镇建设的通知》的主要目的是什么？

"千企千镇工程"，是指根据"政府引导、企业主体、市场化运作"的新型小（城）镇创建模式，搭建小（城）镇与企业主体有效对接平台，引导社会资本参与美丽特色小（城）镇建设，促进镇企融合发展、共同成长。

实施"千企千镇工程"，有利于充分发挥优质企业与特色小（城）镇的双重资源优势，开拓企业成长空间，树立城镇特色品牌，实现镇企互利共赢；有利于培育供给侧小镇经济，有效对接新消费新需求，增强小（城）镇可持续发展能力和竞争力；有利于创新小（城）镇建设管理运营模式，充分发挥市场配置资源的决定性作用，更好发挥政府规划引导和提供公共服务等作用，防止政府大包大揽。

7. 在国家发展改革委、国家开发银行、中国光大银行、中国企业联合会、中国企业家协会、中国城镇化促进会颁布的《关于实施"千企千镇工程"推进美丽特色小（城）镇建设的通知》中，主要内容有什么？

（1）聚焦重点领域

围绕产业发展和城镇功能提升两个重点，深化镇企合作。引导企业从区域要素禀赋和比较优势出发，培育壮大休闲旅游、商贸物流、信息产业、智能制造、科技教育、民俗文化传承等特色优势主导产业，扩大就业，集聚人口。推动"产、城、人、文"融合发展，完善基础设施，扩大公共服务，挖掘文化内涵，促进绿色发展，打造宜居宜业的环境，提高人民群众获得感和幸福感。

（2）建立信息服务平台

运用云计算、大数据等信息技术手段，建设"千企千镇服务网"，开发企业产业转移及转型升级数据库和全国特色小（城）镇数据库，为推动企业等社会资本与特色小（城）镇对接提供基础支撑。

（3）搭建镇企合作平台

定期举办"中国特色小（城）镇发展论坛"，召开多形式的特色小（城）镇建设交流研讨会、项目推介会等，加强企业等社会资本和特色小（城）镇的沟通合作与互动交流。

（4）镇企结对树品牌

依托信息服务平台和镇企合作平台，企业根据自身经营方向，优选最佳合作城镇，城镇发挥资源优势，吸引企业落户，实现供需对接、双向选择，共同打造镇企合作品牌。

（5）推广典型经验

每年推出一批企业等社会资本与特色小（城）镇成功合作的典型案例，总结提炼可复制、可推广的经验，供各地区参考借鉴。

8. 在国家发展改革委、国家开发银行、中国光大银行、中国企业联合会、中国企业家协会、中国城镇化促进会颁布的《关于实施"千企千镇工程"推进美丽特色小（城）镇建设的通知》中，如何组织实施？

（1）强化协同推进

"千企千镇工程"由国家发展改革委、国家开发银行、中国光大银行、中国企业联合会、中国企业家协会、中国城镇化促进会等单位共同组织实施。中国城镇化促进会要充分发挥在平台搭建、信息交流、经验总结等方面的积极作用，承担工程实施的具体工作。

（2）完善支持政策

"千企千镇工程"的典型地区和企业，可优先享受有关部门关于特色小（城）镇建设的各项支持政策，优先纳入有关部门开展的新型城镇化领域试点示范。国家开发银行、中国光大银行将通过多元化金融产品及模式对典型地区和企业给予融资支持，鼓励引导其他金融机构积极参与。政府有关部门和行业协会等社会组织将加强服务和指导，帮助解决"千企千镇工程"实施中的重点难点问题。

（3）积极宣传引导

充分发挥主流媒体、自媒体等舆论引导作用，持续跟踪报道"千企千镇工程"实施情况，总结好经验好做法，发现新情况新问题，形成全社会关心、关注、支持特色小（城）镇发展的良好氛围。

9. 在住房和城乡建设部、国家开发银行颁布的《关于推进开发性金融支持小城镇建设的通知》中，有何工作目标？

（1）落实《住房城乡建设部 国家发展改革委 财政部关于开展特色小镇培育工作的通知》（建村〔2016〕147号），加快培育 1000 个左右各具特色、富有活力的休闲旅游、商贸物流、现代制造、教育科技、传统文化、美丽宜居的特色小镇。优先支持《住房城乡建设部关于公布第一批中国特色小镇名单的通知》（建村〔2016〕221 号）确定的 127 个特色小镇。

（2）落实《住房城乡建设部等部门关于公布全国重点镇名单的通知》（建村〔2014〕107 号），大力支持 3675 个重点镇建设，提升发展质量，逐步完善一般小城镇的功能，将一批产业基础较好、基础设施水平较高的小城镇打造成特色小镇。

（3）着力推进大别山等集中连片贫困地区的脱贫攻坚，优先支持贫困地区基本人居卫生条件改善和建档立卡贫困户的危房改造。

（4）探索创新小城镇建设运营及投融资模式，充分发挥市场主体作用，打造一批具有示范意义的小城镇建设项目。

10. 在住房和城乡建设部、国家开发银行颁布的《关于推进开发性金融支持小城镇建设的通知》中，重点支持内容是什么？

（1）支持以农村人口就地城镇化、提升小城镇公共服务水平和提高承载能力为目的的设施建设。主要包括：土地及房屋的征收、拆迁和补偿；供水、供气、供热、供电、通信、道路等基础设施建设；学校、医院、邻里中心、博物馆、体育馆、图书馆等公共服务设施建设；防洪、排涝、消防等各类防灾设施建设。重点支持小城镇污水处理、垃圾处理、水环境治理等设施建设。

（2）支持促进小城镇产业发展的配套设施建设。主要包括：标准厂房、众创空间、产品交易等生产平台建设；展示馆、科技馆、文化交流中心、民俗传承基地等展示平台建设；旅游休闲、商贸物流、人才公寓等服务平台建设，以及促进特色产业发展的配套设施建设。

（3）支持促进小城镇宜居环境塑造和传统文化传承的工程建设。主要包括：镇村街巷整治、园林绿地建设等风貌提升工程；田园风光塑造、生态环境修复、湿地保护等生态保护工程；传统街区修缮、传统村落保护、非物质文化遗产活化等文化保护工程。

11. 在住房和城乡建设部、国家开发银行颁布的《关于推进开发性金融支持小城镇建设的通知》中，如何加大开发性金融支持力度？

（1）做好融资规划。国家开发银行将依据小城镇总体规划，适时编制相应的融资规划，做好项目融资安排，针对具体项目的融资需求，统筹安排融资方式和融资总量。

（2）加强信贷支持。国家开发银行各分行要会同各地住房和城乡建设（规划）部门，确定小城镇建设的投资主体、投融资模式等，共同做好项目前期准备工作。对纳入全国小城镇建设项目储备库的优先推荐项目，在符合贷款条件的情况下，优先提供中长期信贷支持。

（3）创新融资模式，提供综合性金融服务。国家开发银行将积极发挥"投、贷、债、租、证"的协同作用，为小城镇建设提供综合金融服务。根据项目情况，采用政府和社会资本合作（PPP）、政府购买服务、机制评审等模式，推动项目落地；鼓励大型央企、优质民企以市场化模式支持小城镇建设。在风险可控、商业可持续的前提下，积极开展小城镇建设项目涉及的特许经营权、收费权和购买服务协议下的应收账款质押等担保类贷款业务。

12. 在住房和城乡建设部、中国农业发展银行颁布的《关于推进政策性金融支持小城镇建设的通知》中，支持范围有哪些？

（1）支持以转移农业人口、提升小城镇公共服务水平和提高承载能力为目的的基础设施和公共服务设施建设。主要包括：土地及房屋的征收、拆迁和补偿；安置房建设或货币化安置；水网、电网、路网、信息网、供气、供热、地下综合管廊等公共基础设施建设；污水处理、垃圾处理、园林绿化、水体生态系统与水环境治理等环境设施建设；学校、医院、体育馆等文化教育卫生设施建设；小型集贸市场、农产品交易市场、生活超市等便民商业设施建设；其他基础设施和公共服务设施建设。

（2）为促进小城镇特色产业发展提供平台支撑的配套设施建设。主要包括：标准厂房、孵化园、众创空间等生产平台建设；博物馆、展览馆、科技馆、文化交流中心、民俗传承基地等展示平台建设；

旅游休闲、商贸物流、人才公寓等服务平台建设；其他促进特色产业发展的配套基础设施建设。

在此基础上，优先支持贫困地区。中国农业发展银行要将小城镇建设作为信贷支持的重点领域，以贫困地区小城镇建设作为优先支持对象，统筹调配信贷规模，保障融资需求。开辟办贷绿色通道，对相关项目优先受理、优先审批，在符合贷款条件的情况下，优先给予贷款支持。

13. 在住房和城乡建设部、中国农业发展银行颁布的《关于推进政策性金融支持小城镇建设的通知》中，提出了何种建设思路？

建立贷款项目库。申请政策性金融支持的小城镇需要编制小城镇近期建设规划和建设项目实施方案，经县级人民政府批准后，向中国农业发展银行相应分支机构提出建设项目和资金需求。各省级住房和城乡建设部门、中国农业发展银行省级分行应编制本省（区、市）本年度已支持情况和下一年度申请报告（包括项目清单），并于每年12月底前提交住房和城乡建设部、中国农业发展银行总行，同时将相关信息录入小城镇建设贷款项目库。

14. 在住房和城乡建设部、中国农业发展银行颁布的《关于推进政策性金融支持小城镇建设的通知》中，对项目管理有哪些支持？

住房和城乡建设部负责组织、推动全国小城镇政策性金融支持工作，建立项目库，开展指导和检查。中国农业发展银行将进一步争取国家优惠政策，提供中长期、低成本的信贷资金。

省级住房和城乡建设部门、中国农业发展银行省级分行要建立沟通协调机制，协调县（市）申请中国农业银行政策性贷款，解决相关问题。县级住房和城乡建设部门要切实掌握政策性信贷资金申请、使用等相关规定，组织协调小城镇政策性贷款申请工作，并确保资金使用规范。

中国农业发展银行各分行要积极配合各级住房和城乡建设部门工作，普及政策性贷款知识，加大宣传力度。各分行要积极运用政府购买服务和采购、政府和社会资本合作（PPP）等融资模式，为小城镇建设提供综合性金融服务，并联合其他银行、保险公司等金融机构以银团贷款、委托贷款等方式，努力拓宽小城镇建设的融资渠道。对符合条件的小城镇建设实施主体提供重点项目建设基金，用于补充项目资本金不足部分。在风险可控、商业可持续的前提下，小城镇建设项目涉及的特许经营权、收费权和政府购买服务协议预期收益等可作为中国农业发展银行贷款的质押担保。

15. 在住房和城乡建设部《关于公布第一批中国特色小镇名单的通知》中，127 个首批特色小镇有哪些？

序号	地区	数量（个）	名单
1	北京市	3	房山区长沟镇、昌平区小汤山镇、密云区古北口镇
2	天津市	2	武清区崔黄口镇、滨海新区中塘镇
3	河北省	4	秦皇岛市卢龙县石门镇、邢台市隆尧县莲子镇、保定市高阳县庞口镇、衡水市武强县周窝镇
4	山西省	3	晋城市阳城县润城镇、晋中市昔阳县大寨镇、吕梁市汾阳市杏花村镇
5	内蒙古自治区	3	赤峰市宁城县八里罕镇、通辽市科尔沁左翼中旗舍伯吐镇、呼伦贝尔市鄂尔古纳市莫尔道嘎镇
6	辽宁省	4	大连市瓦房店市谢屯镇、丹东市东港市孤山镇、辽阳市弓长岭区汤河镇、盘锦市大洼区赵圈河镇
7	吉林省	3	辽源市东辽县辽河源镇、通化市辉南县金川镇、延边朝鲜族自治州龙井市东盛涌镇
8	黑龙江省	3	齐齐哈尔市甘南县兴十四镇、牡丹江市宁安市渤海镇、大兴安岭地区漠河县北极镇
9	上海市	3	金山区枫泾镇、松江区车墩镇、青浦区朱家角镇
10	江苏省	7	南京市高淳区桠溪镇、无锡市宜兴市丁蜀镇、徐州市邳州市碾庄镇、苏州市吴中区甪直镇、苏州市吴江区震泽镇、盐城市东台市安丰镇、泰州市姜堰区溱潼镇
11	浙江省	8	杭州市桐庐县分水镇、温州市乐清市柳市镇、嘉兴市桐乡市濮院镇、湖州市德清县莫干山镇、绍兴市诸暨市大唐镇、金华市东阳市横店镇、丽水市莲都区大港头镇、丽水市龙泉市上垟镇
12	安徽省	5	铜陵市郊区大通镇、安庆市岳西县温泉镇、黄山市黟县宏村镇、六安市裕安区独山镇、宣城市旌德县白地镇
13	福建省	5	福州市永泰县嵩口镇、厦门市同安区汀溪镇、泉州市安溪县湖头镇、南平市邵武市和平镇、龙岩市上杭县古田镇

序号	地区	数量（个）	名单
14	江西省	4	南昌市进贤县文港镇、鹰潭市龙虎山风景名胜区上清镇、宜春市明月山温泉风景名胜区温汤镇、上饶市婺源县江湾镇
15	山东省	7	青岛市胶州市李哥庄镇、淄博市淄川区昆仑镇、烟台市蓬莱市刘家沟镇、潍坊市寿光市羊口镇、泰安市新泰市西张庄镇、威海市经济技术开发区崮山镇、临沂市费县探沂镇
16	河南省	4	焦作市温县赵堡镇、许昌市禹州市神垕镇、南阳市西峡县太平镇、驻马店市确山县竹沟镇
17	湖北省	5	宜昌市夷陵区龙泉镇、襄阳市枣阳市吴店镇、荆门市东宝区漳河镇、黄冈市红安县七里坪镇、随州市随县长岗镇
18	湖南省	5	长沙市浏阳市大瑶镇、邵阳市邵东县廉桥镇、郴州市汝城县热水镇、娄底市双峰县荷叶镇、湘西土家族苗族自治州花垣县边城镇
19	广东省	6	佛山市顺德区北滘镇、江门市开平市赤坎镇、肇庆市高要市回龙镇、梅州市梅县区雁洋镇、河源市江东新区古竹镇、中山市古镇镇
20	广西壮族自治区	4	柳州市鹿寨县中渡镇、桂林市恭城瑶族自治县莲花镇、北海市铁山港区南康镇、贺州市八步区贺街镇
21	海南省	2	海口市云龙镇、琼海市潭门镇
22	重庆市	4	万州区武陵镇、涪陵区蔺市镇、黔江区濯水镇、潼南区双江镇
23	四川省	7	成都市郫县德源镇、成都市大邑县安仁镇、攀枝花市盐边县红格镇、泸州市纳溪区大渡口镇、南充市西充县多扶镇、宜宾市翠屏区李庄镇、达州市宣汉县南坝镇
24	贵州省	5	贵阳市花溪区青岩镇、六盘水市六枝特区郎岱镇、遵义市仁怀市茅台镇、安顺市西秀区旧州镇、黔东南州雷山县西江镇
25	云南省	3	红河州建水县西庄镇、大理州大理市喜洲镇、德宏州瑞丽市畹町镇
26	西藏自治区	2	拉萨市尼木县吞巴乡、山南市扎囊县桑耶镇
27	陕西省	5	西安市蓝田县汤峪镇、铜川市耀州区照金镇、宝鸡市眉县汤峪镇、汉中市宁强县青木川镇、杨陵区五泉镇

序号	地区	数量（个）	名单
28	甘肃省	3	兰州市榆中县青城镇、武威市凉州区清源镇、临夏州和政县松鸣镇
29	青海省	2	海东市化隆回族自治县群科镇、海西蒙古族藏族自治州乌兰县茶卡镇
30	宁夏回族自治区	2	银川市西夏区镇北堡镇、固原市泾源县泾河源镇
31	新疆维吾尔自治区	3	喀什地区巴楚县色力布亚镇、塔城地区沙湾县乌兰乌苏镇、阿勒泰地区富蕴县可可托海镇
32	新疆生产建设兵团	1	第八师石河子市北泉镇

16. 在国家发改委、国家开发银行颁布的《关于开发性金融支持特色小（城）镇建设促进脱贫攻坚的意见》中，对特色小（城）镇扶贫有何要求？

坚持因地制宜、稳妥推进。从各地实际出发，遵循客观规律，加强统筹协调，科学规范引导特色小（城）镇开发建设与脱贫攻坚有机结合，防止盲目建设、浪费资源、破坏环境。

坚持协同共进、一体发展。统筹谋划脱贫攻坚与特色小（城）镇建设，促进特色产业发展、农民转移就业、易地扶贫搬迁与特色小（城）镇建设相结合，确保群众就业有保障、生活有改善、发展有前景。

坚持规划引领、金融支持。根据各地发展实际，精准定位、规划先行，科学布局特色小（城）镇生产、生活、生态空间。通过配套系统性融资规划，合理配置金融资源，为特色小（城）镇建设提供金融支持，着力增强贫困地区自我发展能力，推动区域持续健康发展。

坚持主体多元、合力推进。发挥政府在脱贫攻坚战中的主导作用和在特色小（城）镇建设中的引导作用，充分利用开发性金融融资、融智优势，聚集各类资源，整合优势力量，激发市场主体活力，共同支持贫困地区特色小（城）镇建设。

坚持改革创新、务求实效。用改革的办法和创新的精神推进特色小（城）镇建设，完善建设模式、管理方式和服务手段，加强金融组织创新、产品创新和服务创新，使金融资源切实服务小（城）镇发展，有效支持脱贫攻坚。

17. 在国家发改委、国家开发银行颁布的《关于开发性金融支持特色小（城）镇建设促进脱贫攻坚的意见》中，对特色小（城）镇＋扶贫模式有何指导意见？

（1）加强规划引导

加强对特色小（城）镇发展的指导，推动地方政府结合经济社会发展规划，编制特色小（城）镇发展专项规划，明确发展目标、建设任务和工作进度。开发银行各分行积极参与特色小（城）镇规划编制工作，统筹考虑财税、金融、市场资金等方面因素，做好系统性融资规划和融资顾问工作，明确支持重点、融资方案和融资渠道，推动规划落地实施。各级发展改革部门要加强与开发银行各分行、特色小（城）镇所在地方政府的沟通联系，积极支持系统性融资规划编制工作。

（2）支持发展特色产业

各级发展改革部门和开发银行各分行要加强协调配合，根据地方资源禀赋和产业优势，探索符合当地实际的农村产业融合发展道路，不断延伸农业产业链、提升价值链、拓展农业多种功能，推进多种形式的产城融合，实现农业现代化与新型城镇化协同发展。

开发银行各分行要运用"四台一会"（管理平台、借款平台、担保平台、公示平台和信用协会）贷款模式，推动建立风险分担和补偿机制，以批发的方式融资支持龙头企业、中小微企业、农民合作组织以及返乡农民工等各类创业者发展特色优势产业，带动周边广大农户，特别是贫困户全面融入产业发展。

在特色小（城）镇产业发展中积极推动开展土地、资金等多种形式的股份合作，在有条件的地区，探索将"三资"（农村集体资金、资产和资源）、承包土地经营权、农民住房财产权和集体收益分配权资本化，建立和完善利益联结机制，保障贫困人口在产业发展中获得合理、稳定的收益，并实现城乡劳动力、土地、资本和创新要素高效配置。

（3）补齐特色小（城）镇发展短板

支持基础设施、公共服务设施和生态环境建设，包括但不限于土地及房屋的征收、拆迁和补偿；安置房建设或货币化安置；水网、电网、路网、信息网、供气、供热、地下综合管廊等公共基础设施建设；污水处理、垃圾处理、园林绿化、水体生态系统与水环境治理等环境设施建设以及生态修复工程；科技馆、学校、文化馆、医院、体育馆等科教文卫设施建设；小型集贸市场、农产品交易市场、生活超市等便民商业设施建设；其他基础设施、公共服务设施以及环境设施建设。

支持各类产业发展的配套设施建设，包括但不限于标准厂房、孵化园、众创空间等生产平台；旅游休闲、商贸物流、人才公寓等服务平台建设；其他促进特色产业发展的配套基础设施建设。

（4）积极开展试点示范

结合贫困地区发展实际，因地制宜开展特色小（城）镇助力脱贫攻坚建设试点。对试点单位优先编制融资规划，优先安排贷款规模，优先给予政策、资金等方面的支持，鼓励各地先行先试，着力打造一批资源禀赋丰富、区位环境良好、历史文化浓厚、产业集聚发达、脱贫攻坚效果好的特色小（城）镇，为其他地区提供经验借鉴。

（5）加大金融支持力度

开发银行加大对特许经营、政府购买服务等模式的信贷支持力度，特别是通过探索多种类型的 PPP 模式，引入大型企业参与投资，引导社会资本广泛参与。发挥开发银行"投资、贷款、债券、租赁、证券、基金"综合服务功能和作用，在设立基金、发行债券、资产证券化等方面提供财务顾问服务。发挥资本市场在脱贫攻坚中的积极作用，盘活贫困地区特色资产资源，为特色小（城）镇建设提供多元化金融支持。各级发展改革部门和开发银行各分行要共同推动地方政府完善担保体系，建立风险补偿机制，改善当地金融生态环境。

（6）强化人才支撑

加大对贫困地区特色小（城）镇建设的智力支持力度，开发银行扶贫金融专员要把特色小（城）镇作为金融服务的重要内容，帮助派驻地（市、州）以及对口贫困县区域内的特色小（城）镇引智、引商、引技、引资，着力解决缺人才、缺技术、缺资金等突出问题。以"开发性金融支持脱贫攻坚地方干部培训班"为平台，为贫困地区干部开展特色小（城）镇专题培训，帮助正确把握政策内涵，增强运用开发性金融手段推动特色小（城）镇建设、促进脱贫攻坚的能力。

（7）建立长效合作机制

国家发展改革委和开发银行围绕特色小（城）镇建设进一步深化合作，建立定期会商机制，加大工作推动力度。各级发展改革部门和开发银行各分行要密切沟通，共同研究制订当地特色小（城）镇建设工作方案，确定重点支持领域，设计融资模式；建立特色小（城）镇重点项目批量开发推荐机制，形成项目储备库；协调解决特色小（城）镇建设过程中的困难和问题，将合作落到实处。

18. 在住房和城乡建设部、中国建设银行颁布的《关于推进商业金融支持小城镇建设的通知》中，支持范围有哪些？

落实《住房城乡建设部　国家发展改革委　财政部关于开展特色小镇培育工作的通知》（建村〔2016〕147号）、《住房城乡建设部等部门关于公布全国重点镇名单的通知》（建村〔2014〕107号）等文件要求，支持特色小镇、重点镇和一般镇建设。优先支持《住房城乡建设部关于公布第一批中国特色小镇名单的通知》（建村〔2016〕221号）确定的127个特色小镇和各省（区、市）人民政府认定的特色小镇。

19. 在住房和城乡建设部、中国建设银行颁布的《关于推进商业金融支持小城镇建设的通知》中，支持内容有哪些？

（1）支持改善小城镇功能、提升发展质量的基础设施建设。主要包括：道路、供水、电力、燃气、热力等基础设施建设；企业厂房、仓库、孵化基地等生产设施建设；学校、医院、体育场馆、公园、小镇客厅等公共设施建设；居民拆迁安置、园林绿化等居住环境改善设施建设；河湖水系治理、建筑节能改造、新能源利用、污水和垃圾处理等生态环境保护设施建设。

（2）支持促进小城镇特色发展的工程建设。主要包括：街巷空间、建筑风貌等综合环境整治工程建设；传统街区保护和修缮、非物质遗产活化等传统文化保护工程建设；双创平台、展览展示、服务平台、人才交流等促进特色产业发展的配套工程建设。

（3）支持小城镇运营管理融资。主要包括：基础设施改扩建、运营维护融资；运营管理企业的经营周转融资；优质企业生产投资、经营周转、并购重组等融资。

20. 在住房和城乡建设部、中国建设银行颁布的《关于推进商业金融支持小城镇建设的通知》中，实施项目储备制度主要指什么？

（1）建立项目储备库

各县（市、区）住房和城乡建设（规划）部门要加快推进本地区小城镇总体规划编制或修编，制订近期建设项目库和年度建设计划，统筹建设项目，确定融资方式和融资规模，完成有关审批手续。

（2）推荐备选项目

各县（市、区）住房和城乡建设（规划）部门要组织做好本地区建设项目与中国建设银行地市级分行的对接和推荐，填写小城镇建设项目储备表，并报送至省级住房和城乡建设部门。省级住房和城乡建设部门要联合中国建设银行省级分行对本地区上报项目进行审核，并于 2017 年 5 月底前将通过审核的项目信息录入全国小城镇建设项目储备库（http：//www.charmingtown.cn）。住房和城乡建设部将会同中国建设银行总行对纳入全国小城镇建设项目储备库的项目进行评估，确定优先推荐项目。

21. 在国家体育总局办公厅颁布的《关于推动运动休闲特色小镇建设工作的通知》中，建设运动休闲特色小镇的意义是什么？

建设运动休闲特色小镇，是满足群众日益高涨的运动休闲需求的重要举措，是推进体育供给侧结构性改革、加快贫困落后地区经济社会发展、落实新型城镇化战略的重要抓手，也是促进基层全民健身事业发展、推动全面小康和健康中国建设的重要探索。建设运动休闲特色小镇，能够搭建体育运动新平台、树立体育特色新品牌、引领运动休闲新风尚，增加适应群众需求的运动休闲产品和服务供给；有利于培育体育产业市场、吸引长效投资，促进镇域运动休闲、旅游、健康等现代服务业良性互动发展，推动产业集聚并形成辐射带动效应，为城镇经济社会发展增添新动能；能够有效促进以乡镇为重点的基本公共体育服务均等化，促进乡镇全民健身事业和健康事业实现深度融合与协调发展。

22. 在国家体育总局办公厅颁布的《关于推动运动休闲特色小镇建设工作的通知》中，指导思想是什么？

认真贯彻落实习近平总书记系列重要讲话精神和治国理政新理念、新思想、新战略，落实总书记关于体育工作重要论述，落实党的十八大和十八届三中、四中、五中、六中全会精神，统筹推进"五位一体"总体布局，协调推进"四个全面"战略布局，牢固树立和践行新发展理念，加快推动体育领域供给侧结构性改革。将运动休闲特色小镇建设和脱贫攻坚任务紧密结合起来，多措并举、综合施策、循序渐进、以点带面，促进体育与健康、旅游、文化等产业实现融合协调发展，带动区域经济社会各项事业全面发展。

23. 在国家体育总局办公厅颁布的《关于推动运动休闲特色小镇建设工作的通知》中，基本原则是什么？

（1）因地制宜，突出特色。从各地实际出发，依托各地传统体育文化、运动休闲项目和体育赛事活动等特色资源，结合当地经济社会发展和基础设施条件，依据产业基础和发展潜力科学规划、量力而行、有序推进，形成体育产业创新平台。

（2）政府引导，市场主导。强化政府在政策引导、平台搭建、公共服务等方面的保障作用；充分发挥市场在资源配置中的决定性作用，鼓励、引导和支持企业、社会力量参与运动休闲特色小镇建设并发挥重要作用。

（3）改革创新，融合发展。鼓励各地创新发展理念、发展模式，大胆探索、先行先试。促进运动休闲产业与体育用品制造、体育场地设施建设等其他体育产业门类，旅游、健康、文化等其他相关产业互通互融和协调发展。

（4）以人为本，分类指导。以人民为中心，充分发挥体育在引导形成健康生活方式、提高人民健康水平、促进经济社会发展等方面的综合作用。鼓励东部地区多出经验和示范，政策和资金支持向中西部贫困地区倾斜。

24. 在国家体育总局办公厅颁布的《关于推动运动休闲特色小镇建设工作的通知》中，主要任务是什么？

到 2020 年，在全国扶持建设一批体育特征鲜明、文化气息浓厚、产业集聚融合、生态环境良好、惠及人民健康的运动休闲特色小镇；带动小镇所在区域体育、健康及相关产业发展，打造各具特色的运动休闲产业集聚区，形成与当地经济社会相适应、良性互动的运动休闲产业和全民健身发展格局；推动中西部贫困落后地区在整体上提升公共体育服务供给和经济社会发展水平，增加就业岗位和居民收入，推进脱贫攻坚工作。

25. 在国家体育总局办公厅颁布的《关于推动运动休闲特色小镇建设工作的通知》中，运动休闲特色小镇有何种特色？

（1）特色鲜明的运动休闲业态。聚焦运动休闲、体育健康等主题，形成体育竞赛表演、体育健身休闲、体育场馆服务、体育培训与教育、体育传媒与信息服务、体育用品制造等产业形态。

（2）深厚浓郁的体育文化氛围。具备成熟的体育赛事组织运营经验，经常开展具有特色的品牌全民健身赛事和活动，以独具特色的运动项目文化或民族民间民俗传统体育文化为引领，形成运动休闲特色名片。

（3）与旅游等相关产业融合发展。实现体育旅游、体育传媒、体育会展、体育广告、体育影视等相关业态共享发展，运动休闲与旅游、文化、养老、教育、健康、农业、林业、水利、通用航空、交通运输等业态融合发展，打造旅游目的地。

（4）脱贫成效明显。通过当地体育特色产业的发展吸纳就业，创造增收门路，促进当地特色农产品销售，在体育脱贫攻坚中树立示范。

（5）禀赋资源的合理有效利用。自然资源丰富的小镇依托自然地理优势发展冰雪、山地户外、水上、汽车摩托车、航空等运动项目；民族文化资源丰富的小镇依托人文资源发展民族民俗体育文化。大城市周边重点镇加强与城市发展的统筹规划与体育健身功能配套；远离中心城市的小镇完善基础设施和公共体育服务，服务农村。

26. 在住房和城乡建设部办公厅颁布的《关于做好第二批全国特色小镇推荐工作的通知》中，推荐要求有什么？

各地推荐的特色小镇应符合建村〔2016〕147号文件规定的培育要求，具备特色鲜明的产业形态、和谐宜居的美丽环境、彰显特色的传统文化、便捷完善的设施服务和充满活力的体制机制，并满足以下条件。

（1）具备良好的发展基础、区位优势和特色资源，能较快发展起来。

（2）实施并储备了一批质量高、带动效应强的产业项目。

（3）镇规划编制工作抓得紧，已编制的总体规划、详细规划或专项规划达到了定位准确、目标可行、规模适宜、管控有效4项要求。现有规划未达到定位准确等4项要求的已启动规划修编工作。

（4）制定并实施了支持特色小镇发展的政策措施，营造了市场主导、政企合作等良好政策氛围。

（5）实施了老镇区整治提升和发展利用工程，做到设施完善、风貌协调和环境优美。

（6）引入的旅游、文化等大型项目符合当地实际，建设的道路、公园等设施符合群众需求。

对存在以房地产为单一产业，镇规划未达到有关要求、脱离实际，盲目立项、盲目建设，政府大包大揽或过度举债，打着特色小镇名义搞圈地开发，项目或设施建设规模过大导致资源浪费等问题的建制镇不得推荐。县政府驻地镇不推荐。以旅游文化产业为主导的特色小镇推荐比例不超过1/3。

27. 在国家林业局办公室颁布的《关于开展森林特色小镇建设试点工作的通知》中，森林特色小镇的定义是什么？

　　森林特色小镇是指在森林资源丰富、生态环境良好的国有林场和国有林区林业局的场部、局址、工区等适宜地点，重点利用老旧场址工区、场房民居，通过科学规划设计、合理布局，建设接待设施齐全、基础设施完备、服务功能完善，以提供森林观光游览、休闲度假、运动养生等生态产品与生态服务为主要特色的，融合产业、文化、旅游、社区功能的创新发展平台。

28. 在国家林业局办公室颁布的《关于开展森林特色小镇建设试点工作的通知》中，建设森林特色小镇的目的是什么？

　　开展森林特色小镇建设，有利于提高国有林场和国有林区吸引和配置林业特色产业要素的能力，推动资源整合、产业融合，促进产业集聚、创新和转型升级；有利于深化国有林场和国有林区改革，助推林场林区转型发展，改善国有林场和国有林区生产生活条件、增加职工收入，增强发展后劲；有利于促进林业供给侧结构性改革，提高生态产品和服务供给能力和质量，不断满足广大人民群众日益增长的生态福祉需求；有利于保护生态和改善民生，促进国有林场和国有林区经济发展、林农增收，助推脱贫攻坚，着力践行习近平总书记提出的"绿水青山就是金山银山"等新发展理念。

29. 在国家林业局办公室颁布的《关于开展森林特色小镇建设试点工作的通知》中，试点原则是什么？

（1）坚持生态导向、保护优先。要以保护好当地森林资源、原生生态环境和原生生态景观为森林特色小镇建设的立足点和出发点，在确保森林资源总量增加、森林质量提高、生态功能增强的前提下，采用环境友好型、资源节约型等建设模式和方式，实现生态环境、生态文化、森林景观和服务设施有机融合，充分发挥森林生态多种功能，为社会提供更多的生态产品和更优良的生态服务。

（2）坚持科学规划、有序发展。要与国有林场和国有林区发展规划、森林经营方案相结合，坚持规划先行，科学设计，立足实际，深入挖掘特色，找准发展方向。要严格按照当地生态环境的承载量，科学规划，经过严格的科学评估论证，按照程序批准后严格执行。

（3）坚持试点先行、稳步推进。要优先选择发展基础好、政府支持力度大、建设积极性高的国有林场和国有林区林业局作为建设试点。在及时总结试点成功经验和模式的基础上，逐步示范推广、稳步推进。

（4）坚持政府引导、林场主导、多元化运作。各级林业主管部门要积极协调有关部门在基础设施建设、项目立项和资金投入、易地搬迁、土地使用审批以及投融资政策等方面予以倾斜，不断优化政策和投融资环境，大力支持小镇建设；国有林场和国有林区林业局是森林特色小镇建设的主体，要创造条件，推进小镇与企业、金融机构有效对接，促进场镇企融合发展、共同成长。

30. 在国家林业局办公室颁布的《关于开展森林特色小镇建设试点工作的通知》中，试点内容有什么？

（1）范围和规模。在全国国有林场和国有林区林业局范围内选择 30 个左右作为首批国家建设试点。

（2）建设方式。在稳定和充分保障国有林场和国有林区森林资源权益的基础上，可采取使用权与经营权分离的方式，放活经营权。可采取自建、合资合作和 PPP 合作建设等模式推进小镇建设，实现场镇企有效对接、互利共赢，融合发展。小镇建设要坚持改造利用、提档升级为主，原则上不搞新建，确需新建的要从严控制、严格把关。重点通过对国有林场和国有林区林业局的老旧场（局）址工区、场房住房等的改造，将其建设成地方特色鲜明，又与原生态景观风貌紧密融合的特色民居、森林小屋等接待设施。要注重与生态扶贫、林场棚户区改造、移民搬迁和场部搬迁重建，以及森林公园、湿地公园等工程项目建设相结合，相互促进，融合发展。

31. 在国家林业局办公室颁布的《关于开展森林特色小镇建设试点工作的通知》中，建设条件有什么？

（1）具有一定规模。一般应选择在森林分布集中，森林覆盖率在60%以上，森林景观优美、周边生态环境良好，具备较好文化底蕴、无重大污染源，规模较大的国有林场或国有林区林业局建设。

（2）建设积极性高。国有林场和国有林区林业局建设积极性较高，当地政府重视森林特色小镇建设工作，在小镇项目建设投入、招商引资、土地优惠以及基础设施建设等方面政策扶持力度大。

（3）主导产业定位准确。主要依托森林资源和生态优势，重点发展森林观光游览、休闲度假、运动养生，以及森林食品、森林药材等林产品培育、采集和初加工的绿色产业。

（4）基础设施较完备。国有林场和国有林区林业局水电路讯等基础设施较完善，建设地点原则上要选择在距机场或高铁站50~100公里范围内。

32. 在国家林业局办公室颁布的《关于开展森林特色小镇建设试点工作的通知》中，建设主要内容有什么？

（1）改善接待条件。通过对国有林场和国有林区林业局老旧场（局）址工区、场房民居等的改造，建设成地方特色鲜明，又与小镇森林特色生态景观风貌紧密融合的特色民居、森林小屋等，努力提升食宿接待能力和服务水平。

（2）完善基础设施。建设水、电、路、讯、生态环境监测等基础设施和森林步道等相应的观光游览、休闲养生服务设施，为开展游憩、度假、疗养、保健、养老等休闲养生服务提供保障，不断提升小镇公共服务能力、水平和质量。

（3）培育产业新业态。充分发掘利用当地的自然景观、森林环境、休闲养生等资源，积极引入森林康养、休闲养生产业发展先进理念和模式，大力探索培育发展森林观光游览、休闲养生新业态，拓展国有林场和国有林区发展空间，促进生态经济对小镇经济的提质升级，提升小镇独特竞争力。

33. 在住房和城乡建设部颁布的《关于保持和彰显特色小镇特色若干问题的通知》中，提出了什么要求？

（1）尊重小镇现有格局、不盲目拆老街区。

（2）保持小镇宜居尺度、不盲目盖高楼。

（3）传承小镇传统文化、不盲目搬袭外来文化。

34. 在住房和城乡建设部颁布的《关于保持和彰显特色小镇特色若干问题的通知》中，关于"尊重小镇现有格局、不盲目拆老街区"具体有什么要求？

（1）顺应地形地貌。小镇规划要与地形地貌有机结合，融入山水林田湖等自然要素，彰显优美的山水格局和高低错落的天际线。严禁挖山填湖、破坏水系、破坏生态环境。

（2）保持现状肌理。尊重小镇现有路网、空间格局和生产生活方式，在此基础上，下细致功夫解决老街区功能不完善、环境脏乱差等风貌特色缺乏问题。严禁盲目拉直道路，严禁对老街区进行大拆大建或简单粗暴地推倒重建，避免采取将现有居民整体迁出的开发模式。

（3）延续传统风貌。统筹小镇建筑布局，协调景观风貌，体现地域特征、民族特色和时代风貌。新建区域应延续老街区的肌理和文脉特征，形成有机的整体。新建建筑的风格、色彩、材质等应传承传统风貌，雕塑、小品等构筑物应体现优秀传统文化。严禁建设"大、洋、怪"的建筑。

35. 在住房和城乡建设部颁布的《关于保持和彰显特色小镇特色若干问题的通知》中，关于"保持小镇宜居尺度、不盲目盖高楼"具体有什么要求？

（1）建设小尺度开放式街坊住区。应以开放式街坊住区为主，尺度宜为 100～150 米，延续小镇居民原有的邻里关系，避免照搬城市居住小区模式。

（2）营造宜人街巷空间。保持和修复传统街区的街巷空间，新建生活型道路的高宽比宜为 1∶1 至 2∶1，绿地以建设贴近生活、贴近工作的街头绿地为主，充分营造小镇居民易于交往的空间。严禁建设不便民、造价高、图形象的宽马路、大广场、大公园。

（3）适宜的建筑高度和体量。新建住宅应为低层、多层，建筑高度一般不宜超过 20 米，单体建筑面宽不宜超过 40 米，避免建设与整体环境不协调的高层或大体量建筑。

36. 在住房和城乡建设部颁布的《关于保持和彰显特色小镇特色若干问题的通知》中，关于"传承小镇传统文化、不盲目搬袭外来文化"具体有什么要求？

（1）保护历史文化遗产。保护小镇传统格局、历史风貌，保护不可移动文物，及时修缮历史建筑。不要拆除老房子、砍伐老树以及破坏具有历史印记的地物。

（2）活化非物质文化遗产。充分挖掘利用非物质文化遗产价值，建设一批生产、传承和展示场所，培养一批文化传承人和工匠，避免将非物质文化遗产低俗化、过度商业化。

（3）体现文化与内涵。保护与传承本地优秀传统文化，培育独特文化标识和小镇精神，增加文化自信，避免盲目崇洋媚外，严禁乱起洋名。

37. 在国家体育总局办公厅颁布的《关于公布第一批运动休闲特色小镇试点项目名单的通知》中，关于试点项目的建设要求是什么？

（1）充分认识做好运动休闲特色小镇试点项目建设的重大意义。

建设运动休闲特色小镇，是新型城镇化背景下助推城镇化建设的重要举措，是实施全民健身和健康中国战略背景下发展全民健身事业的重要举措，是供给侧结构性改革背景下发展体育产业的重要举措，是脱贫攻坚背景下推动体育扶贫的重要举措。建设运动休闲特色小镇，是一项开创性工作，无现成经验和模式可循，试点项目将探索运动休闲特色小镇发展路径，为以后运动休闲特色小镇建设提供借鉴、树立样板，意义重大。

（2）进一步优化和完善运动休闲特色小镇建设规划。规划是指导运动休闲特色小镇发展的蓝图和优化资源配置的重要工具，运动休闲特色小镇建设规划不同于单项领域的规划，应体现全局性、综合性、战略性和前瞻性。试点项目要在已有工作基础上进一步优化和完善建设规划，坚持"多规合一"，统筹考虑人口分布、产业布局、国土空间利用、生态环境保护以及公共服务配套等要素，与国民经济和社会发展规划、土地利用总体规划、环境保护规划、产业发展规划等有机衔接，推动产业、资源、社区等功能性要素实现融合积聚。

（3）充分发挥市场主体作用。要摆脱过去城镇化推进过程中以政府出资或垫资为主的"地方债"融资模式，通过金融渠道吸引社会资本。充分调动企业积极性和主动性，积极引进项目建设战略投资主体，通过合法程序将项目委托给担负社会责任、热心体育事业、具有较强实力、不以开发房地产为目的的社会投资主体进行开发，交给专业化团队运营管理。

（4）突出体育特色，形成产业链和服务圈。试点项目要突出体育主题，因地制宜地植入山地户外、水上、航空、冰雪等消费引领性强、覆盖面广的室内外运动休闲场地设施，布局多个运动休闲项目，满足不同人群的健身休闲需求。要至少具备一个突出的运动项目特色，在项目设置上与邻近区域其他运动休闲特色小镇有所区别、避免雷同。要把健身休闲和旅游、文化、康养、教育培训等项目融合起来，形成产业链、服务圈。

（5）积极探索体育扶贫新模式。试点项目的建设要努力和扶贫工作相结合，特别是贫困地区的项目要通过向贫困村庄和村民分发股权、提供就业岗位、提供培训服务、搭建当地特色农产品销售平台等方式，带动区域内贫困村庄和居民增加收入，脱贫致富。

（6）充分发挥政府引导作用，合法合规、积极稳妥地推进项目建设，防范风险发生。试点项目所在地政府及其部门要牵头制定完善运动休闲特色小镇建设政策规划，建立健全工作机制，统筹协调各方关系，搭建服务平台，做好路水电气等公共基础设施建设，改善公共服务环境，为运动休闲特色小镇建设提供保障。要积极探索不同性质、不同种类土地的开发利用方式，杜绝滥占耕地项目发生。防止项目建设被房地产开发主导，防止在项目建设中过度举债，出现"烂尾楼"、"睡城"、"豆腐渣工程"和"半拉子工程"。

38. 在国家体育总局办公厅颁布的《关于公布第一批运动休闲特色小镇试点项目名单的通知》中，都有哪些试点小镇？

序号	省（区、市）及入选数	小镇名称
1	1. 北京（6）	延庆区旧县镇运动休闲特色小镇
2		门头沟区王平镇运动休闲特色小镇
3		海淀区苏家坨镇运动休闲特色小镇
4		门头沟区清水镇运动休闲特色小镇
5		顺义区张镇运动休闲特色小镇
6		房山区张坊镇生态运动休闲特色小镇
7	2. 天津（1）	蓟州区下营镇运动休闲特色小镇
8	3. 河北（6）	廊坊市安次区北田曼城国际小镇
9		张家口市蔚县运动休闲特色小镇
10		张家口市阳原县井儿沟运动休闲特色小镇
11		承德市宽城满族自治县都山运动休闲特色小镇
12		承德市丰宁满族自治县运动休闲特色小镇
13		保定市高碑店市中新健康城·京南体育小镇
14	4. 山西（3）	运城市芮城县陌南圣天湖运动休闲特色小镇
15		大同市南郊区御河运动休闲特色小镇
16		晋中市榆社县云竹镇运动休闲特色小镇
17	5. 内蒙古（2）	赤峰市宁城县黑里河水上运动休闲特色小镇
18		呼和浩特市新城区保合少镇水磨运动休闲小镇
19	6. 辽宁（3）	营口市鲅鱼圈区红旗镇何家沟体育运动特色小镇
20		丹东市凤城市大梨树定向运动特色体育小镇
21		大连市瓦房店市将军石运动休闲特色小镇

序号	省（区、市）及入选数	小镇名称
22	7.吉林（2）	延边州安图县明月镇九龙社区运动休闲特色小镇
23		梅河口市进化镇中医药健康旅游特色小镇
24	8.黑龙江（1）	齐齐哈尔市碾子山区运动休闲特色小镇
25	9.上海（4）	崇明区陈家镇体育旅游特色小镇
26		奉贤区海湾镇运动休闲特色小镇
27		青浦区金泽帆船运动休闲特色小镇
28		崇明区绿华镇国际马拉松特色小镇
29	10.江苏（4）	扬州市仪征市枣林湾运动休闲特色小镇
30		徐州市贾汪区大泉街道体育健康小镇
31		苏州市太仓市天镜湖电竞小镇
32		南通市通州区开沙岛旅游度假区运动休闲特色小镇
33	11.浙江（3）	衢州市柯城区森林运动小镇
34		杭州市淳安县石林港湾运动小镇
35		金华市经开区苏孟乡汽车运动休闲特色小镇
36	12.安徽（3）	六安市金安区悠然南山运动休闲特色小镇
37		池州市青阳县九华山运动休闲特色小镇
38		六安市金寨县天堂寨大象传统运动养生小镇
39	13.福建（3）	泉州市安溪县龙门镇运动休闲特色小镇
40		南平市建瓯市小松镇运动休闲特色小镇
41		漳州市长泰县林墩乐动谷体育特色小镇
42	14.江西（3）	上饶市婺源县珍珠山乡运动休闲特色小镇
43		九江市庐山西海射击温泉康养运动休闲小镇
44		赣州市大余县丫山运动休闲特色小镇
45	15.山东（5）	临沂市费县许家崖航空运动小镇
46		烟台市龙口市南山运动休闲小镇
47		潍坊市安丘市国际运动休闲小镇
48		日照奥林匹克水上运动小镇
49		青岛市即墨市温泉田横运动休闲特色小镇

039

序号	省（区、市）及入选数	小镇名称
50		信阳市鸡公山管理区户外运动休闲小镇
51	16. 河南（3）	郑州市新郑龙西体育小镇
52		驻马店市确山县老乐山北泉运动休闲特色小镇
53		荆门市漳河新区爱飞客航空运动休闲特色小镇
54		宜昌市兴山县高岚户外运动休闲特色小镇
55		孝感市孝昌县小悟乡运动休闲特色小镇
56	17. 湖北（6）	孝感市大悟县新城镇运动休闲特色小镇
57		荆州市松滋市沧水运动休闲小镇
58		荆门市京山县网球特色小镇
59		益阳市东部新区鱼形湖体育小镇
60		长沙市望城区千龙湖国际休闲体育小镇
61	18. 湖南（5）	长沙市浏阳市沙市镇湖湘第一休闲体育小镇
62		常德市安乡县体育运动休闲特色小镇
63		郴州市北湖区小埠运动休闲特色小镇
64		汕尾市陆河县新田镇联安村运动休闲特色小镇
65		佛山市高明区东洲鹿鸣体育特色小镇
66	19. 广东（5）	湛江市坡头区南三镇运动休闲特色小镇
67		梅州市五华县横陂镇运动休闲特色小镇
68		中山市国际棒球小镇
69		河池市南丹县歌娅思谷运动休闲特色小镇
70		防城港市防城区"皇帝岭—欢乐海"滨海体育小镇
71	20. 广西（4）	南宁市马山县古零镇攀岩特色体育小镇
72		北海市银海区海上新丝路体育小镇
73	21. 海南（2）	海口市观澜湖体育健康特色小镇
74		三亚市潜水及水上运动特色小镇

040

序号	省（区、市）及入选数	小镇名称
75	22. 重庆（4）	彭水苗族土家族自治县—万足水上运动休闲特色小镇
76		渝北区际华园体育温泉小镇
77		南川区太平场镇运动休闲特色小镇
78		万盛经开区凉风"梦乡村"关坝垂钓运动休闲特色小镇
79	23. 四川（4）	达州市渠县龙潭乡賨人谷运动休闲特色小镇
80		广元市朝天区曾家镇运动休闲特色小镇
81		德阳市罗江县白马关运动休闲特色小镇
82		内江市市中区永安镇尚腾新村运动休闲特色小镇
83	24. 贵州（2）	遵义市正安县中观镇户外体育运动休闲特色小镇
84		黔西南州贞丰县三岔河运动休闲特色小镇
85	25. 云南（4）	迪庆州香格里拉市建塘体育休闲小镇
86		红河州弥勒市可邑运动休闲特色小镇
87		曲靖市马龙县旧县高原运动休闲特色小镇
88		昆明市安宁市温泉国际网球小镇
89	26. 西藏（1）	林芝市巴宜区鲁朗运动休闲特色小镇
90	27. 陕西（3）	宝鸡市金台区运动休闲特色小镇
91		商洛市柞水县营盘运动休闲特色小镇
92		渭南市大荔县沙苑运动休闲特色小镇
93	28. 甘肃（1）	兰州市皋兰县什川镇运动休闲特色小镇
94	29. 青海（1）	海南藏族自治州共和县龙羊峡运动休闲特色小镇
95	30. 宁夏（1）	银川市西夏区苏峪口滑雪场小镇
96	31. 新疆（1）	乌鲁木齐市乌鲁木齐县水西沟镇体育运动休闲小镇

041

39. 在住房和城乡建设部颁布的《关于公布第二批全国特色小镇名单的通知》中，都有哪些小镇？专家评审意见都是什么？

序号	地区	特色小镇	评审意见
1	北京市	怀柔区 雁栖镇	1. 突出特色产业的集聚效应，扩大会展业对经济的拉动作用 2. 控制镇区房地产项目的比例 3. 加强镇区特色风貌塑造 4. 完善镇域基础设施配套
		大兴区 魏善庄镇	1. 注重把特色产业做大做强，发挥产业带动效应 2. 加强产镇融合发展，将小镇打造成为区域城镇化的重要节点 3. 提升规划编制质量
		顺义区 龙湾屯镇	1. 结合该镇自然生态环境条件和文化基础，打造红色文化旅游基地 2. 重新研究小镇新发展区域的选址，新建区域应充分利用原有基础，实现新老镇区协调发展 3. 提升老镇区的人居环境质量
		延庆区 康庄镇	1. 进一步挖掘、强化镇区特色产业，实现产业与镇区的联动发展 2. 提升规划编制质量，提升镇区特色风貌 3. 创新体制机制，落实有关支持政策
2	天津市	津南区 葛沽镇	1. 尽快编制特色小镇规划，从产业策划、空间格局、风貌设计、项目建设等方面，加强小镇特色打造 2. 创新体制机制，采取有效的管理措施
		蓟州区 下营镇	1. 加大特色产业对其他产业的带动作用，形成一二三产业融合发展，增强内生动力 2. 科学规划镇区街区尺度、建筑风貌、服务设施等，提升编制质量
		武清区 大王古庄镇	1. 编制特色小镇规划，科学指导镇区建设 2. 促进特色产业与镇区人居环境改善协调发展

序号	地区	特色小镇	评审意见
3	河北省	衡水市 枣强县 大营镇	1. 研究皮革行业的发展，延伸产业链，提升产业发展水平 2. 科学确定规划用地规模，集约节约利用土地资源 3. 加强对老镇区的环境整治
		石家庄 市鹿泉区 铜冶镇	1. 开展规划修编，提升编制质量 2. 开展老镇区整治和提升工作，实现产镇融合发展 3. 加强镇域村庄环境整治，改善农村人居环境
		保定市 曲阳县 羊平镇	1. 丰富雕刻产业的内涵与外延，可通过展览展示、文化传播、教育、体验等方式延伸产业链 2. 将雕刻艺术较好地应用于小镇建设中，塑造突出产业特色的建筑风貌，建设贴近生活、贴近工作的绿地等公共空间 3. 加强对镇域生态环境的修复，可将雕刻艺术运用于采石场的山体修复，打造巨型"雕刻墙"
		邢台市 柏乡县 龙华镇	1. 加强产业研究，用好外来企业的产业发展经验 2. 尽快修编规划，提升编制质量 3. 整治镇区环境，提升整体风貌
		承德市 宽城满族 自治县 化皮溜子镇	1. 合理确定文旅项目规模和运营模式，确保集约节约利用土地，并有效带动周边的乡村旅游发展 2. 尽快修编规划，提升编制质量 3. 加强老镇区的功能提升和环境整治
		邢台市 清河县 王官庄镇	1. 发挥特色产业的带动作用，促进产镇融合发展 2. 完善公共服务设施配套，加大生态基础设施建设 3. 尽快修编规划，提升编制质量
		邯郸市 肥乡区 天台山镇	1. 合理确定养生养老产业的服务对象，严禁房地产化 2. 创新体制机制，探索特色小镇的专业化运营模式 3. 尽快修编规划，提升编制质量
		保定市 徐水区 大王店镇	1. 处理好镇区与园区的关系，实现服务设施共享，避免新老镇区各自为政 2. 镇区建设要保持宜人的空间尺度，防止照搬城市修宽路、建高楼的做法 3. 尽快修编规划，提升编制质量

序号	地区	特色小镇	评审意见
4	山西省	运城市稷山县翟店镇	提升小镇规划质量，进一步保持和彰显小镇特色
		晋中市灵石县静升镇	1. 发挥王家大院等资源优势，加大特色产业的多元化发展力度，带动乡村旅游发展 2. 尽快修编规划，提升编制质量
		晋城市高平市神农镇	1. 注重产业链的延伸，形成稳固可持续的特色产业 2. 整治镇区环境，提升整体风貌 3. 尽快修编规划，提升编制质量
		晋城市泽州县巴公镇	1. 加强环境保护，控制镇区内的钢铁产业规模，逐步淘汰落后产能 2. 尽快修编规划，避免分散布局，注重集约节约利用土地
		朔州市怀仁县金沙滩镇	1. 提高陶瓷产品和产业的艺术性、科技含量及附加值，增强竞争优势和可持续发展能力，加强陶瓷生产的环保措施 2. 进一步提炼陶瓷文化和金沙滩文化，彰显小镇文化特征 3. 提升规划编制质量，结合陶瓷产业发展预测人口规模，合理控制建设用地规模，统筹安排镇区环境综合整治和产业布局
		朔州市右玉县右卫镇	1. 加强传统文化保护，打造特色文化的空间载体 2. 整治镇区环境，提升整体风貌 3. 提高规划编制质量，优化镇区用地布局
		吕梁市汾阳市贾家庄镇	1. 明确特色农业的发展方向和主导产品，延伸产业链，实现绿色农业生产、加工、销售、观光和体验的一体化发展 2. 加强创新型示范基地的示范作用，带动周边更多乡村的发展 3. 优化镇区规划方案，强化特色设计和风貌管控
		临汾市曲沃县曲村镇	1. 加强特色产业培育，促进产业提质增效，加大对周边乡村的带动作用 2. 尽快修编规划，加强用地布局与特色产业发展的衔接
		吕梁市离石区信义镇	1. 加强特色产业对周边区域的带动作用 2. 提高规划编制质量，优化镇区用地布局，集约节约利用土地

序号	地区	特色小镇	评审意见
5	内蒙古自治区	赤峰市敖汉旗下洼镇	1. 尽快修编规划，控制镇区建设用地规模，集约节约利用土地 2. 新建设区域应注重与现状镇区的紧密衔接，避免各自为政
		鄂尔多斯市东胜区罕台镇	1. 加强特色产业培育，促进产业提质增效，提升对镇域发展的带动作用 2. 整治镇区环境，提升整体风貌 3. 尽快修编规划，科学指导特色小镇发展
		乌兰察布市凉城县岱海镇	1. 丰富以鸿茅药酒为核心的特色产业内涵，带动一二三产联动发展 2. 尽快修编规划，提升编制质量
		鄂尔多斯市鄂托克前旗城川镇	1. 整治镇区环境，提升整体风貌 2. 尽快修编规划，科学指导小镇建设和管控整体风貌
		兴安盟阿尔山市白狼镇	1. 保护好生态环境，利用好湿地、水等资源，整合矿泉水生产、文旅等产业，形成合力，提升附加值 2. 提高规划编制质量，塑造镇区特色风貌
		呼伦贝尔市扎兰屯市柴河镇	1. 加强交通设施建设 2. 加强对老镇区空间格局和风貌的保护，新建建筑风貌应与老建筑协调
		乌兰察布市察哈尔右翼后旗土牧尔台镇	1. 要根据自身经济实力确定产业项目的规模和实施计划，避免贪大求快 2. 尽快修编规划，科学指导小镇建设，加强整体风貌管控
		通辽市开鲁县东风镇	1. 注重打造红干椒的品牌，延伸产业链，形成红干椒的种植、加工、销售、体验和观光的一体化发展 2. 完善镇区周边基础设施，加大人居环境改善力度 3. 尽快修编规划，提升编制质量
		赤峰市林西县新城子镇	1. 加强内蒙野果品牌打造和宣传，做大做强特色产业，切实推进小镇经济发展，带动农民增收致富 2. 尽快修编规划，提升小镇空间和风貌特色

045

序号	地区	特色小镇	评审意见
6	辽宁省	沈阳市 法库县 十间房镇	1. 进一步延伸航空产业的链条，促进产业可持续发展 2. 提升镇区的建设风貌和建筑设计水平，切实体现地方特色 3. 尽快修编规划，提升编制质量
		营口市 鲅鱼圈区 熊岳镇	1. 丰富特色产业内涵，落实产业项目 2. 加强镇区风貌整治，管控新建区域的空间和风貌，突出小镇宜人的空间尺度 3. 尽快修编规划，提升编制质量
		阜新市 阜蒙县 十家子镇	1. 注重文化创意和互联网＋的结合，并落实到近期建设项目中 2. 加强镇区风貌整治和空间管控，打造精品小镇 3. 尽快修编规划，合理控制建设用地规模，避免盲目扩张
		辽阳市 灯塔市 佟二堡镇	1. 坚持绿色发展理念，充分利用现代技术加强对传统产业的改造升级，培育小镇品牌，可以适度发展工业旅游 2. 尽快修编规划，加强对镇区环境的综合整治，提升建筑风貌
		锦州市 北镇市 沟帮子镇	1. 结合当前消费升级的趋势，加快传统产业的改造升级，提升技术含量和健康品质，对食品加工的各环节进行严格把控 2. 尽快修编规划，加强对镇区环境的综合整治和建筑风貌的营造，充分体现尺度宜人的空间特色 3. 依据产业发展和居住需求，合理布局住宅、商业、公共设施等，避免过度房地产化
		大连市 庄河市 王家镇	1. 完善对自然灾害、海产养殖病害等风险事项的预防机制，提升产业发展质量。控制养殖范围，避免影响海洋生态 2. 尽快修编规划，突出宜人的空间尺度和海岛特色
		盘锦市 盘山县 胡家镇	1. 统筹周边村庄的稻蟹种植、养殖，打造"稻蟹小镇"的品牌 2. 尽快修编规划，加强对镇区环境的综合整治，提升建筑风貌
		本溪市 桓仁县 二棚甸子镇	1. 延伸野山参的产业链，提升产品品质，完善产品研发和销售环节，可适度发展文化、旅游等相关产业，加大示范带动作用 2. 尽快修编规划，加强对镇区环境的综合整治和建筑风貌的营造，充分体现尺度宜人的空间特色
		鞍山市 海城市 西柳镇	1. 推进传统特色产业的改造升级，加大自主品牌培育力度 2. 尽快修编规划，加强镇区环境和建筑风貌综合整治，营造尺度宜人的特色空间

序号	地区	特色小镇	评审意见
7	吉林省	延边州安图县二道白河镇	1. 总结、提炼特色旅游产业，注重与长白山其他镇的错位发展，避免同质化竞争 2. 尽快修编规划，提升编制质量
		长春市绿园区合心镇	1. 加强机车特色产业的培育，提升示范带动作用 2. 完善基础设施建设，整治镇区环境 3. 尽快修编规划，提升编制质量
		白山市抚松县松江河镇	1. 加强服务长白山旅游的相关产业发展 2. 尽快修编规划，提升镇区风貌
		四平市铁东区叶赫满族镇	1. 聚焦特色产业业态，突出产业特色 2. 完善基础设施建设，整治镇区环境 3. 尽快修编规划，提升镇区风貌，打造尺度宜人的特色空间
		吉林市龙潭区乌拉街满族镇	1. 整合镇域旅游资源，打造旅游产业品牌 2. 完善基础设施建设，整治镇区环境 3. 尽快修编规划，统筹布局产业发展、小镇建设，实现产镇融合发展，提升镇区风貌
		通化市集安市清河镇	1. 注重特色产业可持续发展，提升品质，打造品牌 2. 针对外来人口较多情况，加强小镇管理，提高服务水平 3. 尽快修编规划，提升镇区风貌，体现尺度宜人的空间特色
8	黑龙江省	绥芬河市阜宁镇	1. 做大做强对外贸易，加强文化交流，打造成贸易交流和文化交融的示范区 2. 尽快修编规划，提升镇区风貌，彰显地域特色和文化特色
		黑河市五大连池市五大连池镇	1. 保护好、利用好自然资源，加强特色产业的可持续发展 2. 整治镇区环境，形成自然与人文融合的特色风貌 3. 提高规划编制质量，避免照搬城市模式
		牡丹江市穆棱市下城子镇	1. 进一步凝练产业特色，重点以木家具加工带动相关产业发展 2. 尽快修编规划，提升镇区风貌，体现尺度宜人的空间特色
		佳木斯市汤原县香兰镇	1. 继续加大农业＋商贸产业发展力度，拓展休闲农业、创意农业、观光农业、休闲农业等，不断提升农业附加值 2. 尽快修编规划，提升镇区风貌，体现尺度宜人的空间特色
		哈尔滨市尚志市一面坡镇	1. 处理好产业多元与打造好核心产业的关系。旅游产业上，应吸引更多游客在小镇停留。体育产业上，应注重与周边地区差异化竞争。食品产业需引入有实力的业内龙头企业 2. 加强规划引导，提升镇区风貌，体现尺度宜人的空间特色。在打造中东路时，应注重保持自身传统风貌

047

序号	地区	特色小镇	评审意见
8	黑龙江省	鹤岗市萝北县名山镇	1. 优化产业结构，促进口岸业务与本地特色资源和产业相结合，延长产业链，增加附加值 2. 尽快修编规划，提升镇区风貌
		大庆市肇源县新站镇	1. 完善基础设施建设，提升服务水平 2. 整治镇区环境，塑造自然与人文相融的特色风貌
		黑河市北安市赵光镇	1. 进一步提升农业实力，结合农垦农场发展，打造特色农业 2. 尽快修编规划，提升镇区风貌，塑造尺度宜人的空间特色
9	上海市	浦东新区新场镇	1. 严格控制房地产开发比例，避免过度房地产化 2. 保护好小镇古建筑群原始风貌
		闵行区吴泾镇	加强大都市周边特色小镇发展模式的探索，加大引领示范作用
		崇明区东平镇	1. 加大生态环境保护力度，严禁挖山填湖、破坏水系 2. 加强规划引导，提升小镇空间特色和整体风貌
		嘉定区安亭镇	1. 注重传统文化保护和传承，弘扬中国文化和江南水乡文化 2. 加大镇域内村庄的人居环境改善力度，加强规划建设管理 3. 完善公共服务设施建设，创新管理体制
		宝山区罗泾镇	1. 提高规划质量，优化镇区规划功能布局 2. 充分结合当地历史、文化特色，整治镇区环境，保护和延续现状风貌
		奉贤区庄行镇	1. 加强以农业为基础的特色产业打造 2. 尽快修编规划，提升镇区风貌，体现尺度宜人的空间特色
10	江苏省	无锡市江阴市新桥镇	1. 推进传统产业转型升级，提升特色产业的科技含量 2. 加大对传统工业园区的管控
		徐州市邳州市铁富镇	1. 拓展银杏旅游产业链，发挥更大效益和带动作用 2. 尽快修编规划，提升镇区风貌，保持尺度宜人的空间特色
		扬州市广陵区杭集镇	1. 聚焦特色产业门类，避免过大过全 2. 加强老镇区的保护，促进新老镇区协调发展 3. 提升规划编制质量
		苏州市昆山市陆家镇	1. 加强生态环境保护，尽快改善水环境 2. 注重行业标准的参与和起草，提升产业发展水平 3. 加强规划设计，将"童趣"应用到城镇风貌塑造中

序号	地区	特色小镇	评审意见
10	江苏省	镇江市 扬中市 新坝镇	1. 整治镇区环境，打造风貌特色鲜明、尺度宜人的特色小镇 2. 加强规划引导，打造宜居宜业的小镇示范
		盐城市 盐都区 大纵湖镇	1. 加强传统产业的提升，提高涂装设备产业的科技含量，提升科研创新能力 2. 发展工业旅游业，以丰富特色产业的内容，延长特色产业链 3. 整治镇区环境，塑造特色风貌
		苏州市 常熟市 海虞镇	1. 围绕无忧小镇的主题进一步聚焦特色产业，并在产业发展中突出地域文化特色 2. 加强规划引导，整治镇区环境，塑造特色风貌 3. 加大生态环境保护力度
		无锡市 惠山区 阳山镇	1. 逐步转型升级现有的加工企业，促进一二三产业的融合发展 2. 加强规划引导，建设镇区特色空间，塑造尺度宜人、特色鲜明的小镇风貌
		南通市 如东县 栟茶镇	1. 加大美业挖掘力度，促进产业、文化、生态相结合，扩大产业内涵，增强产业生命力 2. 加强对产业的培养扶持，打造知名品牌，提升产品品质和技术含量，增强国际竞争力 3. 整治镇区环境，进一步提升整体风貌特色
		泰州市 兴化市 戴南镇	1. 鉴于产业周期性明显、企业数量较多，应进一步提高产业抗风险能力 2. 优化提升特色产业，增加科技含量，提高智能化水平 3. 加强规划引导，传承镇区风貌，保持良好的镇域风貌
		泰兴市 泰兴市 黄桥镇	1. 注重特色产业的集聚效应，新入驻镇区的企业应为与乐器制造相关的企业 2. 新镇区建设应保持和彰显江南水乡特色，注重与老镇区的协调发展
		常州市 新北区 孟河镇	1. 逐步改造升级原有的汽车摩托车配件产业，引入的中医健康产业应注重优化规划和项目投资 2. 开展镇区环境整治，提升整体风貌
		南通市 如皋市 搬经镇	1. 做实长寿的有关产业，不能停留于概念，要做出核心产品和品牌 2. 丰富长寿产业内涵，不局限于农业，可打造长寿的系列产业，实现多点突破 3. 提供高规划质量，提升镇区风貌特色

049

序号	地区	特色小镇	评审意见
10	江苏省	无锡市锡山区东港镇	1. 挖掘红豆杉的产业附加值,加大研发能力,提高产品品质 2. 促进新老镇区的协调发展 3. 保护历史文化资源,不要拆除老房子、砍伐老树以及破坏具有历史印记的地物
		苏州市吴江区七都镇	1. 加大特色产业的培育力度,妥善处理现有主导产业与特色产业发展的关系 2. 加大加快引进和落地与特色产业有关的大项目
11	浙江省	嘉兴市嘉善县西塘镇	继续加强规划建设管理,保持和彰显小镇特色
		宁波市江北区慈城镇	1. 提升规划质量,合理控制规划用地规模 2. 加强镇区环境整治,重点提升老镇区风貌 3. 未来三年项目较多,需进一步加强组织实施,确保项目资金落实
		湖州市安吉县孝丰镇	1. 加强镇区环境整治,提升整体风貌特色,在小镇空间塑造中加入孝文化元素 2. 尽快修编规划,提升编制质量
		绍兴市越城区东浦镇	1. 处理好小镇发展与越城区的关系,明确小镇定位 2. 尽快编制小镇规划
		宁波市宁海县西店镇	1. 加强规划设计,结合当地历史文化和自然地貌设计、塑造小镇风貌 2. 加强镇区环境整治,提升公共服务水平
		宁波市余姚市梁弄镇	1. 加大特色产业培育 2. 尽快修编小镇规划,统筹规划产业发展和小镇建设
		金华市义乌市佛堂镇	1. 进一步明确主导产业发展方向 2. 新建区域的高层建筑偏多,应加强规划引导,避免建设与整体环境不协调的高层或大体量建筑,促进新建风貌与传统风貌的协调
		衢州市衢江区莲花镇	1. 提升规划编制质量,保持和延续小镇肌理,彰显特色文化和风貌特色 2. 加强镇区环境整治,提升公共服务水平

序号	地区	特色小镇	评审意见
11	浙江省	杭州市桐庐县富春江镇	1. 提升规划质量，注重保护、利用地形地貌和河流水系 2. 加强镇区环境整治，提升建筑风貌
		嘉兴市秀洲区王店镇	1. 优化规划方案，增加小镇格局和风貌管控要求 2. 近期实施项目较多，应完善实施保障措施
		金华市浦江县郑宅镇	1. 加强二产与三产的融合发展 2. 落实好近期建设项目
		杭州市建德市寿昌镇	1. 延伸和扩展通航产业，创新、实践投融资平衡的商业模式 2. 小镇风貌塑造应与当地环境和文化特色相衔接
		台州市仙居县白塔镇	1. 镇区与景区相对脱离，应加强镇区与景区的融合发展，加强镇区的旅游服务功能 2. 小城镇建设应保持尺度宜人的空间，避免盲目照搬城市模式
		衢州市江山市廿八都镇	1. 建筑风格应保持和延续本土文化传统，不盲目搬袭外来文化 2. 新建住区应延续传统肌理，避免照搬城市居住小区模式
		台州市三门县健跳镇	1. 落地小镇项目都是国家重大项目，要妥善处理好大项目与本镇发展的关系 2. 制定岸线设计和古城保护发展的有关专项规划
12	安徽省	六安市金安区毛坦厂镇	1. 加强教育配套设施建设 2. 建议在规划中适度减少工业用地 3. 加强规划实施管理，提升社会管理水平
		芜湖市繁昌县孙村镇	1. 逐步转型升级特色产业 2. 坚持紧凑发展，避免盲目扩张 3. 加强传统风貌传承，探索时尚风格
		合肥市肥西县三河镇	1. 完善特色产业的综合培育，加强产业之间的关联性 2. 优化城镇空间格局，提升居住品质
		马鞍山市当涂县黄池镇	1. 充分利用优美的自然环境，加大退二进三，打造水镇交融的空间格局和风貌特色 2. 将食品加工提升至美食推介，并以此为切入点融入周边旅游线

051

序号	地区	特色小镇	评审意见
12	安徽省	安庆市怀宁县石牌镇	1. 尽快修编规划，提升规划质量 2. 加强镇区环境整治，提升整体风貌
		滁州市来安县汊河镇	1. 妥善处理镇区与周边县、区的发展关系，找准小镇定位 2. 建筑风貌应体现地域文化 3. 严格控制房地产开发比例，避免过度房地产化
		铜陵市义安区钟鸣镇	1. 明确以休闲养生为特色产业的发展方向，避免跟风发展 2. 处理好金桥园区、镇区和高铁站区的发展关系，优化高铁站区产业形态和空间布局 3. 尽快修编规划，提升规划质量
		阜阳市界首市光武镇	1. 产业发展应与小镇建设目标紧密结合，实现产镇融合发展 2. 利用较好的经济基础加大对小镇传统文化的保护和传承，提升公共服务水平 3. 尽快修编规划，提升规划质量
		宣城市宁国市港口镇	1. 改造升级传统产业，向三产延伸，可利用景观陶瓷业发展文化旅游产业 2. 延续老镇区肌理，进一步强化风貌特色 3. 保持小镇宜居尺度，不盲目盖高楼
		黄山市休宁县齐云山镇	1. 丰富特色旅游产业内涵，增加竞争力 2. 加强镇区环境整治，提升整体风貌 3. 控制建设用地规模，避免过度房地产化
13	福建省	泉州市石狮市蚶江镇	1. 进一步明确特色产业门类，提升带动示范作用 2. 突出小镇宜人尺度，加强建筑风貌的整体管控
		福州市福清市龙田镇	1. 规划的建设用地规模偏大，要减小规模并把握建设节奏 2. 尽快修编规划，提升镇区风貌，体现尺度宜人的空间特色
		泉州市晋江市金井镇	1. 尽快修编规划，加强规划实施和管理 2. 加大镇区环境整治力度，提升镇区风貌
		莆田市涵江区三江口镇	1. 妥善处理好小镇发展与滨海新区建设的关系 2. 尽快实施、运营啤酒文化园、商业街等项目 3. 加大镇区环境整治力度，提升镇区风貌
		龙岩市永定区湖坑镇	1. 拓宽拓长产业链，实现三产融合发展 2. 尽快修编规划，加强规划实施和管理 3. 加大镇区环境整治力度，加强农村人居环境改善

052

序号	地区	特色小镇	评审意见
13	福建省	宁德市福鼎市点头镇	1.加强特色产业培育，延伸产业链，促进三次产业融合发展 2.尽快修编规划，提升镇区风貌
		漳州市南靖县书洋镇	1.处理好居民居住和旅游发展的关系，避免采取将现有居民整体迁出的开发模式 2.延伸旅游产业链，增强内生动力
		南平市武夷山市五夫镇	1.延伸特色产业链，积极引进社会资本参与小镇建设和运营 2.尽快修编规划，提升镇区风貌
		宁德市福安市穆阳镇	1.聚焦特色产业，避免出现"多而不强"的现象 2.尽快修编规划，加强规划实施和管理 3.加强镇区环境整治，提升整体风貌
14	江西省	赣州市全南县南迳镇	1.立足区位优势，发展民俗、民宿及深度游，特色小镇不仅要环境美，更要产业特色鲜明 2.尽快修编规划，完善镇域规划内容
		吉安市吉安县永和镇	1.丰富陶瓷产业内涵，拓展文化创意、陶艺等产业 2.提升规划编制质量，优化镇区布局，避免职住分离
		抚州市广昌县驿前镇	1.打造特色产业的龙头企业，引入优质企业。提升经营能力 2.旅游产业方面仍需深度挖掘，打响知名度 3.尽快修编规划，提升镇区风貌
		景德镇市浮梁县瑶里镇	1.进一步突出"瓷荣小镇"产业特色，加强瓷荣产业与旅游的有机结合 2.完善镇区规划内容，加强新建区域的空间、风貌管控 3.加强体制机制创新
		赣州市宁都县小布镇	1.应从生产、旅游、健康、创意等方面延长产业链，丰富特色产业内容，提升茶香小镇产业支撑 2.深化规划内容，指导具体项目建设
		九江市庐山市海会镇	1.提升规划质量，要与庐山风景区规划相协调 2.创新投融资机制体制，探索小镇运营模式
		南昌市湾里区太平镇	1.加强产业支撑，统筹产业空间布局。加快近郊游发展，深度挖掘品牌价值 2.加强规划设计，做好项目落地
		宜春市樟树市阁山镇	1.中医药镇打造要与全镇整体产业发展相匹配，增强特色产业的可持续性 2.尽快开展镇区环境整治，提升镇区风貌 3.加快体质机制改革，提升公共服务水平

序号	地区	特色小镇	评审意见
15	山东省	聊城市东阿县陈集镇	1. 改变过去产业园模式，促进生产、生活相融合，实现产镇融合发展 2. 优化小镇规划，管控小镇风貌，不要建假古建、假古村
		滨州市博兴县吕艺镇	1. 加强农业与城镇生活结合，做好农业体验、农业观光等产业，提高农业附加值 2. 提高小镇规划质量，控制小镇风貌，体现地方文化特色 3. 控制镇区建设规模，避免过度房地产化
		菏泽市郓城县张营镇	1. 在音乐活动组织中应注重突出主题、主线 2. 镇区建设应加强特色空间营造
		烟台市招远市玲珑镇	1. 探索黄金产业与镇区发展有效结合方式，提高特色产业的带动发展作用 2. 尽快修编规划，提升镇区风貌
		济宁市曲阜市尼山镇	1. 建议以原来的尼山乡孔子湖为依托，发展基于孔圣人、国学相关的特色产业，并把握好商业和学问之间的关系，培育浓郁的治学、求学氛围 2. 尽快修编规划，提升镇区风貌
		泰安市岱岳区满庄镇	1. 利用靠近泰山的优势，引入人流、资金流，打造旅游等配套产业，形成多元化发展 2. 尽快修编规划，提升镇区风貌
		济南市商河县玉皇庙镇	1. 加强创意设计和科技研发的投入力度，促进部分产品的转型与升级，提高附加值，并促进产业发展与镇区建设的结合 2. 挖掘地方特色与玻璃文化，突出小镇的文化特色 3. 尽快修编规划，提升镇区风貌
		青岛市平度市南村镇	1. 利用好建制镇示范试点的成果，带动周边乡村共同发展 2. 加强体制机制创新，提高公共服务能力
		德州市庆云县尚堂镇	1. 加强市场调研和培育，促进特色产业的可持续发展 2. 加强农民利益共享机制建设，带动农民增收致富
		淄博市桓台县起凤镇	1. 加强对正骨及康复功能的研究，并将其与现有旅游设施和乡村资源进行有效衔接，带动相关产业的协同发展 2. 加强现有水网与小镇整体格局的结合，营造尺度宜人的空间特色 3. 尽快修编规划，加强镇区环境整治，提升镇区风貌

序号	地区	特色小镇	评审意见
15	山东省	日照市岚山区巨峰镇	1. 延伸茶叶产业链，除种植、加工、经销外，要加大茶食品、茶文化产品等的研发 2. 尽快修编规划，提升镇区风貌
		威海市荣成市虎山镇	1. 优化规划设计，加大建设项目与现状资源和场地有机结合 2. 尽快修编规划，提升镇区风貌，体现尺度宜人的空间特色
		莱芜市莱城区雪野镇	1. 妥善处理机场净空限制与相邻建设项目建设高度的关系 2. 适度减少环湖用地安排，集约节约利用土地
		临沂市蒙阴县岱崮镇	1. 进一步深究"红色"特色核心，把革命老区、军工文化做深做透 2. 尽快修编规划，控制整体规模，不要贪大，保持原有的风貌，形成地域特色
		枣庄市滕州市西岗镇	1. 优化园区与镇区的关系，促进产镇融合发展 2. 保护和利用好河道，优化公共空间，体现水系特色 3. 尽快修编规划，突出产业文化特色，提升镇区风貌
16	河南省	汝州市蟒川镇	1. 延长创新汝瓷产业链，丰富汝瓷小镇内容 2. 提升规划编制质量，保持小镇的空间格局，营造尺度宜人的空间环境
		南阳市镇平县石佛寺镇	1. 尽快修编规划，注重集约节约利用土地 2. 开展镇域内村庄人居环境整治，发挥小镇带动作用
		洛阳市孟津县朝阳镇	1. 加强唐三彩文化研究，将唐三彩文化与小镇建设充分结合，打造富有特色的小镇空间形态 2. 严格控制房地产规模
		濮阳市华龙区岳村镇	1. 加强杂技文化研究，将杂技文化融入小镇建设 2. 加强房地产管控，避免因靠近都市带来的快速房地产化倾向 3. 尽快修编规划，提升镇区风貌
		周口市商水县邓城镇	1. 拓展特色产业链，发挥特色产业对小镇及其周边区域的带动作用 2. 整治镇区环境，提升综合服务能力 3. 尽快修编规划，控制小镇用地规模，避免盲目扩张
		巩义市竹林镇	1. 明确特色产业发展思路，创新运营模式 2. 加强生态环境保护，创建宜居、生态的小镇 3. 开展镇区环境整治，提升整体风貌

序号	地区	特色小镇	评审意见
16	河南省	长垣县恼里镇	1. 将小镇的孔子文化资源、湿地资源融入小镇建设，提升小镇风貌和品质 2. 尽快修编规划，统筹布局产业、居住和服务设施，促进产镇融合发展
		安阳市林州市石板岩镇	1. 加大写生、住宿等的配套设施建设，满足不同人群的需求 2. 防止过度房地产化，严控乡镇债务 3. 提升规划质量，保持原生态、原汁原味的小镇空间和风貌
		永城市芒山镇	1. 重点深化拓展"汉文化"体验，由游览式向民宿、文化传承等方向发展，拓宽产业链条 2. 将汉文化融入小镇建设，注重保护"地下文化"，传承和创新"地上文化" 3. 尽快修编规划，提升规划质量
		三门峡市灵宝市函谷关镇	1. 将优秀的传统文化融入镇区建设，提升镇区风貌 2. 尽快修编规划，严控建设用地规模，避免过快扩张
		邓州市穰东镇	1. 促进传统产业提升和特色产业自身品牌的培育，落实特色产业项目 2. 加强镇区和乡村环境整治，营造尺度宜人的小镇空间环境和美丽宜居的乡村环境 3. 尽快修编规划，提升规划质量 4. 加强体制机制创新
17	湖北省	荆州市松滋市洈水镇	1. 要依据当地经济基础、财力水平安排投资，防止政府过度负债 2. 降低房地产开发比例，避免破坏小镇风貌
		宜昌市兴山县昭君镇	1. 拓展特色产业培育，不能局限在昭君别院一个旅游项目上 2. 开展镇区环境整治，提升整体风貌 3. 尽快修编规划，提升规划质量
		潜江市熊口镇	1. 以龙虾产业为基础，结合地方民俗文化，组织好吃住游等活动 2. 开展镇区环境整治，提升整体风貌 3. 尽快修编规划，提升规划质量
		仙桃市彭场镇	1. 提升镇区的环境质量和公共服务水平 2. 开展镇区环境整治，加强空间格局和建筑风貌的管控 3. 提升规划质量
		襄阳市老河口市仙人渡镇	1. 促进产业发展和镇区建设相协调 2. 加强污染隔离带的控制，保护生态环境 3. 尽快修编规划，提升规划质量

序号	地区	特色小镇	评审意见
17	湖北省	十堰市竹溪县汇湾镇	1. 加强特色产业培育和基础设施支撑 2. 尽快修编规划,结合地形地貌统筹规划空间布局 3. 加强镇区环境整治,提升整体风貌
		咸宁市嘉鱼县官桥镇	1. 加强生态环境保护 2. 开展镇区环境整治,提升整体风貌 3. 尽快修编规划,提升规划质量
		神农架林区红坪镇	1. 做好旅游产业的业态设计,避免过度房地产化 2. 引入更多产业项目投入,加强建设项目落地管理 3. 注入当地文化要素,完善体制机制
		武汉市蔡甸区玉贤镇	1. 提高园林产业的文化、艺术特色,并将其融入镇区建设中,提升镇区风貌 2. 尽快修编规划,提升规划质量
		天门市岳口镇	1. 利用当地经济基础加强特色农业培育,加大带动周边乡村发展的作用 2. 尽快修编规划,提升镇区风貌 3. 加强体制机制创新
		恩施州利川市谋道镇	1. 加大土家族传统文化特色挖掘力度 2. 开展镇区环境整治,提升整体风貌 3. 尽快修编规划,提升规划质量
18	湖南省	常德市临澧县新安镇	1. 控制高层建筑数量,新建住宅应为低层、多层 2. 开展镇区环境整治,提升整体风貌 3. 尽快修编规划,提升规划质量
		邵阳市邵阳县下花桥镇	1. 蓝印花布等非遗的传承应与文化创意和互联网＋相结合,向传统特色产业注入新的活力 2. 镇区规划建设要保持好地域特色,新镇区应保持适宜尺度的空间格局,做到新、老镇区协调统一
		娄底市冷水江市禾青镇	1. 凝练发展特色,逐步优化产业结构,凸显发展特色 2. 加强小镇风貌特色塑造和生态环境保护 3. 尽快修编规划,提升镇区风貌
		长沙市望城区乔口镇	1. 妥善处理好发展与保护生态环境、建设与保持风貌特色之间的关系 2. 凝练和突出产业和城镇发展的特色 3. 尽快修编规划,开展镇区环境整治,提升整体风貌
		湘西土家族苗族自治州龙山县里耶镇	1. 明晰主导产业,凝练农业特色,可以依托文旅加快种植业和土家医药的转型升级 2. 开展镇区环境整治,提升整体风貌

057

序号	地区	特色小镇	评审意见
18	湖南省	永州市宁远县湾井镇	1. 加强舜帝文化的挖掘提升，充分发挥产业特色，带动群众走向富裕 2. 麻将文化发展中要始终坚持社会主义核心价值观 3. 提高规划质量，整治镇区环境，提升整体风貌
		株洲市攸县皇图岭镇	1. 开展镇区环境整治，提升整体风貌 2. 尽快修编规划，提升规划质量
		湘潭市湘潭县花石镇	1. 提升湘莲产业水平，挖掘文化内涵，借莲发展相关产业，提高特色产业的可持续性 2. 整治镇区环境，提升基础设施水平 3. 尽快修编规划，提升镇区风貌
		岳阳市华容县东山镇	1. 在用好外来投资的基础上，积极培育当地的特色产业 2. 加强环境保护力度
		长沙市宁乡县灰汤镇	1. 打造温泉品牌，力争在众多温泉小镇中脱颖而出 2. 加强产镇融合发展，提高产业的可持续性和带动作用 3. 严格控制房地产项目，防止过度房地产化
		衡阳市珠晖区茶山坳镇	1. 进一步凝练和强化产业特色 2. 开展镇区环境整治，提升整体风貌 3. 尽快修编规划，提升规划质量
19	广东省	佛山市南海区西樵镇	1. 完善支持特色产业发展的配套政策和考核机制 2. 开展镇区环境整治，提升整体风貌 3. 尽快修编规划，提升规划质量
		广州市番禺区沙湾镇	1. 保护和传承传统文化，提升公共开放空间、文化活动场所等文化载体的质量 2. 加强产业与文化的结合 3. 尽快修编规划，提升镇区风貌
		佛山市顺德区乐从镇	1. 提高规划编制质量，控制镇区建设规模 2. 挖掘地方文化元素，保护和传承传统建筑风貌
		珠海市斗门区斗门镇	1. 落实"产镇融合"的发展策略，培育专业的小城镇运营主体 2. 整治镇区环境，提升镇区风貌 3. 尽快修编规划，提升规划质量

058

序号	地区	特色小镇	评审意见
19	广东省	江门市蓬江区棠下镇	1.以电子信息、精密机械等主导产业的业态不够鲜明，应进一步理清发展方向 2.整治镇区环境，提升镇区风貌水平
		梅州市丰顺县留隍镇	提升小镇规划质量，进一步保持和彰显小镇特色
		揭阳市揭东区埔田镇	1.整治镇区环境，塑造风貌特色 2.加强循环经济、绿色生活和特色空间营造 3.提升小镇规划质量
		中山市大涌镇	1.提高规划编制质量，加强产业发展与镇区建设风貌、文化融合 2.挖掘地方传统文化元素，塑造镇区风貌特色
		茂名市电白区沙琅镇	1.整治镇区环境，塑造风貌特色 2.尽快修编规划，提升规划质量
		汕头市潮阳区海门镇	1.协调好镇区与工业园区、渔业、旅游以及新兴产业（如汽车产业）之间的关系 2.加强自然生态环境、人文环境的保护，管控整体建筑风貌，避免镇区大拆大建 3.尽快修编规划，提升规划质量
		湛江市廉江市安铺镇	1.加强地方特色与产业融合发展 2.整治镇区环境，塑造整体风貌特色 3.加快修编规划，保持小镇宜居尺度
		肇庆市鼎湖区凤凰镇	1.完善公共设施和公共空间等镇区建设，避免将养心长寿小镇建设成房地产项目 2.整治镇区环境，塑造整体风貌特色 3.重视自然生态资源保护及历史文化传承
		潮州市湘桥区意溪镇	1.加大研发投入，探索木雕手工业与规模生产的结合方式，做优做强特色产业 2.整治镇区环境，塑造整体风貌特色
		清远市英德市连江口镇	1.整治镇区环境，提升整体风貌 2.完善基础设施和公共服务设施 3.提高规划质量，挖掘传统文化特色

059

序号	地区	特色小镇	评审意见
20	广西壮族自治区	河池市宜州市刘三姐镇	1. 发挥产业发展对乡村的带动作用，在桑蚕养殖基础上导入相关产业，提高农业附加值 2. 加强沿江的生态保护和景观建设，提高镇区建设品质 3. 尽快修编规划，提升规划质量
		贵港市港南区桥圩镇	1. 整治镇区环境，塑造整体风貌特色 2. 尽快修编规划，提升规划质量
		贵港市桂平市木乐镇	1. 提升产业层次，增加附加值，注重品牌培育 2. 加强镇区环境整治，提升整体风貌 3. 尽快修编规划，重视历史文化传承和民居保护
		南宁市横县校椅镇	1. 加大茉莉花产品的研发力度，提高附加值，延伸并融合文化、旅游等相关产业，促进产业复合化发展，带动乡村发展 2. 提炼茉莉花的文化特征，突出小镇的文化特色 3. 尽快修编规划，提升规划质量
		北海市银海区侨港镇	1. 加强特色产业培育 2. 加强镇区环境整治，提升整体风貌品质 3. 尽快修编规划，提升规划质量
		桂林市兴安县溶江镇	1. 延伸米酒产业链，提升产业竞争力 2. 提高规划设计水平，彰显水环境特色
		崇左市江州区新和镇	1. 加大特色产业培育投入，延伸产业链 2. 加强镇区环境整治，提升整体风貌
		贺州市昭平县黄姚镇	1. 注重新镇区建设与古镇协调发展 2. 加强历史文化遗产资源的活态传承
		梧州市苍梧县六堡镇	1. 加大特色产业的支持力度 2. 加强镇区环境整治，提升整体风貌
		钦州市灵山县陆屋镇	1. 合理控制产业类型，聚焦特色产业，重点探索机电、卫浴产业的发展模式 2. 妥善处理好产业园区与镇区发展的关系，合理控制镇区建设用地规模 3. 尽快修编规划，提升镇区风貌，体现尺度宜人的空间特色

序号	地区	特色小镇	评审意见
21	海南省	澄迈县福山镇	1. 拓展主导产业，可向养生文化及相关产业延伸 2. 镇区风貌整治应延续传统风格
		琼海市博鳌镇	1. 理清特色小镇发展与会展等大型项目的关系，提升服务水平 2. 提升规划质量，做好镇区风貌管控
		海口市石山镇	1. 理清特色小镇发展与大型项目的关系，加大特色产业培育投入 2. 提升规划质量，做好镇区风貌管控
		琼海市中原镇	1. 进一步聚焦特色产业 2. 整治镇区环境，传承地方文化，塑造镇区特色 3. 提升规划编制质量
		文昌市会文镇	1. 拓展特色产业，形成上下游结合的产业链 2. 整治镇区环境，挖掘传统文化，塑造镇区特色 3. 加强镇域美丽乡村建设 4. 尽快修编规划，提升规划质量
22	重庆市	铜梁区安居镇	1. 挖掘传统文化内涵，形成多元文化产业 2. 整治镇区环境，塑造镇区特色 3. 提升规划编制质量
		江津区白沙镇	1. 做深做透小镇特色，加强产业培育，吸引更多游客在镇上停留 2. 提升规划质量，继续做好古镇保护，加强镇区风貌管控
		合川区涞滩镇	1. 按照"镇区、景区、村庄"联动的方式发展特色产业，合理引导消费进乡村，促进镇景村联动发展 2. 尽快修编规划，优化镇区规划方案，按照"镇区景区化"目标进行规划和建设，突出镇区与自然地貌的融合，加强与渠江的联系 3. 严格控制镇区规模，避免照搬城市模式
		南川区大观镇	1. 创新体制机制，提升产业发展能力 2. 提高规划质量，控制建设用地规模，防止违背农民意愿大规模拆并村庄 3. 整治镇区、村庄环境，提升整体风貌
		长寿区长寿湖镇	1. 加强特色产业培育力度，延伸产业链，吸引更多客流聚集 2. 整治镇区环境，完善基础设施，提升整体承载力
		永川区朱沱镇	1. 加强生态环境保护力度 2. 积极利用港口优势，提升纸制品产业的质量和竞争力 3. 尽快修编规划，提升规划质量

061

序号	地区	特色小镇	评审意见
22	重庆市	垫江县 高安镇	1. 控制镇区建设建设规模 2. 开展镇区环境整治，提升整体风貌 3. 尽快修编规划，提升规划质量
		酉阳县 龙潭镇	1. 加强特色产业培育 2. 开展镇区环境整治，提升整体风貌 3. 尽快修编规划，提升规划质量
		大足区 龙水镇	1. 妥善处理镇区与南斋双桥区的发展关系 2. 开展镇区、工业园区环境整治，提升整体风貌 3. 尽快修编规划，提升规划质量
23	四川省	成都市 郫都区 三道堰镇	提升规划质量，保持和彰显小镇特色
		自贡市 自流井区 仲权镇	1. 打造彩灯的全产业链，培育相关产业，提升小镇就业岗位和聚集效应 2. 开展镇区环境整治，提升整体风貌
		广元市 昭化区 昭化镇	1. 开展镇区环境整治，提升整体风貌 2. 继续创新体制机制，拓展农民参与民宿经营的渠道
		成都市 龙泉驿区 洛带镇	1. 充分发掘古镇历史文化和客家文化要素，打造区别于其他古镇的旅游发展特色 2. 挖掘地方特色，注重原有古镇风貌保护 3. 创新体制机制，处理好原有古镇居民与古镇运营企业的关系
		眉山市 洪雅县 柳江镇	1. 加强特色产业与当地的"雅"文化的结合，拓展旅游体验等产业培育 2. 开展镇区环境整治，提升整体风貌
		甘孜州 稻城县 香格里拉镇	1. 适当开展多元化旅游项目，弱化旅游季节性的影响 2. 开展镇区环境整治，提升整体风貌
		绵阳市 江油市 青莲镇	1. 进一步加大特色产业培育力度 2. 整治老镇区环境，提升居住品质
		雅安市 雨城区 多营镇	1. 保护小镇整体空间格局和传统风貌，避免过大、过密的建设 2. 整治镇区环境，提升环境质量

序号	地区	特色小镇	评审意见
23	四川省	阿坝州汶川县水磨镇	1. 充分研究和慎重确定产业方向 2. 新增建设项目要充分体现地域文化和风貌特色
		遂宁市安居区拦江镇	1. 增加特色产业的就业岗位，促进农民就地就近城镇化 2. 整治镇区环境，提升环境质量 3. 合理控制镇区规划建设用地规模，避免盲目扩张
		德阳市罗江县金山镇	1. 充分发掘当地独特的民俗及传统文化 2. 严格控制建设规模，避免大拆大建 3. 整治镇区环境，塑造有特色的小镇风貌
		资阳市安岳县龙台镇	1. 研发产品深加工技术，增强产品附加值，优化产业结构，提升产品质量 2. 开展镇区环境整治，提升整体风貌
		巴中市平昌县驷马镇	1. 保持生态环境和自然资源优势，审慎引进工业项目 2. 发挥已有的文化创意优势，以绘画和农创产品的基础，吸引名家聚集，形成规模效应 3. 整治镇区环境，提升环境质量
24	贵州省	黔西南州贞丰县者相镇	1. 加强户外运动、康体旅游的配套设施建设 2. 严格控制建设用地规模，集约节约利用土地，并明确近期集中开发区域
		黔东南州黎平县肇兴镇	1. 注重传统文化保护，建立传统文化保护机制 2. 抓紧制定历史建筑、传统风貌建筑保护管理方法 3. 提升规划质量，引领特色小镇建设
		贵安新区高峰镇	1. 妥善处理小镇与贵安新区的关系，明确小镇定位 2. 提高农业附加值，可与相关文创产业结合发展 3. 提高镇区对农业、农村的带动作用 4. 加强对镇区规模和形态的研究，突出特色风貌，注重高铁过境区域的形象
		六盘水市水城县玉舍镇	1. 进一步加大特色产业培育力度 2. 做好特色风貌保护，塑造和传承地方文化
		安顺市镇宁县黄果树镇	1. 拓展旅游业的产业链，丰富旅游产业要素 2. 提高镇区建设品质和旅游接待能力，提升游客留宿率

063

序号	地区	特色小镇	评审意见
24	贵州省	铜仁市万山区万山镇	1. 加快朱砂产业改造升级，通过强化创意和设计提高产品的附加值 2. 镇区规划建设应注重生态修复，注重顺应自然山体，注重展现产业特色 3. 严格保护不同时期的建筑特色，避免整治方法简单粗暴
		贵阳市开阳县龙岗镇	1. 拓展硒的相关产业链 2. 统筹安排年度建设项目，避免项目过多过大 3. 合理控制新增建设用地，至 2020 年镇区建设用地增量宜控制在 100 公顷以内 4. 开展镇区环境整治，提升整体风貌
		遵义市播州区鸭溪镇	1. 保护生态环境，开展水治理等工作 2. 开展镇区环境整治，提升整体风貌 3. 保护好传统村寨
		遵义市湄潭县永兴镇	1. 进一步聚焦特色产业，延伸产业链 2. 创新机制，引导社会资本参与小镇建设
		黔南州瓮安县猴场镇	1. 明确主导产业，避免选择过多产业 2. 重点打造历史文化和红色文化，防止文化特色过泛 3. 优化小镇规划，合理布局旅游服务设施用地，加强用地规模控制，打造特色风貌
25	云南省	楚雄州姚安县光禄镇	1. 加强历史文化保护 2. 尽快修编规划，提升镇区风貌
		大理州剑川县沙溪镇	1. 创新体制机制，促进特色产业和传统文化可持续发展 2. 加快引进民间资本促进小镇产业运营发展 3. 尽快修编规划，提升规划质量
		玉溪市新平县戛洒镇	1. 细化产业方向，明确旅游产业的业态和经营模式 2. 注重项目实施的体制机制创新
		西双版纳州勐腊县勐仑镇	1. 引入专业的运营企业，打造有特色的科普产业 2. 尽快修编规划，提升规划质量
		保山市隆阳区潞江镇	1. 处理好新建区域与地域风貌的关系 2. 加强镇区与咖啡种植、加工的功能联系 3. 尽快修编规划，提升规划质量

序号	地区	特色小镇	评审意见
25	云南省	临沧市双江县勐库镇	1. 结合现有优势产业，配套交通基础设施及物流设施建设 2. 发挥普洱茶品牌的龙头优势，引导、带动全镇居民参与产业发展 3. 整治镇区环境，塑造特色风貌
		昭通市彝良县小草坝镇	1. 提升规划质量，统筹新建产业园区、新镇区与老镇区的关系 2. 加强公共设施、基础设施建设，提升人居环境质量和公共服务水平 3. 保护好生态环境
		保山市腾冲市和顺镇	1. 彰显主导产业特色 2. 梳理小镇建设项目，确保项目顺利实施 3. 建立景区和小镇的协作发展机制
		昆明市嵩明县杨林镇	1. 提高规划质量，处理好体育小镇与老镇区、经济开发区的关系，加强功能联系，提升整体风貌 2. 新增建设项目应与地域文化、地形地貌相结合
		普洱市孟连县勐马镇	1. 处理好边贸小镇与老镇区的功能、风貌的关系，实现协调发展 2. 加强边贸小镇建设应彰显地域文化特色
26	西藏自治区	阿里地区普兰县巴嘎乡	1. 整合支持资金，打造藏传佛教的国际旅游目的地 2. 加快基础设施建设，提升接待能力，彰显地域特色和民族特色
		昌都市芒康县曲孜卡乡	1. 保护好田园风光，防止地质灾害，延续现有的建筑风貌 2. 合理控制建设用地规模，避免盲目扩张
		日喀则市吉隆县吉隆镇	1. 加大特色产业培育力度，加大边贸交易额 2. 有机整合边贸、气候、环境、历史文化等资源，进一步凸显地方特色
		拉萨市当雄县羊八井镇	1. 编制小城镇规划，整治镇区环境，提升整体风貌 2. 深度挖掘地热资源，延伸产业链，促进与三产的结合，并惠及当地农牧民的生产生活
		山南市贡嘎县杰德秀镇	1. 聚焦手工艺加工产业，扩大产业规模 2. 加强基础设施建设，注重整体风貌塑造 3. 统筹考虑旅游集散地建设，避免简易化
27	陕西省	汉中市勉县武侯镇	1. 小镇建设应与乡村建设相互融合，注意保持和塑造乡村风貌和民居特色 2. 镇区建设要保护和传承传统文化，实施微更新，不能简单"复古" 3. 尽快修改规划，提升编制质量

序号	地区	特色小镇	评审意见
27	陕西省	安康市平利县长安镇	1. 加强镇区与镇域产业联动发展，强化产业升级发展，增强小城镇发展活力 2. 提升规划编制水平，加强镇区风貌管控
		商洛市山阳县漫川关镇	1. 加强河道整治、传统民居保护和新建建筑的风貌管控 2. 发挥秦楚文化的核心作用，丰富文化产业，强化特色，形成品牌，打造边贸文娱小镇
		咸阳市长武县亭口镇	1. 保持和突出城镇特色风貌，加强与自然山水融合，加大文化保护和传承力度 2. 及时修改规划，提升编制水平
		宝鸡市扶风县法门镇	1. 发挥佛文化等优势资源，拓展文旅、制造等强经济的产业，发展全域旅游，切实带动周边乡村发展 2. 规划建设应注重传统文化与现代文化融合发展，可适度引入现代化的优秀建筑 3. 合理控制建设用地规模，塑造小镇宜人尺度
		宝鸡市凤翔县柳林镇	1. 注重产业结构优化和提升，加强产业与文化的融合发展 2. 及时修改规划，提升编制水平 3. 加强城镇风貌特色营造与管控
		商洛市镇安县云盖寺镇	1. 加强镇村融合发展，重视乡村的传统民居保护 2. 小镇特色要进一步聚焦，可考虑打造"红豆杉小镇"的品牌 3. 充分利用周边自然环境，营造"林在镇中""镇在林中"的整体格局
		延安市黄陵县店头镇	1. 加大特色产业对周边乡村的带动作用 2. 加强对文化的挖掘和利用，开展城镇风貌整治，塑造特色空间
		延安市延川县文安驿镇	1. 发挥小镇已有的名人效应，拓展文旅产业资源和产品，营造留得住人的旅游氛围 2. 规划建设的希腊风情酒店与当地传统风貌差异大，应及时做出调整，不盲目搬袭外来文化
28	甘肃省	庆阳市华池县南梁镇	1. 整合镇域内红色旅游资源，形成系统的产业链 2. 强化镇区的服务功能，提升设施建设水平和服务质量 3. 尽快修编规划，提升规划质量

序号	地区	特色小镇	评审意见
28	甘肃省	天水市麦积区甘泉镇	1. 产业培育中应兼顾高端化与大众化，注重传统文化与现代文化的结合，扩大知名度 2. 结合文创特点，打造宜居宜业的公共空间 3. 尽快修编规划，提升规划质量
		兰州市永登县苦水镇	1. 突出规划先行的作用，提高规划编制质量 2. 小镇建设应坚持量力而行的原则，稳步推进，不宜大规模扩张
		嘉峪关市峪泉镇	1. 加强新的旅游产品开发，形成品牌效应 2. 及时修改规划，注重改造和提升镇区风貌
		定西市陇西县首阳镇	1. 提高规划编制水平，不宜在高速公路出入口布置仓储用地，并严控高速公路的生态隔离带 2. 加强老镇区环境综合整治，注重保持和彰显小镇风貌特色
29	青海省	海西州德令哈市柯鲁柯镇	1. 加强基础设施建设，提高镇区的服务能力 2. 提高规划质量，塑造镇区特色
		海南州共和县龙羊峡镇	1. 进一步提炼产业特色，控制养殖规模 2. 加强空间格局与自然环境结合，强化城镇风貌特色塑造 3. 挖掘传统文化内涵，做好传承
		西宁市湟源县日月乡	1. 结合实际提升经济活力，发展特色产业 2. 加强现有产业与就业的联系，突出地方资源与文化特色
		海东市民和县官亭镇	1. 进一步挖掘土族特色，强化民族风情 2. 建设风格不宜完全复古，应结合时代要素 3. 应提升新开发建筑和老街区保护的理念
30	宁夏回族自治区	银川市兴庆区掌政镇	1. 加强艺术产业对本镇居民就业的带动作用 2. 整治镇区环境，提升整体风貌
		银川市永宁县闽宁镇	1. 注重打造老镇区地域风貌，不要简单模仿外省的建筑风格 2. 加强规划引导，处理好小镇与县城发展的关系
		吴忠市利通区金银滩镇	1. 加强生态景观建设 2. 做好人才引进的配套设施建设 3. 发掘并充分利用特色汽车行业独特资源，培育特色文化产业

067

序号	地区	特色小镇	评审意见
30	宁夏回族自治区	石嘴山市惠农区红果子镇	1. 提高规划质量,严格控制规划建设用地规模 2. 建筑风貌要体现地域特色和时代特色 3. 公园、建筑要保持宜人尺度,避免照搬城市模式
		吴忠市同心县韦州镇	1. 合理引导阿语发展,加强地方产业培育 2. 尽快修编规划,引入高水平的设计团队,建筑风格应体现时代性和地域性特色 3. 文化发展应更加多元
31	新疆维吾尔自治区	克拉玛依市乌尔禾区乌尔禾镇	1. 引入成熟运营机构,确保产业项目落实和良性运行,进一步发挥主导产业引领作用 2. 加大规划管理力度,加强整体风貌管控
		吐鲁番市高昌区亚尔镇	在街区风貌改造时注重保持地域特色和传承历史文化
		伊犁州新源县那拉提镇	加强对主导产业培育以及运营模式等方面的研究,进一步发挥特色小镇的引领带动作用
		博州精河县托里镇	1. 注重特色产业链的延伸,并积极培育相关产业 2. 尽快修编规划,提升规划质量
		巴州焉耆县七个星镇	1. 结合葡萄产业优势,重新编制更符合实际、可实施的规划 2. 加强镇区设施建设,保持具有地域特色和民族特色的城镇风貌
		昌吉州吉木萨尔县北庭镇	1. 深入挖掘历史文化资源,将主导产业由教育主题提升为文化主题 2. 注重保护和传承历史文化遗产,集约节约利用土地,并加强建筑风貌管控
		阿克苏地区沙雅县古勒巴格镇	1. 要充分尊重基础条件和历史发展阶段,开展小镇规划编制,注重保持民族地区特色 2. 梳理小镇产业优势,明确主导产业,并做好二、三产业融合工作

序号	地区	特色小镇	评审意见
32	新疆生产建设兵团	阿拉尔市沙河镇	1. 充分尊重现状，提升规划编制水平。规划应表达高速公路和铁路 2. 加强小微企业创业基地建设的研究，提高培育项目可实施性 3. 注重产业和公共设施建设
		图木舒克市草湖镇	1. 应更加重视城镇建筑风貌的管控 2. 生活型道路的高宽比宜为 1:1 至 2:1，新建住宅应为低层、多层
		铁门关市博古其镇	1. 加快规划编制、提高设计水平 2. 凝练、保持和突出兵团的风貌特色

40. 在国家发展和改革委员会、国土资源部、环境保护部、住房和城乡建设部颁布的《关于规范推进特色小镇和特色小城镇建设的若干意见》中，指导思想是什么？

深入学习贯彻党的十九大精神，以习近平新时代中国特色社会主义思想为指导，坚持以人民为中心，坚持贯彻新发展理念，把特色小镇和小城镇建设作为供给侧结构性改革的重要平台，因地制宜、改革创新，发展产业特色鲜明、服务便捷高效、文化浓郁深厚、环境美丽宜人、体制机制灵活的特色小镇和小城镇，促进新型城镇化建设和经济转型升级。

41. 在国家发展和改革委员会、国土资源部、环境保护部、住房和城乡建设部颁布的《关于规范推进特色小镇和特色小城镇建设的若干意见》中，基本原则是什么？

坚持创新探索。创新工作思路、方法和机制，着力培育供给侧小镇经济，努力走出一条特色鲜明、产城融合、惠及群众的新路子，防止"新瓶装旧酒""穿新鞋走老路"。

坚持因地制宜。从各地区实际出发，遵循客观规律，实事求是、量力而行、控制数量、提高质量，体现区域差异性，提倡形态多样性，不搞区域平衡、产业平衡、数量要求和政绩考核，防止盲目发展、一哄而上。

坚持产业建镇。立足各地区要素禀赋和比较优势，挖掘最有基础、最具潜力、最能成长的特色产业，做精做强主导特色产业，打造具有核心竞争力和可持续发展特征的独特产业生态，防止千镇一面和房地产化。

坚持以人为本。围绕人的城镇化，统筹生产生活生态空间布局，提升服务功能、环境质量、文化内涵和发展品质，打造宜居宜业环境，提高人民获得感和幸福感，防止政绩工程和形象工程。

坚持市场主导。按照政府引导、企业主体、市场化运作的要求，创新建设模式、管理方式和服务手段，推动多元化主体同心同向、共建共享，发挥政府制定规划政策、搭建发展平台等作用，防止政府大包大揽和加剧债务风险。

42. 在国家发展和改革委员会、国土资源部、环境保护部、住房和城乡建设部颁布的《关于规范推进特色小镇和特色小城镇建设的若干意见》中，重点任务是什么？

（1）准确把握特色小镇内涵。各地区要准确理解特色小镇内涵特质，立足产业"特而强"、功能"聚而合"、形态"小而美"、机制"新而活"，推动创新性供给与个性化需求有效对接，打造创新创业发展平台和新型城镇化有效载体。不能把特色小镇当成筐、什么都往里装，不能盲目把产业园区、旅游景区、体育基地、美丽乡村、田园综合体以及行政建制镇戴上特色小镇"帽子"。各地区可结合产业空间布局优化和产城融合，循序渐进发展"市郊镇""市中镇""园中镇""镇中镇"等不同类型特色小镇；依托大城市周边的重点镇培育发展卫星城，依托有特色资源的重点镇培育发展专业特色小城镇。

（2）遵循城镇化发展规律。浙江特色小镇是经济发展到一定阶段的产物，具备相应的要素和产业基础。各地区发展很不平衡，要按规律办事，树立正确政绩观和功成不必在我的理念，科学把握浙江经验的可复制和不可复制内容，合理借鉴其理念方法、精神实质和创新精神，追求慢工出细活出精品，避免脱离实际照搬照抄。特别是中西部地区要从实际出发，科学推进特色小镇和小城镇建设布局，走少而特、少而精、少而专的发展之路，避免盲目发展、过度追求数量目标和投资规模。

（3）注重打造鲜明特色。各地区在推进特色小镇和小城镇建设过程中，要立足区位条件、资源禀赋、产业积淀和地域特征，以特色产业为核心，兼顾特色文化、特色功能和特色建筑，找准特色、凸显特色、放大特色，防止内容重复、形态雷同、特色不鲜明和同质化竞争。聚焦高端产业和产业高端方向，着力发展优势主导特色产业，延伸产业链、提升价值链、创新供应链，吸引人才、技术、资金等高端要素集聚，打造特色产业集群。

（4）有效推进"三生融合"。各地区要立足以人为本，科学规划特色小镇的生产、生活、生态空间，促进产城人文融合发展，营造宜居宜业环境，提高集聚人口能力和人民群众获得感。留存原住居民生活空间，防止将原住居民整体迁出。增强生活服务功能，构建便捷"生活圈"、完善"服务圈"和繁荣"商业圈"。提炼文化经典元素和标志性符号，合理应用于建设运营及公共空间。保护特色景观资源，将美丽资源转化为"美丽经济"。

（5）厘清政府与市场边界。各地区要以企业为特色小镇和小城镇建设主力军，引导企业有效投资、对标一流、扩大高端供给，激发企业家创造力和人民消费需求。鼓励大中型企业独立或牵头打造特色小镇，培育特色小镇投资运营商，避免项目简单堆砌和碎片化开发。发挥政府强化规划引导、营造制度环境、提供设施服务等作用，顺势而为、因势利导，不要过度干预。鼓励利用财政资金联合社会资本，共同发起特色小镇建设基金。

（6）实行创建达标制度。各地区要控制特色小镇和小城镇建设数量，避免分解指标、层层加码。统一实行宽进严定、动态淘汰的创建达标制度，取消一次性命名制，避免各地区只管前期申报、不管后期发展。

（7）严防政府债务风险。各地区要注重引入央企、国企和大中型民企等作为特色小镇主要投资运营商，尽可能避免政府举债建设进而加重债务包袱。县级政府综合债务率超过100%的风险预警地区，不得通过融资平台公司变相举债立项建设。统筹考虑综合债务率、现有财力、资金筹措和还款来源，稳妥把握配套设施建设节奏。

（8）严控房地产化倾向。各地区要综合考虑特色小镇和小城镇吸纳就业和常住人口规模，从严控制房地产开发，合理确定住宅用地比例，并结合所在市县商品住房库存消化周期确定供应时序。适度提高产业及商业用地比例，鼓励优先发展产业。科学论证企业创建特色小镇规划，对产业内容、盈利模式和后期运营方案进行重点把关，防范"假小镇真地产"项目。

（9）严格节约集约用地。各地区要落实最严格的耕地保护制度和最严格的节约用地制度，在符合土地利用总体规划和城乡规划的前提下，划定特色小镇和小城镇发展边界，避免另起炉灶、大拆大建。鼓励盘活存量和低效建设用地，严控新增建设用地规模，全面实行建设用地增减挂钩政策，不得占用永久基本农田。合理控制特色小镇四至范围，规划用地面积控制在3平方公里左右，其中建设用地面积控制在1平方公里左右，旅游、体育和农业类特色小镇可适当放宽。

（10）严守生态保护红线。各地区要按照《关于划定并严守生态保护红线的若干意见》要求，依据应划尽划、应保尽保原则完成生态保护红线划定工作。严禁以特色小镇和小城镇建设名义破坏生态，严格保护自然保护区、文化自然遗产、风景名胜区、森林公园和地质公园等区域，严禁挖山填湖、破坏山水田园。严把特色小镇和小城镇产业准入关，防止引入高污染高耗能产业，加强环境治理设施建设。

43. 在国家发展和改革委员会、国土资源部、环境保护部、住房和城乡建设部颁布的《关于规范推进特色小镇和特色小城镇建设的若干意见》中，如何组织实施？

（1）提高思想认识。各地区要深刻认识特色小镇和小城镇建设的重要意义，将其作为深入推进供给侧结构性改革的重要平台，以及推进经济转型升级和新型城镇化建设的重要抓手，切实抓好组织实施。

（2）压实省级责任。各省级人民政府要强化主体责任意识，按照本意见要求，整合各方力量，及时规范纠偏，调整优化实施方案、创建数量和配套政策，加强统计监测。

（3）加强部门统筹。充分发挥推进新型城镇化工作部际联席会议机制的作用，由国家发展改革委牵头，会同国土资源、环境保护、住房和城乡建设等有关部门，共同推进特色小镇和小城镇建设工作，加强对各地区的监督检查评估。国务院有关部门对已公布的两批403个全国特色小城镇、96个全国运动休闲特色小镇等，开展定期测评和优胜劣汰。

（4）做好宣传引导。发挥主流媒体舆论宣传作用，持续跟踪报道建设进展，发现新短板新问题，总结好样板好案例，形成全社会关注关心的良好氛围。

下篇　特色小镇地方政策

1. 天津市出台何种政策支持特色小镇发展？

2017.7.27	天津市滨海新区人民政府办公室《关于成立滨海新区特色小镇规划建设领导小组的通知》

2. 在天津市滨海新区人民政府办公室发布的《关于成立滨海新区特色小镇规划建设领导小组的通知》中，特色小镇规划建设领导小组中都有哪些单位？主要职责都有哪些？

（1）区政府办公室。按照市特镇办的工作部署，以政府名义上报每年度国家级、市级特色小镇申报材料；按照特色小镇监测制度要求，待各部门审核签署监测报表之后，负责向区政府领导报审，并在区政府领导审阅同意后，加盖区政府公章。

（2）区发展改革委。负责协调指导特色小镇列入区重点项目；配合牵头部门做好监督实施及考核验收工作。

（3）区统计局。根据《天津市特色小镇综合发展水平监测制度》

职责分工，按照相关统计报表制度，及时完成关于经济总量和农业生产相关报表的填报任务，并提供相关证明材料。

（4）区工业和信息化委。具体负责指导信息经济、时尚消费、传统特色产业和高端装备制造业特色小镇的规划建设工作；指导特色小镇的产业转型升级，协调引进新兴产业进入特色小镇；整合本部门资源，支持特色小镇加快产业发展。

（5）区商务委。具体负责指导特色小镇引入电子商务；指导旅游类特色小镇规划建设，强化旅游功能；整合本部门资源，宣传推介特色小镇建设情况及成果；协助审核签署相关统计监测证明材料。

（6）区科委。具体负责指导特色小镇的科技创新工作；整合本部门资源，支持特色小镇引入"互联网＋"，加快科技创新，打造智慧小镇；协助落实监测制度，指导监测报表填报，并审核签署相关证明材料。

（7）区财政局（金融服务局）。配合牵头部门做好享受财政扶持政策特色小镇的扶持资金审核和兑现工作；整合现有渠道，安排资金支持特色小镇加快规划建设；指导协调特色小镇融资工作；协助落实监测制度，指导监测报表填报，并审核签署相关证明材料。

（8）区规划国土局。具体负责指导特色小镇规划编制；指导特色小镇强化用地保障，创新形成集约节约用地机制；协助落实监测制度，指导监测报表填报，并审核签署相关证明材料。

（9）区建设交通局。具体负责指导和协调特色小镇建设方面的有关问题，整合本部门资源，协调推动加快特色小镇建设；负责特色小镇建设项目招投标及质量、安全的监督和管理。

（10）区环境局。具体负责指导提出特色小镇污染防治和生态环境建设的政策建议；整合本部门资源，指导特色小镇绿化美化；协助落实监测制度，指导监测报表填报，并审核签署相关证明材料。

（11）区农委。承担领导小组办公室日常工作。

（12）区委宣传部（文广电局）。具体负责指导文化旅游类特色小镇文化内涵的挖掘和文化品牌的打造，整合本部门资源，支持特色小镇文化功能建设；协助落实监测制度，指导监测报表填报，并审核签署相关证明材料。

（13）区审批局。具体负责职责范围内相关事项的审批工作，为职责范围内特色小镇审批事项开辟绿色通道。

1. 河北省出台何种政策支持特色小镇发展？

2016.8.12　　　　　中共河北省委、河北省人民政府《关于建设
　　　　　　　　　　特色小镇的指导意见》

2. 在中共河北省委、河北省人民政府发布的《关于建设特色小镇的指导意见》中，建设的基本思路是什么？

　　牢固树立和贯彻落实新发展理念，准确把握特色小镇的内涵特征，坚持因地制宜、突出特色、企业主体、政府引导，坚守发展和生态底线，注重特色打造，注重有效投资，注重示范引领，注重改革创新，加速要素集合、产业聚合、产城人文融合，努力把特色小镇打造成为经济增长新高地、产业升级新载体、城乡统筹新平台，为建设经济强省、美丽河北提供有力支撑。力争通过 3~5 年的努力，培育建设 100 个产业特色鲜明、人文气息浓厚、生态环境优美、多功能叠加融合、体制机制灵活的特色小镇。

3. 在中共河北省委、河北省人民政府发布的《关于建设特色小镇的指导意见》中，特色小镇的建设要求是什么？

（1）坚持规划引领

特色小镇不是行政区划单元的"镇"，也不是产业园区、景区的"区"，一般布局在城镇周边、景区周边、高铁站周边及交通轴沿线，适宜集聚产业和人口的地域。选址应符合城乡规划、土地利用总体规划要求，相对独立于城市和乡镇建成区中心，原则上布局在城乡接合部，以连片开发建设为宜。特色小镇规划要突出特色打造，彰显产业特色、文化特色、建筑特色、生态特色，形成"一镇一风格"；突出功能集成，推进"多规合一"，体现产城人文四位一体和生产生活生态融合发展；突出节约集约，合理界定人口、资源、环境承载力，严格划定小镇边界，规划面积一般控制在3平方公里左右（旅游产业类特色小镇可适当放宽），建设用地面积一般控制在1平方公里左右，聚集人口1万至3万人；突出历史文化传承，注重保护重要历史遗存和民俗文化，挖掘文化底蕴，开发旅游资源，所有特色小镇要按3A级以上景区标准建设，旅游产业类特色小镇要按4A级以上景区标准建设，并推行"景区＋小镇"管理体制。

（2）明确产业定位

特色小镇要聚焦特色产业集群和文化旅游、健康养老等现代服务业，兼顾皮衣皮具、红木家具、石雕、剪纸、乐器等历史经典产业。每个小镇要根据资源禀赋和区位特点，明确一个最有基础、最有优势、最有潜力的产业作为主攻方向，差异定位、错位发展，挖掘内涵、衍生发展，做到极致、一流。每个细分产业原则上只规划建设一个特色小镇（旅游产业类除外），新引进的重大产业项目优先布局到同类特色小镇，增强特色产业集聚度，避免同质化竞争。

（3）突出有效投资

坚持高强度投入和高效益产出，每个小镇要谋划一批建设项目，原则上 3 年内要完成固定资产投资 20 亿元以上，其中特色产业投资占比不低于 70%，第一年投资不低于总投资的 20%，金融、科技创新、旅游、文化创意、历史经典产业类特色小镇投资额可适当放宽，对完不成考核目标任务的予以退出。

（4）集聚高端要素

打破惯性思维和常规限制，根据产业定位量身定制政策，打造创新创业平台，吸引企业高管、科技创业者、留学归国人员等创新人才，引进新技术，开发新产品，做大做强特色产业。建设特色小镇公共服务 APP，提供创业服务、商务商贸、文化展示等综合功能。积极应用现代信息传输技术、网络技术和信息集成技术，实现公共 Wi-Fi 和数字化管理全覆盖，建设现代化开放型特色小镇。

（5）创新运作方式

特色小镇建设要坚持政府引导、企业主体、市场化运作，鼓励以社会资本为主投资建设特色小镇。每个小镇要明确投资建设主体，注重引入龙头企业，以企业为主推进项目建设，鼓励采取企业统一规划、统一招商、统一建设的发展模式。政府主要在特色小镇的规划编制、基础设施配套、资源要素保障、文化内涵挖掘传承、生态环境保护等方面加强引导和服务，营造良好的政策环境，吸引市场主体投资建设特色小镇。

4. 在中共河北省委、河北省人民政府发布的《关于建设特色小镇的指导意见》中，为支持特色小镇建设，有何政策措施？

（1）加强用地保障

各地要结合土地利用总体规划调整和城乡规划修编，将特色小镇建设用地纳入城镇建设用地扩展边界内。特色小镇建设要按照节约集约用地的要求，充分利用低丘缓坡、滩涂资源和存量建设用地，统筹地上地下空间开发，推进建设用地多功能立体开发和复合利用。土地计划指标统筹支持特色小镇建设。支持建设特色小镇的市、县（市、区）开展城乡建设用地增减挂钩试点，连片特困地区和片区外国家扶贫开发工作重点县，在优先保障农民安置和生产发展用地的前提下，可将部分节余指标用于特色小镇。在全省农村全面开展"两改一清一拆"（改造城中村和永久保留村，改造危旧住宅，清垃圾杂物、庭院和残垣断壁，拆除违章建筑等）行动，建立健全全省统一的土地占补平衡和增减挂钩指标库，供需双方在省级平台对接交易，盘活存量土地资源。

（2）强化财政扶持

省级财政用以扶持产业发展、科技创新、生态环保、公共服务平台等专项资金，优先对接支持特色小镇建设。鼓励和引导政府投融资平台和财政出资的投资基金，加大对特色小镇基础设施和产业示范项目支持力度。省市县美丽乡村建设融资平台对相关特色小镇的美丽乡村建设予以倾斜支持，对符合中心村申报条件的特色小镇建设项目，按照全省中心村建设示范点奖补标准给予重点支持，并纳入中心村建设示范点管理，对中心村建设示范县（市、区），再增加 100 万元奖补资金，专门用于特色小镇建设。

（3）加大金融支持

按照谁投资谁受益原则，加大招商引资力度，探索产业基金、私募股权、PPP 等融资路径，拓宽投融资渠道，广泛吸引社会资本参与特色小镇建设。鼓励在特色小镇组建村镇银行和小额贷款公司，鼓励和引导金融机构到特色小镇增设分支机构和服务网点，加大对特色小镇基础设施建设、主导产业发展和小微企业支持力度，探索开展投贷联动业务。鼓励保险机构通过债券、投资基金、基础设施投资计划、资产支持计划等方式参与特色小镇建设投资。加强特色小镇项目谋划，积极与国家开发银行、农业发展银行沟通对接，争取国家专项建设基金和低息贷款支持。

（4）完善基础设施

加强统筹谋划，积极支持特色小镇完善水、电、路、气、信等基础设施，提升综合承载能力和公共服务水平。加快完善内部路网，打通外部交通连廊，提高特色小镇的通达性和便利性。加快污水处理、垃圾处理和供水设施建设，实现特色小镇供水管网、污水管网和垃圾收运系统全覆盖。完善电力、燃气设施，推进集中供气、集中供热或新能源供热。加大特色小镇信息网络基础设施建设力度，推动网络提速降费，提高宽带普及率，加快实现 Wi-Fi 全覆盖。加强特色小镇道路绿化、生态隔离带、绿道绿廊和片林建设，构建"山水林田湖共同体"系统生态格局。合理配置教育、医疗、文化、体育等公共服务设施，完善特色小镇公共服务体系。

（5）支持试点示范

把特色小镇作为改革创新的试验田，国家相关改革试点，特色小镇优先上报；国家和省相关改革试点政策，特色小镇优先实施；符合法律法规要求的改革，允许特色小镇先行先试。

各地和省直有关部门要积极研究制定具体政策措施，整合优化政策资源，给予特色小镇建设有力的政策支持。

5. 在中共河北省委、河北省人民政府发布的《关于建设特色小镇的指导意见》中，为推进特色小镇建设，在组织领导方面有哪些举措？

（1）建立协调机制

为加强对特色小镇建设工作的组织领导和统筹协调，省委、省政府建立省特色小镇规划建设工作联席会议制度，省委副书记担任召集人，省政府常务副省长担任副召集人，省委宣传部、省农工办、省发展改革委、省科技厅、省财政厅、省国土资源厅、省环境保护厅、省住房和城乡建设厅、省交通运输厅、省工业和信息化厅、省林业厅、省商务厅、省文化厅、省旅游发展委、省金融办、省统计局、省通信管理局等单位负责同志为成员。联席会议办公室设在省发展改革委，负责联席会议日常工作。

（2）推进责任落实

各县（市、区）党委、政府是特色小镇规划建设的责任主体，要加强组织协调，勇于改革创新，建立工作落实推进机制，分解落实年度目标任务，及时协调解决问题，确保按时间节点和进度要求规范有序推进，务求取得实效。省直有关部门根据特色小镇的产业类别，结合职责分工，加强指导协调和政策扶持，支持特色小镇加快发展。

（3）加强督导考核

加强工作调度，组织考察培训，及时总结、评估特色小镇建设成果和有效做法，树立一批产业鲜明、主题突出的特色小镇，发挥好典型示范带动作用。以有效投资、营业收入、新增税收、市场主体数量、常住人口等为主要指标，对特色小镇建设实行年度专项考核。各地要按季度报送特色小镇创建工作进展和形象进度情况，省特色小镇规划建设工作联席会议办公室将定期进行通报。

（4）搞好宣传推广

发挥舆论导向作用，充分利用传统媒体和微博、微信、客户端等新兴媒体，加大对特色小镇建设的宣传力度，营造全社会关心支持特色小镇建设的浓厚氛围，调动市场主体和干部群众的积极性，树立典型、唱响品牌、提高知名度，增强吸引力，扩大影响力。

1. 内蒙古出台何种政策支持特色小镇发展？

2016.9.14　　　　内蒙古自治区人民政府办公厅《关于特色小镇建设工作的指导意见》

2. 在内蒙古自治区人民政府办公厅发布的《关于特色小镇建设工作的指导意见》中，特色小镇建设的总体要求是什么？

　　全面贯彻落实党的十八大和十八届三中、四中、五中全会精神，深入贯彻落实习近平总书记系列重要讲话和考察内蒙古重要讲话精神，按照自治区新型城镇化发展的战略部署，以促进县域经济发展为目标，因地制宜选择一批具有产业、资源、区位优势的一般建制镇，准确定位发展模式，突出产业和文化特点，加大各级财政投入，积极引进社会资本，投资发展优势产品、产业和服务业，促进当地和吸引外来消费，带动当地的经济发展。通过特色小镇引领，推动全区小城镇健康快速发展，为加快我区新型城镇化进程，逐步实现城乡基础设施、公共服务、就业和社会保障的城乡一体化提供保障。

3. 在内蒙古自治区人民政府办公厅发布的《关于特色小镇建设工作的指导意见》中，特色小镇建设的基本原则是什么？

（1）统筹谋划，规划先行

以规划统筹各种要素，优化资源配置，合理谋划空间布局，注重发挥优势和突出特色，处理好生产、生活、休闲、交通四大要素关系，明确生态功能定位。

（2）定位明确，产业支撑

依托地方资源优势和特色，优化产业结构，积极发展现代工业，精细化农业、牧业，农畜产品加工业，旅游度假和商贸服务业等，形成规模效应，引导发展"一镇一业"，吸引当地群众就地就业，带动群众增收致富。

（3）小而精美，凸显特色

挖掘小城镇独具魅力和特色的文化内涵，突出打造个性鲜明的建筑风格、绿化景观和人文特色文化，为小城镇的建设发展注入文化元素，提升城镇建设品质，彰显小城镇特色和魅力。

（4）绿色低碳，生态宜居

以建立绿色低碳、节能环保的生产生活方式为目标，保护生产环境，发展循环经济、绿色经济和低碳经济，推广太阳能、风能等清洁能源，环保材料在小城镇中得到广泛应用，力争建设低碳、零碳小镇。

（5）政府引导，市场运作

充分发挥市场在资源配置中的决定性作用，加强政府引导和服务保障，明确投资建设主体，引入龙头企业，充分发挥龙头企业在规划建设中的主体作用。

4. 在内蒙古自治区人民政府办公厅发布的《关于特色小镇建设工作的指导意见》中，特色小镇建设的发展目标是什么？

根据经济社会基础良好、区位优势明显、交通设施便利、人口聚集度高、资源环境承载力强等标准和要求，自治区按照工业、农业、牧业、林业、旅游、物流、商贸、口岸、文化等几种类型，每年选择 8～12 个示范镇，各旗县（市、区）至少选择 1 个示范镇，通过自治区、盟市、旗县三级集中投入，逐年推进，建成一批功能齐备、设施完善、生活便利、环境优美、特色鲜明、经济繁荣、社会和谐的特色小镇，推动全区新型城镇化发展。到 2020 年，全区的特色小镇基本实现产业特色鲜明、基础设施和公共服务功能比较完善、人居生态环境良好、城镇建设风貌独特、居民就业和社会保障水平较高、对县域经济带动能力较强的发展目标。

5. 在内蒙古自治区人民政府办公厅发布的《关于特色小镇建设工作的指导意见》中，特色小镇建设的主要任务是什么？

（1）制订特色小镇创建方案

各旗县（市、区）要优先从国家和自治区重点示范镇、特色景观旅游名镇中选择地理位置优越、交通便捷、经济基础好、产业特色明显、资源丰富独特、开发潜力大的建制镇，制订特色小镇创建方案，高起点谋划特色小镇发展，确保与国民经济和社会发展规划、城乡规划、土地利用总体规划等统筹衔接，找准特点，明确定位，打造具有核心竞争力的商业运行模式。要制订量化可行的工作计划，落实投资计划，包括建设主体、建设项目、形象进度等，实施项目化管理。

（2）培育特色产业

以独特的产业定位为核心，形成具有市场竞争力和可持续发展特征的产业体系。加快推动产业转型升级，注重产业融合、项目组合、资源整合。加快培育特色产业项目，立足实际，合理布局建设符合规划和环保要求、吸纳就业性强、可带动城镇发展的休闲旅游度假养老服务性项目，逐步提高第三产业增加值占全镇经济增加值的比重。积极培育主导产业和特色产业，因地制宜发展工业、农业、牧业、林业、旅游、物流、商贸、口岸、文化等产业，打造各具特色的工业重镇、农业重镇、牧业重镇、商贸重镇、旅游旺镇和历史文化名镇等。拉长产业链，促进产业集聚发展，推动产业规模做大、结构优化，鼓励民间投资，结合引进大企业大项目，建设特色产业基地，强化产业支撑。

（3）突出打造特色景观

按照"一镇一特色，一镇一风情"的思路，统筹做好小城镇发展规划。在完成总体规划、专项规划和详细规划编制和修编的基础上，提高详细规划的覆盖率，着力提高项目设计水平，形成鲜明的建筑风格、景观设施和人文环境，积极营造绿色、洁净、舒适的和谐发展格局。要重点抓好镇区主要出入口、主干道沿线、规模大的安置房小区、商贸街区、中心广场、园林景观项目等重点地段和节点地区的城市设计，积极开展外部空间和形体环境设计。以改善居民生产、生活质量为重心，按照适度超前的原则，加快推进基础设施和公共服务设施建设，促进土地、基础设施、公共服务设施等资源合理配置、集约利用。

（4）加强生态保护

依托乡村田园风光，以打造生态宜居为核心，强化乡村规划建设管理，加大环境保护力度，打造生态优良、清洁舒适、风貌优美的宜居小镇。要切实增强节能减排能力，大力开展绿色生态设施建设。在污水和垃圾处理等方面采用无害化、低耗能、低成本技术。在新建建筑、既有居住建筑节能改造方面大力推广太阳能、风能等可再生能源和绿色集成节能技术。

6. 在内蒙古自治区人民政府办公厅发布的《关于特色小镇建设工作的指导意见》中，对于特色小镇建设有何保障措施？

（1）深化改革推进管理体制机制创新

通过推进小城镇机构和管理体制改革，完善体制机制，创新发展模式，统筹城乡经济社会协调发展。各旗县（市、区）要出台扩权强镇意见，将能够下放的各种管理权限依法下放到镇级，赋予小城镇享有与目标责任相匹配的权限和资源。明确承担小城镇建设管理职能的部门，合理配备人员，并从经费上予以保障，解决有人干事、有钱干事的问题。

（2）拓宽小城镇建设投融资渠道

进一步规范和完善公共财政投入，各级财政统筹整合各类已设立的相关专项资金，重点支持特色小镇市政基础设施建设。在镇规划区内建设项目缴交的基础设施配套费，要全额返还小城镇，用于小城镇基础设施建设。大力支持村镇银行、小额贷款公司的发展，构建政策性金融、商业金融相结合的农村牧区金融体系。国有政策性银行应在开展产业基金合作方面给予试点城镇以地市级同等待遇。把市场机制引入特色小镇，按照谁投资，谁经营，谁受益的原则，鼓励各种经济性质的资本在特色小镇投资路、水、电、通信、市场、文化娱乐等市政公用设施建设，投资者享受自治区现行的有关优惠政策。

（3）保障用地指标

旗县（市、区）每年的非农建设用地计划中，优先安排一定数量的用地指标，支持特色小镇的开发建设。为有利于小城镇规划的实施，在镇区规划范围内的农村牧区建设用地，优先办理有关用地审批手续。鼓励农村牧区集体经济组织和农牧民以土地入股，集体建设用地使用权转让、租赁等方式有序地进行农家乐、牧家乐、家庭旅馆、农庄旅游等旅游开发项目试点。

（4）加强组织领导，形成工作合力

调整自治区小城镇建设工作领导小组成员组成和职能分工。自治区住房和城乡建设厅具体负责指导全区特色小镇的规划建设和功能完善，指导全区特色小镇基础设施建设和工程建设项目实施工作；自治区发展改革委协调指导特色小镇列入自治区、盟市重点建设项目，整合本部门资源，支持特色小镇加快规划建设；自治区财政厅

具体负责做好享受财政扶持政策的特色小镇审核和兑现工作，引导各地区安排资金支持特色小镇加快规划建设；自治区农牧业厅负责整合本部门资源，支持特色小镇打造特色农业、牧业；自治区国土资源厅具体负责做好享受用地扶持政策的特色小镇审核和兑现工作，指导各地区强化特色小镇用地保障，创新节约集约用地机制；自治区商务厅具体负责指导全区特色小镇电子商务创建、提升和涉外业务的指导；自治区环保厅具体负责指导全区特色小镇污染防治和生态环境建设；自治区科技厅具体负责指导全区特色小镇的科技创新工作；自治区经济和信息化委具体负责指导全区特色小镇的产业转型升级工作。各盟市、旗县（市、区）要对小城镇建设工作领导小组成员单位的职能进行相应调整。

1. 辽宁省出台何种政策支持特色小镇发展？

2016.5.9	辽阳市人民政府《关于加快特色小镇建设的指导意见》
2016.5.17	盘锦市人民政府办公室《关于推进特色小镇规划建设工作的意见》
2016.8.15	辽阳市人民政府办公室《关于公布市级特色小镇创建名单的通知》
2017.2.27	葫芦岛市人民政府《关于印发葫芦岛市创建特色小镇工作实施方案的通知》
2017.7.24	盘锦市人民政府办公室《关于支持特色小镇建设意见的通知》
2017.9.5	营口市人民政府办公室《关于推进特色小镇建设工作实施方案的通知》
2017.9.5	营口市人民政府《关于推进我市特色小镇建设的指导意见》

2. 在辽阳市人民政府发布的《关于加快特色小镇建设的指导意见》中，特色小镇建设的指导思想是什么？

牢固树立创新、协调、绿色、开放、共享的发展新理念，按照"四化同步"协调发展的战略部署，以特色小镇作为推进新型城镇化建设、发展县域经济的重要抓手，加速一二三产业融合，加快产业集聚，促进经济转型升级。按照产业为根、文化为魂、旅游为桥的发展模式，不断壮大特色优势产业，深入挖掘历史文化内涵，大力开发旅游资源，因地制宜、突出特色，创新机制、产业融合，政府引导、市场运作，建设一批产业有支撑、文化有内涵、旅游有品位，基础设施完备、东北风情浓厚、辽阳特色鲜明的特色小镇，实现产业、文化、旅游"三位一体"和生产、生活、生态融合发展。

3. 在辽阳市人民政府发布的《关于加快特色小镇建设的指导意见》中，特色小镇建设的工作目标是什么？

特色小镇实行创建制，采用"宽进严定"的方式统筹推进特色小镇建设，利用3年时间，到2018年力争建成10个左右市级特色小镇。鼓励和引导县（市）区和乡镇（街）结合实际开展特色小镇建设，并按照市级标准，制定相对应的建设标准和扶持政策。

4. 在辽阳市人民政府发布的《关于加快特色小镇建设的指导意见》中，特色小镇建设的基本原则是什么？

（1）坚持规划引领

充分发挥规划的引领作用，搞好与本市其他各项规划的有效对接，实现多规融合。强化城乡规划、土地利用规划和文物保护规划的引领作用，统筹考虑人口分布、生产力布局、国土空间利用和生态环境保护，实现各项工作通盘考虑、方向一致、重点聚焦。

（2）坚持生态优先

按照协调、绿色发展理念，坚持把生态环境保护作为特色小镇建设的第一理念，充分利用地形地貌，做好整体规划和形象设计，集约利用土地资源。要不断加大科技创新力度，升级改造传统产业，大力发展循环经济，推进资源综合利用，实现生产、生活、生态融合发展。

（3）坚持梯次发展

按照因地制宜、梯次推进、上下联动、分级管理的工作思路，有序推进特色小镇建设。列入市级创建名单的特色小镇由所在县（市）区政府负责建设，享受市级扶持政策，纳入市级监测管理和年度考核范围。各县（市）区和乡镇（街）要结合实际，开展本级特色小镇建设工作，形成市、县、乡三级联动的建设格局和分级管理的工作机制。

（4）坚持企业主体

严格落实企业主体地位，以项目为依托开展特色小镇建设。充分发挥市场在资源配置中的决定性作用，以财政资金为引导，积极吸引社会资本和金融资本投入特色小镇建设。把优化投资创业环境作为工作着力点，推进简政放权、放管结合、优化服务等方面的改革，努力营造扶商、安商、惠商的良好环境。

（5）坚持多元融合

特色小镇要充分结合本地特质，找准产业定位，科学进行规划，深入挖掘产业特色、人文底蕴和生态禀赋，形成"产、城、人、文"四位一体有机结合。

5. 在辽阳市人民政府发布的《关于加快特色小镇建设的指导意见》中，特色小镇创建的要求是什么？

（1）产业定位

特色小镇要立足辽阳市实际，聚焦信息经济、健康、旅游、时尚、高端装备制造等新兴产业和温泉旅游、皮装裘皮、袜业、葡萄酒酿造、农产品深加工等特色产业，兼顾彰显传统工艺、特色食品、民族风情、民俗文化等经典产业。每个特色小镇选择一个具有当地特色和比较优势的产业作为主攻方向，使之成为支撑特色小镇未来发展的大产业，把产业做特做精做强。

（2）规划引领

一是要按照节约集约发展、多规融合的要求，制定 3 年建设规划，指导特色小镇建设。规划内容包括建设思路、总体目标、产业特色、文化内涵、发展模式、空间格局、项目策划等。重点做到特色小镇四至边界明晰、核心区布局集中。支持以特色小镇理念改造提升各类产业集聚区、功能区、历史文化风貌区和进行旧村改造。二是特色小镇原则上应相对独立于城市和乡镇建成区中心，对于在乡镇建设范围内已形成一定产业集聚的，可因地制宜开展建设。规划面积一般控制在 3 平方公里左右（旅游类特色小镇可适当放宽），建设面积一般控制在 1 平方公里左右。三是特色小镇原则上要按照 3A 级以上景区标准建设，其中旅游类特色小镇原则上按照 5A 级景区标准建设。四是特色小镇必须确定一个优势主导产业，对新引进的重大产业项目根据其产业类型优先布局到同类型的特色小镇内，以增强特色小镇特色产业的集聚度，形成差异化发展，避免同质化竞争。

（3）运作方式

一是特色小镇建设要坚持政府引导、企业主体、市场化运作，鼓励以社会资本为主投资建设。特色小镇原则上每年完成固定资产投资 1 亿元以上，3 年内完成固定资产投资 5 亿元左右（不含住宅和商业综合体项目），旅游、时尚、文化类特色小镇总投资额 2 亿元以上，特色产业投资占比不低于 70%。二是每个特色小镇须明确 3 年计划投资项目，落实投资主体。投资主体可以是国有投资公司、民营企业或混合所有制企业，以企业为主推进项目建设，充分发挥市场在资源配置中的决定性作用。三是各县（市）区政府要在规划引导、基础设施配套、资源要素整合、优化投资创业环境、文化内涵挖掘传承、生态环境保护等方面做好服务保障。

6. 在辽阳市人民政府发布的《关于加快特色小镇建设的指导意见》中，对特色小镇的建设有何政策措施？

列入市级创建名单的特色小镇优先享受市政府在土地、资金、金融等方面的相关扶持政策。各县（市）区政府要比照市级政策，尽快出台扶持市、县（市）区级特色小镇建设的政策意见。

（1）优先享受现有政策

国家、省、市出台的有关金融扶持、科技创新、人才引进、招商引资等相关政策，符合特色小镇建设实际的，一律适用于特色小镇建设。特色小镇规划建设范围内符合要求的中小微企业，优先享受市政府《关于加快辽阳市中小微企业发展的若干意见》（辽市政发〔2015〕9号）和《关于加快辽阳市中小微企业发展的补充意见》（辽市政发〔2015〕19号）有关扶持政策。

（2）制定综合性保障措施

市直各部门牵头管理的现有各类专项资金（除有明确用途和性质等限制的以外）优先向特色小镇倾斜。市特色小镇建设领导小组成员各职能部门要结合工作实际，尽快制定扶持特色小镇建设的意见、政策和措施，报市特色小镇建设领导小组审定后统一整合实施。

（3）着重解决特色小镇建设要素制约问题

解决特色小镇建设用地保障问题。要统筹安排特色小镇用地指标、按规定降低土地出让起价、保障重点项目用地、盘活土地存量资源。国土部门要尽快出台有关特色小镇建设用地方面的具体扶持意见。

解决特色小镇财政支持问题。一是要返还新增财政收入。列入市级创建名单的特色小镇，其规划空间范围内的新增财政收入市以下部分（含市级），自列入市级创建名单起，5年内全额返还当地财政用于支持特色小镇建设。二是市政府设立特色小镇建设专项资金，用于扶持特色小镇建设。

解决融资平台支撑问题。由市发展改革委牵头，市财政局、国资委和金融部门配合，立即着手筹建特色小镇融资担保平台，支持特色小镇建设。

7. 在辽阳市人民政府发布的《关于加快特色小镇建设的指导意见》中，对特色小镇的建设有何组织保障？

（1）加强组织领导

成立辽阳市特色小镇建设领导小组（以下简称市领导小组），组长由市长裴伟东担任，副组长由副市长马立阳担任，市委宣传部、市发展改革委、经济和信息化委、民委、财政局、人力资源和社会保障局、国土资源局、环保局、住房和城乡建设委、交通局、农委、水务局、林业局、服务业委、外经贸局、文广新体局、旅游局等部门以及相关金融机构主要负责同志为成员，具体职责包括：审核确定市级特色小镇创建名单；研究拟订市级特色小镇创建相关政策，对市级特色小镇创建对象开展年度考评；对达到市级特色小镇标准要求的组织验收。市领导小组办公室设在市农委，承担日常工作，并负责收集汇总相关数据，研究提出季度通报、年度考核指标体系。各县（市）区都要成立相应组织机构，负责指导、协调、推进本地区特色小镇的建设工作。

（2）强化责任落实

各县（市）区政府是特色小镇创建的责任主体，要建立实施推进工作机制，搞好规划建设，加强组织协调，确保各项工作按照时间节点和计划要求规范有序推进，不断取得实效。市领导小组成员单位要密切配合，各司其职，形成特色小镇建设工作合力。市农委负责全市特色小镇建设的协调推进工作，并承担市领导小组日常工作；市委宣传部负责协调新闻媒体，宣传全市特色小镇建设；市发展改革委负责特色小镇项目布局，协调特色小镇建设列入省、市重点建设项目，搭建特色小镇融资担保平台，并积极探索特色小镇 PPP 融资模式；市经济和信息化委负责特色小镇产业发展、转型升级和通信基础设施建设、信息化推进工作，指导特色小镇做好互联网＋工作；市民委负责特色小镇民族风情打造工作；市财政局负责安排资金支持特色小镇建设，做好财政扶持政策的审核和兑现工作；市人力资源和社会保障局负责人才引进工作的考核，并制定特色小镇人才引进优惠政策；市国土资源局负责安排特色小镇建设用地指标，强化特色小镇用地保障，创新节约集约用地机制；市环保局负责特色小镇生态环境保护工作；市住房和城乡建设委负责特色小镇建设规划和功能完善，并协调特色小镇基础设施建设和工程建设项目实施工作；市交通局负责整合本部门资源支持特色小镇交通路网建设；市水务局负责特色小镇水资源利用开发工作以及水系改造工作；市林业局负责特色小镇绿化美化工作；市服务业委负责指导特色小镇服务业发展工作；市外经贸局负责特色小镇招商引资和涉外业务的指导工作；市文广新体局负责挖掘和打造特色小镇文化内涵，支持特色小镇加强文化功能，做好文化＋建设工作，打造特色小镇文化内涵；市旅游局负责指导特色小镇景区建设，整合本部门资源，支持特色小镇完善旅游功能，做好旅游＋工作。

（3）实施动态监测

各县（市）区要按季度向市领导小组办公室报送特色小镇创建工作进展，市领导小组在一定范围内进行通报。市级特色小镇创建名单采取"宽进严定、动态管理、验收命名"的创建机制。市领导小组要加强督查考核，严格按照特色小镇建设要求和项目3年实施计划，对市级特色小镇创建对象进行考核，实行优胜劣汰，有进有退。

（4）加大宣传力度

各级宣传部门要强化宣传引导，创新宣传方式，对特色小镇创建成果和有效做法进行深入宣传，不断提升特色小镇影响力和知名度，为特色小镇创建营造良好的社会氛围。

8. 在盘锦市人民政府办公室发布的《关于推进特色小镇规划建设工作的意见》中，有什么总体目标？

遵循农村环境连片整治、宜居乡村建设、特色小镇建设逐级推进的发展思路，以资源整合、产业融合、创新升级为重点，力争通过3~5年的规划建设，建成若干个产业特色鲜明、体制机制灵活、文化气息浓郁、生态环境优良的特色小镇，形成可复制、可推广的经验和模式，并在全域范围内逐步有序全面开展特色小镇建设，为全市实现全面转型、走向全面发展提供有力支撑。

9. 在盘锦市人民政府办公室发布的《关于推进特色小镇规划建设工作的意见》中，发展导向是什么？

根据盘锦市经济发展现状，特色小镇要坚持产业、文化、旅游"三位一体"和生产、生活、生态融合发展。

（1）提升完善 9 个重点特色小镇

充分发挥地域优势，突出产业发展、文化内涵、生态相融等核心定位，重点提升一批基础条件好、成熟度高、优势明显的特色小镇，加快形成示范带动作用。

——赵圈河国际湿地旅游度假小镇。依托红海滩独特生态湿地旅游资源，积极创建 5A 级景区，打造国际滨海湿地旅游度假名镇。

——二界沟渔雁文化小镇。依托中润旅游发展公司，传承渔雁文化，打造地域特色渔村风貌，建设集海洋旅游、水乡风情、体育休闲于一体的北方海港文化小镇。

——荣滨江南风情小镇。依托惠州大亚湾健风集团公司，"背靠"辽东湾翠霞湖，打造东北地区古典园林文化旅游小镇。

——唐家碱地果蔬小镇。依托大唐紫韵农业公司，立足碱地柿子、葡萄等优势特色农产品，统一品牌、统一销售，建设具有地方特色的碱地果蔬生产、采摘、加工小镇。

——新立认养农业小镇。依托互联网和家庭农场，提供全托管和自主管理服务，加深与阿里巴巴等大企业合作，打造认养农业"私人订制"农旅双链发展小镇。

——石庙子稻作文化小镇。依托传统与现代稻作方法、行走的稻田博物馆、水稻慢行系统、认养农业基地、休闲农业，打造具有北方特色的生态观光休闲稻作文化小镇。

——广厦文化创意小镇。依托广厦艺术街，强化辽河文化创意与设计服务功能，打造在东北亚地区具有一定影响力的文化创意小镇。

——胡家河蟹第一镇。依托胡家河蟹市场群，打造集河蟹孵化、养殖、加工、贸易于一体的国内第一大河蟹交易中心。

——鼎翔苇鸟生态观光小镇。依托鼎翔旅游开发公司，围绕湿地鸟类资源，吸引爱好者采风踏线，打造北方地区苇鸟观光旅游特色小镇。

（2）优化推进 12 个特色小镇

深度挖掘历史文化、生态旅游资源，着力建设一批发展潜力较大、具备一定规模的特色小镇。

——田庄台历史文化小镇。依托关帝庙、小白楼、水街、清真等历史文化街区，建设国家级历史文化名镇。

——大洼温泉度假小镇。充分发挥大洼、田家特色温泉小镇品牌，依托丰富的温泉资源，打造以紫澜门、天沐、宝源、隆恒、昆仑等为主体的区域特色旅游休闲养生温泉小镇。

——上口子辽河民俗文化小镇。整合上口子高跷、影视拍摄、剪纸、苇艺草编、蒲笋等文化资源，打造具有辽河民俗文化特色的民俗文化旅游小镇。

——腰岗子芦花岛生态旅游小镇。依托鑫叶农业科技公司，大力发展特有的稻蟹鱼种养模式，建设以稻蟹鱼产业基地、农家餐饮、生态民宿为特色的有机生态半岛旅游小镇。

——王家荷兰风情小镇。依托金泽建豪（天津）建设投资公司，围绕七彩庄园旅游资源，打造集采摘、观光、养老、休闲及娱乐于一体的最具荷兰风情的旅游小镇。

——南岗子泥鳅鱼养殖小镇。依托宏盛养殖场，大力发展泥鳅鱼稻田养殖模式，打造全市最具影响力的稻田养殖泥鳅鱼基地。

——太平苇艺草编小镇。依托东君信实公司和辽河口农耕博物馆群等龙头企业，构建产业联合体，打造独具盘锦特色的苇艺草编小镇。

——南关万亩草莓采摘小镇。依托全省最大的草莓生产基地及设施农业，打造四季草莓采摘观光小镇。

——德胜采摘小镇。依托千亩苹果、百亩葡萄及农家禽蛋、咸菜大酱等乡土产品，打造采摘观光休闲小镇。

——二创鲜族风情小镇。依托特色鲜族村落，规划建设旅游、餐饮、住宿等特色服务体系的风情小镇。

——喜彬休闲运动小镇。依托盘锦平原森林公园，开发生态运动场等设施，打造居民假日休闲小镇。

——绕阳湾渔猎文化小镇。依托红旗水库及绕阳湾渔猎技艺市级非物质文化遗产，打造夏游冬捕渔猎文化品牌特色小镇。

（3）梯度培育若干个特色小镇

紧跟时代发展趋势，聚焦科技创新、金融服务、"互联网＋"、消费升级等领域，高起点谋划培育一批符合未来产业发展方向、市场前景广阔的创新活力特色小镇。

——辽东湾创业金融小镇。结合辽东湾创业新城建设，在促进已有各类基金集聚发展的同时，大力吸引各类社会资本，打造东北具有影响力的创业基金服务小镇。

——大洼电子商务小镇。依托电子商务产业基地、电子商务人才培训基地、鼎信商业学校及商务部电子商务人才培训学校，打造东北地区电子商务产业小镇。

——东五电商物流小镇。依托盘锦东北电商物流园，服务上游网络电商企业、集中整合下游物流资源，构筑东北地区快件物流集散枢纽小镇。

——双台子公路物流小镇。依托双益物流园区，发展区域性物流仓储配送、结算中心，参与进入京东物流体系，打造城市公路物流分拨中心。

——田家华润啤酒文化小镇。依托华润雪花啤酒公司，积极探索啤酒文化商业运作，构建集餐饮、购物、休闲、工业游、啤酒节等于一体的现代啤酒文化小镇。

——黄家田园养生小镇。依托疙瘩楼水库独特水域环境，大力开展夏季水上、冬季冰上运动，提升稻草艺术节、油菜花节等品牌效应，打造旅游休闲养生特色小镇。

——兴隆台科创小镇。依托中蓝电子科技公司及相关科技企业、研究机构，打造以自动对焦马达等电子产品为主体的科技创新小镇。

与此同时，围绕英语、乐器、舞蹈、美术等领域，在双台子区、兴隆台区培育集聚专业机构的教育培训小镇；借助中国兵器集团华锦军工渠道，在盘山县大力培育战场模拟体验小镇、国防教育主题小镇；依托辽河芦苇荡自然资源，在辽河口生态经济区培育小道子湿地观光摄影小镇、辽河口渔家菜系餐饮特色小镇等。

10. 在盘锦市人民政府办公室发布的《关于推进特色小镇规划建设工作的意见》中，推进特色小镇建设的工作要求是什么？

（1）坚持规划引领先行。要按照适度超前原则，在宜居乡村建设基础上，高标准编制特色小镇发展规划，合理谋划建设项目和载体，科学设计小镇建筑布局风格。同时，树立全域大旅游规划理念，探索空中索道、辽河游轮码头等旅游平台建设，形成贯穿多景点、全链条的旅游线路，构建"五位一体"立体化旅游观光网络体系。

（2）坚持龙头企业带动。要坚持政府引导、市场运作的方式，充分发挥龙头企业的主体作用。每个特色小镇要明确投资建设主体，着力培育和引进龙头企业，增强产业特色，促进资源高效整合。

（3）坚持基础设施配套。要注重道路、绿化、给排水、通信等配套设施建设，提升特色旅游、产业发展吸引力，努力建成主题鲜明、产业发达、服务配套、环境优美的特色小镇，提升发展知名度。

（4）坚持体制机制创新。要不局限于一村一镇，打破镇域之间管理体制、行政体制等限制，破除体制机制发展障碍，促进新业态、新模式发展，努力营造优良的软环境。

（5）坚持金融服务支持。要发挥政府引导基金作用，多渠道筹措建设资金，以较少的财政资金撬动更大规模的社会资本投入，形成多元化投融资格局。

（6）坚持人才保障支撑。要依托大连理工大学盘锦校区等专业院校，加大产业、金融、服务、电商等各类专业人才培养力度和储备力度，为特色小镇建设提供智力支持。

11. 在盘锦市人民政府办公室发布的《关于推进特色小镇规划建设工作的意见》中，推进特色小镇建设的保障措施有什么？

（1）建立组织机构。加强对特色小镇规划建设工作的组织领导和统筹协调，组建盘锦市特色小镇规划建设工作领导小组，由常务副市长任组长，各区县、经济区，市直相关部门负责人为成员。日常组织协调推进工作由市发改委、市住建委分别牵头，市发改委负责联系协调上级发改部门，市住建委负责联系协调上级住建部门。

（2）强化实施推进。明确各区县、经济区为特色小镇培育建设的责任主体，制定完善工作措施，建立实施推进工作机制，确保各项工作按照时间节点规范有序推进。优化项目审批渠道，加强项目包装储备，建立特色小镇建设项目库，积极争取国家、省资金政策支持。

（3）完善支持政策。为有效加快特色小镇建设，在全市宜居乡村建设各项支持政策基础上，进一步完善土地、资金等支持政策并向特色小镇倾斜，优先安排特色小镇建设项目用地指标，给予参与特色小镇建设发展、创新创业、项目建设的企业主体奖励支持、贷款贴息等优惠政策，提高市场主体参与积极性。

（4）加强统计考核。领导小组办公室要协调组织建立特色小镇发展评价指标体系，对各项指标进行及时评价和跟踪，及时发现薄弱环节和存在问题，全面监管和考核特色小镇建设工作任务落实完成情况。

（5）强化宣传引导。充分利用报刊、广播、电视以及网络载体，

108

大力宣传特色小镇建设的重大意义，为群众带来的实际好处和实惠，努力为特色小镇建设营造良好的社会氛围，使其成为展示盘锦市经济社会发展的靓丽名片。

12. 在辽阳市人民政府办公室发布的《关于公布市级特色小镇创建名单的通知》中，有哪些市级特色小镇？

辽 阳 县：草莓小镇、农业嘉年华小镇、袜艺小镇

灯 塔 市：皮草小镇、辽峰小镇、燕州小镇、太阳谷小镇

文 圣 区：太子岛风情小镇、东京城满清文化小镇

弓长岭区：汤河温泉小镇

太子河区：东宁卫都市休闲小镇

13. 在葫芦岛市人民政府发布的《关于印发葫芦岛市创建特色小镇工作实施方案的通知》中，指导思想是什么？

牢固树立创新、协调、绿色、开放、共享的发展新理念，按照"四化同步"协调发展的战略部署，把特色小镇作为推进新型城镇化建设、发展县域经济的重要抓手，促进经济转型升级，加快特色产业、文化内涵、旅游服务、创新创业、新型社区、产城融合六大功能集合构建，建设一批产业特色鲜明、人文气息浓厚、生态环境优

美、兼具旅游与社区功能的特色小镇，实现产业、文化、旅游"三位一体"和生产、生活、生态"三生融合"发展。

14. 在葫芦岛市人民政府发布的《关于印发葫芦岛市创建特色小镇工作实施方案的通知》中，发展目标是什么？

特色小镇实行创建制，按照"宽进严定、分类分批"的原则统筹推进，通过3~5年的努力，全市重点培育和规划建设省、市、县（市）区三级特色小镇20个左右，到2020年力争有6个特色小镇入选中国特色小镇，实现"引领示范一批、创建认定一批、培育预备一批"的目标。

（1）引领示范一批。重点推荐产业特色鲜明、生态环境优美、人文气息浓厚、投资项目落实、示范效应显著的小镇列入省级特色小镇创建和培育名单。

（2）创建认定一批。筛选出一批产业、文化、旅游和一定社区功能融合叠加的特色小镇列入市级特色小镇创建名单，通过2~3年的扶持培育，经验收通过后，命名为市级特色小镇。

（3）培育预备一批。对基本条件与市级特色小镇存在一定差距，但产业有特色、发展有潜力的小镇，各地区可自行制定扶持政策，作为县（市）区级特色小镇进行培育，待发展壮大后再视情申请认定为市级特色小镇。

15. 在葫芦岛市人民政府发布的《关于印发葫芦岛市创建特色小镇工作实施方案的通知》中，创建要求是什么？

特色小镇是区别于行政区划单元和产业园区，具有明确产业定位、文化内涵、旅游功能和一定社区功能的发展空间平台，是以产业为核心、项目为载体、生产生活生态相融合的特定区域。

（1）绿色低碳，生态良好。

围绕绿色、循环、低碳发展理念，确定特色小镇绿色发展战略，因地制宜开发应用清洁能源和可再生能源，大力发展绿色建筑和低碳、便捷的交通体系，划定绿化建设用地，控制绿色指标，提高供水、供热、供气、排水、环境保护的基础设施建设水平，促进特色小镇绿色、低碳、集约可持续发展。

（2）产业集聚，特色鲜明。

特色小镇要立足葫芦岛市实际，结合资源禀赋和发展基础，根据不同发展阶段、地域特征、资源优势，找准特色、凸显特色、放大特色、做足特色，紧扣适合当地实际的特色富民产业，注重聚焦葫芦岛市"7+1"产业导向，即文化观光、温泉度假、时尚健康、海滨旅游、民俗体验、生态农业、矿产开发、加上农家乐等重点产业，兼顾旅游项目的"六个一"要素以及地域特色产业，着力培育建设特色产业集群，推动产业向特色小镇集聚，形成具有市场竞争力和可持续发展产业体系的特色小镇。支持各地区以特色小镇提升各类开发区（园区）的特色产业。

（3）统筹规划，科学布局。

特色小镇在创建初期要重视特色产业的科学定位，按照"多规合一"的理念统筹编制特色小镇建设规划，充分衔接产业、生态、空间、文化、旅游等专项规划内容，合理确定特色小镇的产业发展及空间布局、建设用地规模、基础设施和公共服务设施配置等重要内容，做到定位科学、目标清晰、特色鲜明、布局合理、功能完善。

（4）风貌优美，功能完善。在尊重当地自然生态、历史文化遗存的基础上，按照城市设计的理念和方法，对特色小镇的风貌特色、产业发展、空间布局进行科学规划。

坚持人与自然和谐共生，注重借景山水、巧用田园、就地取材，体现纯朴的乡村特色。坚持地域人文特色，把传统文化和风土人情融入"山、水、村"中，真正体现出"望得见山，看得见水，记得住乡愁"的小镇魅力。特色小镇规划面积一般控制在 3 平方公里左右（旅游产业类特色小镇可适当放宽），其中建设面积一般控制在 1 平方公里左右，聚集人口 1 万～3 万人。

坚持科学管控，规划创新，塑造出特色鲜明、色彩协调、风貌优美的小镇形象。鼓励有条件的小镇建设 3A 级以上景区，旅游产业类特色小镇要按 5A 级景区标准建设。坚持合理配套，做到基础设施、公共服务、旅游交通、产业发展、生态环境等布局完善，教育养老、医疗卫生、住房就业等各项保障措施到位，提升特色小镇综合服务功能。

（5）机制高效，体制创新。坚持政府引导、企业主体、市场化运作的方式，创新投资支持机制和管理机制。

鼓励以社会资本为主投资建设。每个特色小镇均应明确投资主体，投资主体可以是村村联合、村镇联合、镇镇联合的形式，也可以是国有投资公司、民营企业或混合所有制企业。鼓励小镇内企业、社会组织、从业者等充分参与，培育小镇自治，不设专门机构，不新增人员编制。

发挥项目带动支撑作用，夯实特色小镇发展基础。创建市级特色小镇原则上要 3 年内完成固定资产投资 10 亿元左右（不含住宅和商业综合体项目）；县（市）区级特色小镇和对支撑省、市未来经济发展产业和历史经典产业类特色小镇，投资完成时限可适当放宽到 5 年；申报省级特色小镇的投资额原则上提高到 20 亿元。

16. 在葫芦岛市人民政府发布的《关于印发葫芦岛市创建特色小镇工作实施方案的通知》中，创建程序是什么？

按照"重质量、轻数量，重培育、轻申报，重实效、轻牌子"的创建原则，采用"宽进严定"的创建方式推进特色小镇建设。

（1）自愿申报。各县（市）区政府、各市属开发区管委会按照特色小镇建设要求，结合本地区实际，提出本区域内拟创建的市级特色小镇名单。拟创建的市级特色小镇要向市城镇化工作领导小组办公室（以下简称市城镇办）报送创建特色小镇书面申报材料，包含创建方案，明确特色小镇的四至范围、产业定位、投资主体、投资规模、建设计划，并附概念性规划。

（2）确定创建名单。根据申报创建特色小镇的具体产业定位，坚持统分结合、分批审核，先分别由市级相关职能部门牵头进行初审，再由市城镇办组织联审并报市政府审定后由市政府分批公布创建名单。对各地申报创建特色小镇不平均分配名额，凡符合特色小镇内涵和质量要求的，纳入特色小镇创建名单，对产业选择处于省、市同类产业领先地位的优先考虑。

（3）培育建设。各县（市）区政府、各市属开发区管委会要根据特色小镇创建要求，充分发挥主体作用，从实际出发，组织相关建设主体按照建设方案和建设计划有序推进各项建设任务。扎实开展县（市）区级特色小镇建设，积极争列市级创建名单，经培育孵化达到省级要求后上报市城镇办，由市城镇办向省相关部门重点推荐列入省级特色小镇创建名单，形成省、市、县三级特色小镇规划建设格局。

（4）年度考核。特色小镇不搞"终身制"，实施年度考核制度。由市城镇办牵头制定考核办法，于每年 10 月份对纳入市级创建名单的特色小镇开展年度考核，对未完成年度目标考核任务的，实行"一年示警、两年退出"机制，下一年度起不再享受市级特色小镇相关扶持政策。

（5）验收命名。纳入市级创建名单的特色小镇完成规划建设目标、达到特色小镇创建要求的，由市城镇办组织有关部门进行评估验收，验收合格的报市政府审定命名为葫芦岛市特色小镇。

17. 在葫芦岛市人民政府发布的《关于印发葫芦岛市创建特色小镇工作实施方案的通知》中，有什么保障措施？

（1）加强组织领导。特色小镇建设工作纳入全市推进新型城镇化工作范围，在市城镇化工作领导小组领导下开展工作。各成员单位要充分发挥职能作用，加强工作指导，加大支持力度，全力推进特色小镇建设工作。各县（市）区政府、各市属开发区管委会为特色小镇建设的责任主体，镇（乡、街道)为特色小镇建设的实施主体，要加强组织协调，制订特色小镇实施方案，搞好规划建设。各地区、各部门要切实加强组织领导，建立推进工作机制，明确职责任务，确保各项工作按照时间节点和计划要求规范有序推进，不断取得实效。

（2）加强用地保障。各地区要结合土地利用总体规划调整特色小镇建设用地指标，提高工特色小镇土地节约集约利用水平，把特色小镇的用地纳入城镇建设用地指标范围。要加大农村土地流转力度，探索农村宅基地自愿有偿退出机制，推行特色小镇土地管理创新，突出保障特色小镇建设用地指标。

（3）加强财政支持。市级财政采取整合部门资金的办法对特色小镇建设给予支持。同时采取"以奖代补"的方式，对按期完成任务，通过考评验收的特色小镇给予一定的奖补资金。特色小镇所在县（市）区政府要将特色小镇建设用地的租赁收入以及小城镇基础设施配套费等资金，专项用于特色小镇基础设施建设。各地区要积极研究制定具体政策措施，整合优化资源，对特色小镇规划建设给予支持。

（4）加强金融支持。充分发挥信贷和投融资平台作用，引导金融机构大力支持特色小镇建设，鼓励市、县两级投融资平台创新融资方式，多渠道筹集特色小镇建设资金。建立市场化运作机制，采取 TOT、BOT 等 PPP 项目融资模式，引导社会资本在更大范围参与特色小镇建设。

（5）加强资源整合。充分发挥政府投资的引领带动作用，多方整合资金，创新投入方式，对特色小镇建设的重点项目给予支持。市新型城镇化试点工作领导小组各成员单位，按照职责分工，围绕特色小镇创建工作目标，每年在编制部门专项资金预算时，重点向特色小镇倾斜。对涉及特色小镇建设的文化、旅游、产业、基础设施、小镇风貌等项目，充分利用新型城镇化试点、生态环境建设与发展循环经济、精准扶贫和易地搬迁、改善农村人居环境和美丽乡村建设的成果，编制特色小镇建设项目清单，优先对列入省、市级特色小镇建设的项目给予重点支持。列入市级特色小镇的，优先申报省级特色小镇；列入市级特色小镇范围的村庄，优先申报省"美丽乡村"建设项目。

（6）加强舆论宣传。各地区要大力宣传特色小镇建设中的好经验、好典型和新思路、新举措，强化示范带动效应，凝聚社会共识，使特色小镇建设成为全社会高度重视、广泛参与的共同行动，为特色小镇建设工作营造良好氛围。

18. 在盘锦市人民政府办公室发布的《关于支持特色小镇建设意见的通知》中，指导思想是什么？

以党的十八大和十八届三中、四中、五中、六中全会和习近平总书记系列重要讲话精神为指导，贯彻五大发展理念，落实"四个着力""三个推进"要求，充分发挥市场主体作用，强化政府引导和服务作用，加快推进特色小镇建设工作，促进全市经济转型升级，推动新型城镇化发展，加快推进城乡一体化建设进程，为建设国际化中等发达城市、全域化美丽家园、多元化幸福驿站和更具实力、活力、竞争力的滨海新盘锦提供强有力支撑。

19. 在盘锦市人民政府办公室发布的《关于支持特色小镇建设意见的通知》中，工作原则是什么？

坚持统一领导。市政府统筹规划全市特色小镇建设工作，依据各镇特色资源优势和发展潜力，科学确定培育对象，明确发展方向和建设内容。各县区政府、经济区管委会是特色小镇建设的责任主体，负责按照全市统一规划，组织本地区落实好特色小镇建设的相关工作。市直相关部门结合各自职能，为特色小镇建设提供指导、支持。

坚持突出特色。从社会发展实际出发，发展各自特色，传承传统文化，注重生态环境保护，完善基础设施和公共服务设施，实现差异化发展。

坚持产业支撑。始终将发展产业作为特色小镇建设的核心内容，充分发挥资源优势，着力发展特色产业，推动传统产业改造升级，培育壮大新兴产业，打造创业创新新平台，发展新型经济，促进镇域经济发展。

坚持市场主导。尊重市场规律，充分发挥市场主体作用，政府重在搭建平台、提供服务，防止"大包大揽"。以产业发展为重点，依据产业发展确定建设规模，防止盲目造镇。

坚持深化改革。以推进农村供给侧结构性改革、农垦体制机制改革为重点，加大改革力度，创新发展理念，创新发展模式，创新规划建设管理，创新社会服务管理。

20. 在盘锦市人民政府办公室发布的《关于支持特色小镇建设意见的通知》中，工作目标是什么？

到2020年，全市各特色小镇均具备"旅游＋文化＋产业＋社区"等叠加功能，乡村旅游、历史文化、民族特色、现代农业、生态宜居、商贸物流、金融教育、医养结合等类型特色小镇得到极大发展。全市建制镇中国家级特色小镇占比达到15%，列入省级特色乡镇培育名单占比达到50%，市级以上特色小镇培育名单占比达到80%以上，力争特色小镇建设工作走在全省前列。

21. 在盘锦市人民政府办公室发布的《关于支持特色小镇建设意见的通知》中，工作任务是什么？

（1）做好特色小镇规划。按照创新、协调、绿色、开放、共享的发展理念，因地制宜、突出特色，科学编制盘锦市特色小镇培育规划、特色小镇建设专项规划和工作方案。规划编制要符合城镇总体规划，并与经济社会发展、土地利用、生态环境保护、历史文化保护、旅游发展等相关专项规划有效衔接，实现"多规合一"，着力加强对空间立体性、平面协调性、风貌整体性、文脉延续性等方面的规划进行管控，提升规划前瞻性、科学性和可操作性。支持特色小镇建设 A 级以上景区，旅游产业类特色小镇要按 3A 级以上景区标准规划建设。

（2）做好特色产业建设工作。特色小镇要围绕县（区）产业布局和全市产业发展重点，结合本地资源、生态、区位等优势明确主导产业，做到定位精准、特色鲜明。特色小镇要推进传统产业改造升级，培育壮大新兴产业，提高产业竞争力，注重高端产业、新兴产业与传统产业融合发展，充分利用"互联网＋"等新兴手段，拉伸延长产业链条。要以市场化机制推进特色小镇产业建设，大力招商引资，围绕做大、做强特色小镇主导产业，加快引进一批优质企业。要加大特色产业、民生项目和基础设施项目的开发、储备、包装和推介力度，围绕主导产业深远谋划，统筹推动，打造品牌，实现差异化、特色化、集约化发展，避免同质化竞争。

（3）完善基础设施建设。加快完善内部路网，打通外部交通连廊，实现城乡公交一体化。完成供水、排水（有污水处理设施）、环卫（有垃圾处理设施、公厕）设施，实现供水、污水管网、垃圾清运全覆盖。完善燃气、集中供热、电力、信息网络设施，加强道路绿化和生态隔离带建设，合理配置教育、医疗、体育等公共服务资源，着力提升特色小镇公共服务水平。

22. 在盘锦市人民政府办公室发布的《关于支持特色小镇建设意见的通知》中，创建流程是什么？

（1）组织申报。由各县区政府、经济区管委会按照特色小镇建设要求，提出本区域内拟申报特色小镇建设名单，提交书面申请材料和建设实施方案，明确特色小镇四至范围、产业定位、投资主体、投资规模和三年建设计划，并附概念性规划。特色小镇原则上每年完成固定资产投资 6 亿元以上，3 年内完成固定资产投资 20 亿元左右（不含住宅和商业综合体项目）。

（2）分批审核。由市特色乡镇建设工作领导小组办公室组织相关部门对各县区政府、经济区管委会申请材料和实施方案进行审核，择优入选市级特色小镇培育名单，经市政府同意后予以公布。

（3）考核管理。列入国家级特色小镇和省级特色乡镇培育名单的特色小镇由国家、省进行考核；列入市级培育名单的特色小镇由市特色乡镇建设工作领导小组办公室实行年度考核，考核办法由市特色乡镇建设工作领导小组办公室另行制定。

（4）验收命名。通过 3 年左右的创建培育，对实现既定目标、达到特色小镇建设标准的，由县区政府、经济区管委会向市特色乡镇建设工作领导小组办公室提出申请，市特色乡镇建设工作领导小组办公室依据建设标准组织验收，验收合格并经市政府批准后，认定命名为盘锦市市级特色小镇，并择优选取符合条件的镇申报国家级特色小镇和省级特色乡镇。

23. 在盘锦市人民政府办公室发布的《关于支持特色小镇建设意见的通知》中，有什么政策扶持？

（1）市政府出台的有关金融扶持、科技创新、人才引进、招商引资等相关政策，凡符合特色小镇实际的，一律适用于特色小镇建设。

（2）实行集约高效开发，鼓励特色小镇盘活存量建设用地，实施城镇低效用地再开发，对转型升级项目优先安排土地指标。对列入省、市级创建名单且确需新增建设用地的特色小镇，各县区、经济区在年度新增建设用地计划指标、增减挂钩周转指标上予以一定的倾斜保障。

（3）积极争取各类金融机构支持。坚持以市场化手段引导各类社会资本参与特色小镇发展，鼓励运用产业基金、股权众筹、"PPP"等融资路径，推动特色小镇公共配套基础设施、公共服务平台以及创新孵化平台等项目建设。

（4）市财政和县区（经济区）财政各承担 50% 的比例安排资金用于特色小镇奖励补助，按照列入国家级特色小镇 300 万元，列入省级特色乡镇培育名单 200 万元，列入市级特色小镇培育名单 50 万元的标准予以一次性奖励。

（5）先行先试、创新创业的改革举措在特色小镇优先实施。

（6）鼓励各县区、经济区发行特色小镇建设企业债券。

24. 在盘锦市人民政府办公室发布的《关于支持特色小镇建设意见的通知》中，有什么保障措施？

（1）加强组织领导。市特色乡镇建设工作领导小组办公室负责领导小组日常工作。各县区、经济区要建立相应议事协调机构，负责指导、协调、推进本地特色小镇建设工作。

（2）明确职责分工。各县区政府、经济区管委会是特色小镇建设的责任主体，负责制定工作计划和资金支持政策，推动工作落实。各特色小镇政府负责具体实施，确保各项工作按照时间节点和计划要求有序推进，不断取得新成效。各市直相关部门结合各自职能为特色小镇建设提供指导、支持。

（3）创新体制机制。扩大特色小镇管理权限，优先选择经济发达的特色小镇开展扩权试点，赋予部分县级经济和社会管理权限，适当放宽特色小镇规划、土地、建设、工商等部门管理权限，不断优化营商环境，完善综合承载能力。加快推进农村社区建设，积极推行市政养护、绿化养护、环卫保洁等公共服务市场化运行模式，提高运营管理水平。

（4）加强动态监督。由市特色乡镇建设工作领导小组办公室对各县区、经济区推进特色小镇建设进展和形象进度情况实行"月调度、月督查、月通报"。各县区（经济区）、市直成员单位每月要及时向市特色乡镇建设工作领导小组办公室报送相关进展情况，确保特色小镇创建工作落到实处。

（5）加大宣传力度。充分发挥舆论导向作用，做好发动工作，借助广播、电视、互联网、报刊、公示栏等多种形式，强化宣传引导，为特色小镇建设营造良好社会氛围。

25. 在营口市人民政府办公室发布的《关于推进特色小镇建设工作实施方案的通知》中，总体思路是什么？

2017~2020 年，全市重点建设 10 个左右特色小镇，通过"一带多点"布局，构建全市特色小镇整体发展新格局，既是营口市新的经济增长点，更是辽宁沿海经济带产业多元发展的新亮点。

"一带"是指营口市沿渤海岸区域，北起西市区辽河老街，南至开发区熊岳范围内，结合自贸区和沿海经济带建设，推进辽河老街（鱼市口）文化小镇、盖州北海海蚀风貌小镇、鲅鱼圈区熊岳镇母爱文化温泉小镇、鲅鱼圈熊岳输变电工业旅游小镇、鲅鱼圈旺裕和国际青年小镇、西市区兰旗空港物流小镇、老边区花海温情小镇、老边区亲子体验"欢乐谷"小镇等小镇建设。

"多点"是指在营口市北部、东部等地区多元开发优势产业集聚区，分别是营口 1861 文旅小镇、大石桥高坎淡水鱼养殖小镇，大石桥建一黄丫口小镇，大石桥黄土岭地质小镇、大石桥建一中药材小镇，盖州万福赤山风景小镇，盖州榜式堡丝绢小镇，盖州双台思拉堡温泉养生小镇，盖州九寨设施水果小镇，鲅鱼圈红旗何家沟体育运动小镇。

通过 1~3 年的建设，经县（市）区申报验收通过后，认定为市级特色小镇。

26. 在营口市人民政府办公室发布的《关于推进特色小镇建设工作实施方案的通知》中，建设内容是什么？

（一）近期重点推进的特色小镇

1. 鲅鱼圈区熊岳镇母爱文化温泉小镇

以项目建设为基础，依托鲅鱼圈区海滨 + 温泉的独特优势和熊岳历史文化，发展休闲养老产业，重点推进亲和源养老服务中心等项目建设，打造"温泉旅游 + 文化养老"的特色小镇。

小镇四至范围：东至规划外环路、西至哈大铁路、北至望儿山村北、南至温泉村南。小镇规划面积 3 平方公里。

2. 盖州双台思拉堡温泉养生小镇

以项目建设为基础，依托思拉堡温泉小镇，重点发展温泉旅游服务产业，打造集餐饮、娱乐、休闲、疗养、体育、度假观光于一体的温泉旅游度假集聚区。

小镇四至范围：东至四方台村，西至黄旗堡村，南至柳河寨村，北至福兴村。小镇规划面积 18 平方公里。

3. 大石桥建一黄丫口小镇

依托大石桥市建一镇黄丫口生态旅游区，丰富景观大道、乡村风情体验园、精品农业园、鲜果采摘园、山楂树游乐园等生态旅游项目建设，打造集观光游览、生态旅游、运动休闲、宗教文化体验、探险康乐旅游、乡野休闲度假六大旅游功能于一体的生态旅游特色小镇。

小镇四至范围：东至岫岩玉石村，西至官屯村，南至松树村，北至海城岔沟。小镇规划面积 25 平方公里。

4. 鲅鱼圈熊岳输变电工业旅游小镇

依托营口开发区输变电产业园，进行输变电及配套产品和研发中心项目建设，重点发展高压电器开关、高压电气元件、电力电容、精密电力设备、封闭式组合电器、电气涂装等输变电产业，建设集研发、生产、加工销售、贸易于一体的输变电小镇。

小镇四至范围：东至长大铁路，南至山海大道，西至辽南大街，北至二道河。小镇规划面积1平方公里。

5. 鲅鱼圈区红旗镇何家沟体育运动小镇

以项目建设为基础，重点发展品牌体育园、国防教育基地、体育运动养生调理区、运动休闲配套区、生态体育公园区等体育旅游集聚区。

小镇四至范围：东至军人洞沟与朴家沟陈屯，西至烙铁山与红旗镇隆华村分水岭，南至何家沟村下沟，北至丫口与双台子镇董屯、金家沟。小镇规划面积3.9平方公里。

6. 盖州北海海蚀风貌小镇

以北海团山国家海洋公园和鹤阳山寺旅游区为基础，依托盖州古城文化区和盖州东部生态农业区，重点推进海岸度假旅游、海岸休闲养生、海岸乡村风情观光等产业，打造"春赏槐，夏嬉水，秋观红海滩，冬季看冰川"的四季滨海生态旅游小镇。

小镇四至范围：东至盖州市区，南接鲅鱼圈区，西临辽东湾，北至营口沿海产业基地。

7. 盖州万福赤山风景小镇

以项目建设为基础，以盖州市万福镇赤山风景区为核心，充分挖掘名山历史，突出"峰奇、洞异、泉清、石怪、寺古"特色，打造集观赏功能、休闲功能、运动功能、度假功能于一体的具有历史特色的国家级风景小镇。

小镇四至范围：东至东朝阳村，西至前闫闸村，南至清河村，北至杨木林村。小镇规划面积 6.3 平方公里。

（二）2017~2020 年重点建设的特色小镇

1. 辽河老街（鱼市口）文化小镇

以营口辽河老街为核心，依托古街丰厚文化底蕴，复原老街商业功能，打造能够反映营口历史、凝聚营口文化、突出地域特色的集观光旅游、休闲娱乐和学术研究于一体的老街文化特色小镇。

小镇四至范围：东至平安路北端，西至西大庙，南至新建辽河大街，北至滨河街。小镇规划面积 1 平方公里。

2. 西市区兰旗空港物流小镇

小镇以临空综合服务中心为核心，展开三大功能布局，整体构建"一核领三区"的园区空间结构。临空综合服务核心区：集聚发展商务商业、航空金融、行政文化、教育科研、展示展会、高端商贸、园区管理等功能，争取在三年左右时间，建设成为辽宁唯一、绿色节能、集航空运输、商务、交易、展示、旅游等多功能于一体的空港特色物流小镇。

小镇四至范围：东至机场北广场中轴线，西至庄林路，南至临空产业园南端红线，北至机场快速路。小镇一期规划面积 2 平方公里。

3. 大石桥高坎淡水鱼养殖小镇

以大石桥市高坎镇党家村为核心，充分发挥"高坎宴鱼""高坎活鱼"两大淡水鱼品牌优势，发展水产养殖产业，打造水产养殖、饲料加工、渔具制造、鱼药经销、专业捕捞、水产运输、水产品销售链条发展的水产品养殖特色小镇。

小镇四至范围：东至虎庄镇，南至老边区，西至沟沿镇、石佛镇，北至旗口镇。小镇规划面积 8.2 平方公里。

4. 大石桥建一中药材小镇

以大石桥市建一镇铜匠峪村为核心，利用当地独特的土壤、气候，发展黄芪、牛膝、板蓝根、藁本等中药材种植业和中草药交易展览观光平台，打造集中药材种植、深加工、批发、出口、交易等于一体的中药材特色小镇。

小镇四至范围：东至海城孤山村，西至路公村，南至建一村，北至海城。小镇规划面积 3 平方公里。

5. 大石桥黄土岭地质小镇

为有效保护和永续利用具有国内典型意义的地质遗迹资源，充分发挥其服务经济社会，壮大旅游经济的积极作用，不仅仅要让游客接受科普知识和矿业文化，还要欣赏到世界独一无二的营口玉美石，领略山清水秀的自然风光，倾听明快悦耳的鹿呦鸡鸣。力争打造一个依托丰厚的矿业文化底蕴，集科普教育、旅游休闲于一体的工业旅游新景区。

小镇四至范围：东至岫岩交界、西至后仙村、南至前仙村、北至建一交界。小镇规划面积 3 平方公里。

6. 盖州榜式堡丝绢小镇

以盖州市榜式堡镇柞蚕丝绢深加工基地为核心，充分发挥全国柞蚕丝绢产品集散地的地位优势，发展柞蚕丝绢深加工产业，完善产业链条，建立科学技术研发基地，打造柞蚕放养、存储，蝉蛹、蛾食品加工，柞蚕丝绢加工等产业协调发展的中国柞蚕丝绢第一镇。

小镇四至范围：东至东叉沟村，西至马连峪村，南至天宝村，北至大王寨村。小镇规划面积 2 平方公里。

7. 盖州九寨设施水果小镇

发挥盖州市九寨镇被农业部评为一村一品（设施水果）示范镇的品牌效应，依托林果业和种植业优势，发展水果生产、加工、销售、运输、冷藏、批发等产业，打造以绿色农业、特色农业为主体的现代化设施水果特色小镇。

小镇四至范围：东至三道河村，西至九寨村，南至马屯村，北至唐岭村。小镇规划面积 6.3 平方公里。

8. 鲅鱼圈区旺裕和国际青年小镇

以辽宁省青年营为先导，依托优良的自然环境和区位条件，整合相关资源，跨界融合"创、住、吃、购、玩"五大青年元素。集青创社区、文创社区、青年文体公园、青年别院等于一体，基于当代青年意识形态和生活方式，全方位服务于青年群体的多功能综合小镇。

小镇四至范围：东至平安大街，西至滨海路，南至金港路，北至沙河大街。小镇规划面积 2 平方公里。

9. 营口 1861 文旅小镇

以 1861 年开埠的百年营口老港为基础，通过对营口老港及营口市站前区北部老城区升级、搬迁、改造，将辽河周边不同水体进行生态治理并合理利用，提出了"百年营口港，关外上海滩"的文化定位。保留与延续：营口港百年工业遗迹、历史文脉，创新与发展：智慧港研发中心、港口航运科研教育中心、港口物流金融、贸易、信息中心等多种产业形态。打造以历史文化旅游产业为引导，以游乐酒店为补充，以商业、商务和居住为支撑的多业态混合共生文旅小镇。

小镇四至范围：北起造纸厂水库，沿大辽河湾区的营口港地块向东南延伸，东至大庆路营口植物园，南至辽河大街，西至大辽河盘锦市辽滨鸭舌岛自然景观。

10. 老边区花海温情小镇

以上博路、机场路为纽带，依托老边区柳树镇美丽乡村建设为基础，依托特有资源条件，在野草河渔地风景区、荷花花海、东岗子向日葵花海、东大菊芋花海基础上，引入薰衣草、色彩稻田、各色果树等，打造风格、规模、花季不同的特色花海，集观光旅游、婚礼服务、休闲度假于一体的特色渔情小镇。

小镇四至范围：东至哈大高铁专线，南至营口机场，北至高铁东站，西至上博路、机场路。小镇规划面积 3.5 平方公里。

11. 老边区亲子体验"欢乐谷"小镇

整合老边老城区与营口城区间区域的特色农业体验项目，主力打造滨城生态四园综合体，进一步提升老边村生态园、天宏生态园、金屯生态园，结合美丽乡村建设，逐步形成以农业亲子游赏、亲子互动、亲子教育等主题项目，为广大市民及小朋友提供寓教于乐的特色小镇。

小镇四至范围：东起边江路，南至渤海大街东段，西至庄林路，北至平原路。小镇规划总面积 2.2 平方公里。

27. 在营口市人民政府办公室发布的《关于推进特色小镇建设工作实施方案的通知》中，如何管理和验收？

（1）季度通报和年度考核

市领导小组办公室采取季度通报和年度考核的办法，对市级特色小镇创建对象开展统一监测。各县（市）区要按季度向市领导小组办公室报送特色小镇建设工作进展。

市领导小组办公室制定年度考核办法，对特色小镇进行考核。考核结果作为下一年度是否享受市级政策的重要依据，并纳入对各县（市）区政府的目标考核体系。

（2）动态管理，联动指导

市政府分批公布市级特色小镇建设名单。市级特色小镇建设名单制定以"宽进严定、动态管理、验收命名"原则。对第一年没有完成建设进度、不符合特色小镇建设理念的，次年不再享受市级扶持政策。

市级相关主管部门具体负责对特色小镇规划建设的前期辅导、协调指导、日常督查和政策扶持。各县（市）区要加强对辖区内特色小镇规划、申报、创建等工作的指导和服务。各县（市）区要参照市特色小镇建设领导小组组成，成立特色小镇建设领导机构，明确责任、分工合作，形成市、县（市）区联动推进的工作机制。

（3）验收条件及程序

如期完成各项建设目标，符合特色小镇内涵特征，社会上有较大知名度，在行业内有一定公认度。由市级特色小镇所在县（市）

区政府向市领导小组行文，提交验收申请报告和所在县（市）区政府初验报告。市领导小组办公室组成专家组，经实地查看、专家打分形成一致意见后，报市领导小组审议，向市政府提出建议命名的特色小镇名单。对于首次验收不通过的，一年内可申请一次复验。

市政府审定市领导小组提出的建议命名的特色小镇名单，经市政府审定后公布。

28. 在营口市人民政府发布的《关于推进我市特色小镇建设的指导意见》中，指导思想是什么？

全面贯彻党的十八大和十八届三中、四中、五中、六中全会精神，全面贯彻习近平总书记系列重要讲话精神，牢固树立和贯彻落实创新、协调、绿色、开放、共享的发展理念，因地制宜，突出特色，创新理念，在全市培育一批特色产业鲜明、公共服务完善、人文气息浓厚、生态环境优美、幸福感受强烈、示范效应明显的特色小镇，加速营口一二三产业的集聚和融合，促进经济转型升级。

29. 在营口市人民政府发布的《关于推进我市特色小镇建设的指导意见》中，工作目标是什么？

特色小镇实行培育、创建制，在全市选择建设对象不同于行政建制镇、产业园区的特定区域或创新创业平台，由市、县（市）区、镇三级共同扶持打造。利用 3 年时间，到 2020 年力争建成 10 个各具特色、富有活力的市级特色小镇。鼓励和引导县（市）区和乡镇（街）结合实际开展特色小镇建设，并按照市级标准，制定相对应的建设标准和扶持政策。

30. 在营口市人民政府发布的《关于推进我市特色小镇建设的指导意见》中，基本原则是什么？

（1）精心布局，统筹规划

特色小镇主要指聚焦特色产业和新兴产业，集聚发展要素，不同于行政建制镇和产业园区的创新创业平台。以规划为引领，做好与营口市其他各项规划的有效对接，实现多规融合。强化城乡规划、土地利用规划和文物保护规划的引领作用，统筹考虑人口分布、生产力布局、国土空间利用和生态环境保护。要以产业为主导，而不是以房地产开发为主导，坚决防止变相搞房地产开发。

（2）生态优先，绿色发展

把生态环境保护作为特色小镇建设的第一理念，充分利用地形地貌，做好整体规划和形象设计，集约利用土地资源。不断加大科技创新力度，升级改造传统产业，大力发展循环经济，推进资源综合利用，实现生产、生活、生态融合发展。

（3）因地制宜，梯次推进

实行上下联动、分级管理的工作思路，有序推进特色小镇建设。列入市级名单的特色小镇由所在县（市）区政府负责建设，享受市级扶持政策，纳入市级监测管理和年度考核范围。各县（市）区和乡镇（街）要结合实际，开展本级特色小镇建设工作，形成市、县、乡三级联动的建设格局和分级管理的工作机制。

（4）创新机制，多元融合

严格落实企业主体地位，以项目为依托开展特色小镇建设。以财政资金为引导，积极吸引社会资本和金融资本投入特色小镇建设。把优化投资创业环境作为工作着力点，推进简政放权、放管结合、优化服务等方面的改革。深入挖掘产业特色、人文底蕴和生态禀赋，形成"产、城、人、文"四位一体有机结合。

31. 在营口市人民政府发布的《关于推进我市特色小镇建设的指导意见》中，建设标准是什么？

（1）规划编制

以县（市）区政府为主体，组织每个特色小镇制定3年建设规划，以规划为引领，指导特色小镇建设。规划内容包括建设思路、总体目标、产业特色、文化内涵、发展模式、空间格局、项目策划等。重点做到特色小镇四至边界明晰、核心区布局集中。对于在乡镇建设范围内已形成一定产业集聚的，可因地制宜开展建设。规划编制的程序要依法依规，要坚持高起点、高标准，具有较强的前瞻性和指导性。所有特色小镇要按3A级以上景区标准建设，旅游产业类特色小镇要按4A级及以上景区标准建设。

（2）产业定位

特色小镇要立足营口市实际，依托独特的区位条件和资源环境优势，不分产业类别，都要有一个适宜的主导特色产业，使之成为支撑特色小镇未来发展的大产业，把产业做特做精做强。针对确定的优势主导产业，对新引进的重大产业项目根据其产业类型优先布局到同类型的特色小镇内，以增强特色小镇特色产业的集聚度，形成差异化发展，避免同质化竞争。

（3）建设规模

特色小镇规划面积一般控制在 3 平方公里左右（旅游类特色小镇可适当放宽），建设面积一般控制在 1 平方公里左右。特色小镇原则上每年完成固定资产投资 3 亿～5 亿元，3 年内完成固定资产投资 15 亿元左右（仅指建设项目，不含住宅和商业综合体等房地产开发项目），旅游、时尚、文化类特色小镇总投资额 10 亿元以上。特色产业投资占比不低于 70%。特色小镇须明确 3 年计划投资项目，落实投资主体。投资主体可以是国有投资公司、民营企业或混合所有制企业，以企业为主推进项目建设。各县（市）区政府要在规划引导、基础设施配套、资源要素整合、优化投资创业环境、文化内涵挖掘传承、生态环境保护等方面做好服务保障。

（4）综合效益

建成后有大量的新增税收、新增就业岗位，集聚一大批工商户、中心企业、中高级人才，加快形成新业态，培育在全省乃至全国具有核心竞争力的特色产业和品牌。

32. 在营口市人民政府发布的《关于推进我市特色小镇建设的指导意见》中，建设程序是什么？

（1）自愿申报

由县（市）区政府按照市级特色小镇建设要求，结合本地实际，提出本区域内拟建设的市级特色小镇名单，并向市特色小镇建设领导小组报送特色小镇书面材料，制订建设方案，明确特色小镇的四至范围、产业定位、投资主体、投资规模和三年建设计划，并附概念性规划。县（市）区级和乡镇（街）级特色小镇由所在地政府自主组织建设。

（2）审核评选

由市特色小镇建设领导小组办公室组织相关部门对各县（市）区申报的特色小镇建设方案进行初审，根据审核结果向市特色小镇建设领导小组推荐市级特色小镇建设名单，报市政府同意后公布。

（3）年度考核

对列入市级建设名单的特色小镇，实行年度考核，考核办法由市特色小镇建设领导小组办公室另行制定。对考核合格的特色小镇兑现相应扶持政策，对第一年没有完成建设进度、不符合特色小镇建设理念的，次年不再享受市级扶持政策。考核结果纳入对各县（市）区政府的目标考核体系。

（4）验收命名

制定《关于加快特色小镇建设工作实施方案》，通过半年或一年左右的创建期，对实现规划建设目标、达到特色小镇标准要求的，由营口市特色小镇建设领导小组组织验收，通过验收的认定为市级特色小镇。

33. 在营口市人民政府发布的《关于推进我市特色小镇建设的指导意见》中，有什么政策措施？

（1）强化特色小镇建设用地保障

保障特色小镇建设合理用地需求。特色小镇建设要按照节约集约用地的要求，充分利用低丘缓坡地、存量建设用地等。鼓励利用荒山、荒坡、废弃矿山和农村空闲地发展休闲农业。对认定的市级特色小镇，优先办理农用地转用及供地手续。

在符合相关规划的前提下，经市、县人民政府批准，利用现有房屋和土地，兴办旅游、电商、文化创意、科研、健康养老、工业旅游、众创空间、"互联网＋"等新业态的，可实行继续按原用途和土地权利类型使用土地的过渡期政策，过渡期为 5 年。过渡期满后需按新用途办理用地手续，若符合划拨用地目录的，可依法划拨供地。在符合相关规划和不改变现有工业用地用途的前提下，对工矿厂房、仓储用房进行改建及利用地下空间，提高容积率的，可不再补缴土地价款差额。

（2）加大特色小镇财政支持力度

一是要返还新增财政收入。列入市级创建名单的特色小镇，以其当年规划空间范围内形成的市以下部分（含市级）财政收入为基数，5 年内新增的财政收入，按现行财政管理体制，由市级财政和县

（市）区财政实际分享的财力分别承担，返还给特色小镇所在乡镇用于支持特色小镇建设。二是市政府设立 2000 万元特色小镇建设专项资金，纳入市级预算，用于扶持特色小镇建设，并在知识产权创造、品牌创建、旅游景区创 A、政府购买服务等方面给予优惠政策。对验收达标的特色小镇，市级财政可给予一次性奖励，专项用于特色小镇发展建设。三是财政部门统筹整合各类相关专项资金，重点支持特色小镇建设。

（3）加大对特色小镇金融支持

按照谁投资谁受益原则，加大招商引资力度，探索产业基金、PPP 等融资路径，拓宽投融资渠道，广泛吸引社会资本参与特色小镇建设。鼓励在特色小镇组建村镇银行和小额贷款公司，鼓励和引导金融机构到特色小镇增设分支机构和服务网点，加大对特色小镇基础设施建设、主导产业发展和小微企业支持力度，探索开展投贷联动业务，支持和鼓励农行、邮储银行、农村商业银行等金融机构给予贷款等金融方面支持。市发展改革委、市政府金融办要加大与国开行辽宁省分行沟通协调力度，围绕特色小镇建设进一步深化合作，建立定期会商机制，确定特色小镇重点支持领域，设计融资模式，建立特色小镇重点项目批量开发推荐机制，形成项目储备库，支持发展特色产业。

（4）提升人力资源开发水平

鼓励领军人才和创新团队到特色小镇创业，对特殊人才（非遗代表性传承人）引进、干部交流、农民在特色小镇购买新建商品住房等方面给予政策支持。市特色小镇建设领导小组成员单位和特色小镇及所在行政乡镇可以互派干部交流锻炼。特色小镇引进的各类人才可享受《中共营口市委、营口市人民政府关于加快人才引进的实施意见》（营委发〔2016〕15号）规定的各项政策。

34. 在营口市人民政府发布的《关于推进我市特色小镇建设的指导意见》中，有什么组织保障？

（1）加强组织领导

成立营口市特色小镇建设领导小组，成员来自市委宣传部、市发展改革委、市工信委、市农委、市商务局、市住房和城乡建设委、市旅游委、市民委、市财政局、市人力资源和社会保障局、市国土资源局、市环保局、市交通局、市水利局、市林业局、市招商局、市文体新广局、市政府金融办、市城管综合执法局等部门以及相关金融机构。具体职责包括：审核确定市级特色小镇创建名单；研究拟订市级特色小镇创建相关政策，对市级特色小镇创建对象开展年度考评；对达到市级特色小镇标准要求的组织验收。市领导小组办公室设在市发改委，承担日常工作，并负责收集汇总相关数据，协调相关部门推进特色小镇建设。各县（市）区都要成立相应组织机构，负责指导、协调、推进本地区特色小镇的建设工作。

（2）推进责任落实

各县（市）区是特色小镇规划建设的责任主体，县（市）区主要领导负总责，亲自抓，要加强组织协调，勇于改革创新，建立工作落实推进机制，分解落实年度目标任务，及时协调解决问题，确保按时间节点和进度要求规范有序推进。务求取得实效。应充分发挥企业主体作用，让企业全程参与特色小镇的设计、规划、建设、管理等过程。

（3）实施动态管理

各县（市）区要按季度向市领导小组办公室报送特色小镇创建工作进展，市领导小组在一定范围内进行通报。市级特色小镇创建名单采取"宽进严定、动态管理、验收命名"的创建机制。市领导小组要加强督查考核，严格按照特色小镇建设要求和项目 3 年实施计划，对市级特色小镇创建对象进行考核，实行优胜劣汰，有进有退。

1. 吉林省出台何种政策支持特色小镇发展？

2017.3.9	吉林省住房和城乡建设厅《关于开展吉林省特色小镇培育的通知》
2017.6.12	吉林省住房和城乡建设厅《关于公布吉林省第一批特色小镇名单的通知》

2. 在吉林省住房和城乡建设厅发布的《关于开展吉林省特色小镇培育的通知》中，培育目的和意义是什么？

为深入贯彻习近平总书记在浙江特色小镇调研时所作重要指示精神，挖掘我省特色小镇在产业、形态、投资、创新、服务、人才等方面独特优势，抓住特色小镇建设这一"关键小事"，探索出一条适合我省特色小镇的发展之路。使全省形成"培育一批、创建一批、命名一批"的特色小镇建设格局，进而推动我省经济建设，带动特色小镇周边农村经济发展。同时也为每年国家级特色小镇培育，打下坚实基础。

3. 在吉林省住房和城乡建设厅发布的《关于开展吉林省特色小镇培育的通知》中，申报条件是什么？

（1）产业特色突出。本次申报"特色"是核心，产业特色是重中之重。找准特色、凸显特色、放大特色，是小镇建设的关键所在。申报的小镇应具有独特的区域位置、特有的产业基础、厚重的文化内涵、丰富的旅游业态、新兴与传统产业的特色支撑，并在一定期间内对小镇的经济发展带来实质性拉动。同时形成小镇独有的产业运行模式，带动地方经济的发展。

（2）市场化为主导的运营机制。申报的小镇应采用"政府引导、企业主体、市场化运作"的运营模式，明确投资建设主体，由企业为主推进项目建设，充分发挥市场的资源配置作用。做好规划编制、基础设施配套、项目监管、文化内涵挖掘、生态环境保护、统计数据审核上报等工作。

（3）规划科学。特色小镇必须编制高标准的规划，以规划为引领，指导特色小镇建设。规划内容应包括建设思路、总体目标、产业特色、文化内涵、发展模式、空间格局、项目策划、核心区布局、生产力调控、建设计划等内容，合理界定人口承载力、资源承载力、环境承载力与产业支撑力。

（4）基础设施完备。特色小镇要有完善的医疗、文化、教育、休闲等公共服务设施和齐备的垃圾、供水、污水、道路交通、电力电信等基础设施配套。完成建档立卡贫困户危房改造，污水治理工作全面铺开，镇区绿化、亮化、监控、美化达到国家要求。

（5）强有力的政策支持。特色小镇要有强有力的地方支持政策和保障措施，有雄厚的资金配套实力，有完善的体制机制，做到政府引导、政策支持、统筹推进的创建格局。

（6）安全和信誉保障。候选特色小镇近5年应无重大安全生产责任事故、重大环境污染、重大生态破坏、重大群体性社会事件和重大刑事案件，历史文化遗存无破坏现象、非物质文化遗产得以妥善传承。

4. 在吉林省住房和城乡建设厅发布的《关于公布吉林省第一批特色小镇名单的通知》中，都有哪些特色小镇？

（1）长春市（8个）

市（城）区：鹿乡镇、奢岭镇、波泥河镇、合心镇、玉潭镇、泉眼镇

农安县：伏龙泉镇

德惠市：朱城子镇

（2）吉林市（13个）

市（城）区：岔路河镇、乌拉街镇、小白山乡、旺起镇、前二道乡、孤店子镇、桦皮厂镇

永吉县：万昌镇、北大壶镇

蛟河市：庆岭镇

桦甸市：红石砬子镇

舒兰市：平安镇

磐石市：烟筒山镇

（3）四平市（4个）

市（城）区：叶赫满族镇、石岭镇

梨树县：蔡家镇

伊通县：大孤山镇

（4）通化市（4个）

市（城）区：金厂镇

通化县：西江镇

柳河县：三源浦朝鲜族镇

集安市：清河镇

（5）白山市（1个）

抚松县：松江河镇

（6）白城市（2个）

市（城）区：青山镇

镇赉县：莫莫格乡

（7）延边朝鲜族自治州（5个）

图们市：月晴镇

敦化市：雁鸣湖镇

和龙市：西城镇

汪清县：百草沟镇

安图县：松江镇

（8）长白山管委会（1个）

长白山管委会：漫江镇

（9）梅河口市（1个）

梅河口市：进化镇

（10）公主岭市（1个）

公主岭市：范家屯镇

1. 江苏省出台何种政策支持特色小镇发展？

2016.9.12	江苏省体育局《关于开展体育健康特色小镇建设工作的通知》
2017.3.8	江苏省体育局《关于做好第二批体育健康特色小镇共建推荐工作的通知》
2017.4.11	江苏省体育局《关于组织参加国际时尚体育城市暨体育健康特色小镇建设论坛的通知》
2017.5.5	盐城市人民政府《关于培育创建特色小镇的实施意见》
2017.5.11	扬州市人民政府办公室《关于公布首批市级特色小镇创建和培育名单的通知》
2017.5.11	扬州市人民政府《关于加快创建特色小镇的实施意见》
2017.8.18	淮安市人民政府《关于培育创建市级特色小镇实施意见》
2017.10.21	南通市人民政府办公室《关于培育创建南通特色小镇的实施方案》

| 2017.11.22 | 连云港市人民政府办公室《关于印发连云港市产业特色小镇建设实施意见的通知》 |

2. 在江苏省体育局发布的《关于开展体育健康特色小镇建设工作的通知》中，建设主体是什么？

体育健康特色小镇是以体育健康为主题和特色，体育、健康、旅游、休闲、养老、文化、宜居等多种功能叠加的空间区域和发展平台。体育健康特色小镇建设主体原则上以建制镇为主；对于体育健康产业特色非常鲜明、集聚程度非常高的区域，可以跨建制镇建设申报。

3. 在江苏省体育局发布的《关于开展体育健康特色小镇建设工作的通知》中，主要方向是什么？

体育健康特色小镇可以选取以下 1 个或多个方向重点规划建设：

体育健身服务；户外运动休闲；体育赛事活动；体育特色培训；体育用品制造；体育与健康、旅游、养老、文化、商贸、科技、互联网等相融合的产业领域。

4. 在江苏省体育局发布的《关于开展体育健康特色小镇建设工作的通知》中，基本原则是什么？

坚持突出特色。结合自身经济社会发展基础、资源禀赋、基础设施条件、体育及体育产业发展水平和潜力等，选取有基础、有优势、有特色的体育健康产业领域，科学规划、有序建设，形成发展特色。

坚持惠民优先。以人民健康为中心，发挥体育在健康生活方式引导方面的重要作用，积极搭建健身健康融合发展新平台，进一步拓宽服务领域，丰富服务内容，创新服务方式，优化消费环境，全方位、全周期保障人民健康。

坚持市场主导。充分发挥市场在资源配置中的决定性作用，突出企业主体，实行市场化运作，鼓励采取多种模式开展特色小镇建设。加强政府引导和服务保障，把握好建设节奏和进度，在规划编制、建设指导、项目培育、平台搭建等方面更好发挥作用。

坚持改革创新。加大体制机制改革力度，鼓励各地在特色小镇建设中不断创新发展理念和发展模式，在体育重点领域改革方面大胆探索、先行先试。引导各地充分利用各类体育公园、旅游景区、户外基地、产业园区等，融入和强化体育健康的元素和功能，打造形式多样的体育健康特色小镇。

147

江苏

5. 在江苏省体育局发布的《关于开展体育健康特色小镇建设工作的通知》中，发展目标是什么？

到 2020 年，培育 20 个左右产业特色鲜明、发展模式多元、体育服务便捷、建设空间集约，发展富有活力、人文充满魅力、生态健康宜居的体育健康特色小镇，在全国形成体育类特色小镇建设的引领和示范。

6. 在江苏省体育局发布的《关于开展体育健康特色小镇建设工作的通知》中，申报条件是什么？

（1）发展基础：体育、生态、旅游等资源丰富，经济社会以及体育事业和体育产业发展基础较好，体育及体育产业发展潜力和空间较大。

（2）产业特色：本地区特色产业定位明确且符合体育健康产业主要方向，具备一定规模和优势，产业特色明显、集聚程度较高，已初步形成体育健康产业上下游产业链或项目发展集群。

（3）公共服务：公共体育服务具备较好水平，有一定的基础设施配套和惠民服务措施，有一定数量的体育社会组织，全民健身活动较为活跃，全民健身健康氛围良好。

（4）建设规划：体育健康特色小镇建设与发展思路清晰，规划目标明确，发展前景良好，发展举措切实可行，且需有公共体育服务方面的建设规划和具体的项目建设计划。

（5）投入规模：截至申报期满日止，前3年体育固定资产投资总额累计达10亿元以上。2年建设期满后，体育固定资产投资总额累计超过20亿元。

（6）政策支持：所在县（市、区）政府将体育健康产业作为重点扶持产业列入经济社会发展整体规划，配套政策措施具体得当。

（7）预期综合效益：特色小镇建成后能够实现体育、健康、旅游、休闲、文化、养老、宜居等功能的有机融合，有效带动区域内体育健康及相关产业发展、进一步增加就业岗位和税收，显著提升公共体育服务能力和扩大体育消费规模，形成具有影响力的体育健康特色产业集群和地区品牌。

7. 在江苏省体育局发布的《关于开展体育健康特色小镇建设工作的通知》中，工作措施和支持政策是什么？

（1）加强组织领导。加强对体育健康特色小镇建设工作的组织领导和统筹协调，明确建设要求，制定政策措施，开展跟踪指导，合力推进特色小镇规划建设。省体育局将负责体育健康特色小镇建设的前期辅导、协调指导、动态监测、命名授牌和政策扶持。各省辖市体育局和县（市、区）体育部门要加强对辖区内具有特色小镇雏形地区的引导，做好特色小镇规划、申报、建设等工作的指导、服务和管理，并协助省体育局做好年度动态监测和评估命名。各申报地区要建立实施推进工作机制，抓好规划和建设，确保各项工作按照时间节点和计划要求规范有序推进。

（2）完善支持政策。省体育局将体育健康特色小镇建设作为重点扶持领域，以奖补方式支持特色小镇共建。对如期完成第一年建设任务，符合相应建设标准的，先行发放奖补资金总额的 40%；经评估命名后，发放剩余 60% 的奖补资金。整合优化政策资源，在体育场馆设施建设与运营、体育赛事活动举办、体育人才培养等方面给予政策倾斜。

（3）强化建设管理。列入体育健康特色小镇共建名单的地区，应当在年度建设期满以书面形式向省体育局报送特色小镇建设计划完成情况、投入完成情况、重点项目实施情况和有关数据，涉及发展规划重大调整、年度建设计划变更等事项应及时向省体育局报告。对通过命名授牌的特色小镇，要加强监督和管理，引导其做好后续建设和提升，持续发挥引领示范作用。

8. 在江苏省体育局发布的《关于做好第二批体育健康特色小镇共建推荐工作的通知》中，推荐范围是什么？

符合《省体育局关于开展体育健康特色小镇建设工作的通知》（苏体经〔2016〕92 号）要求，体育健康主题和特色鲜明，具备一定规模和优势，发展思路清晰、推进措施有力的建制镇可以推荐。对于体育健康产业特色非常鲜明、集聚程度非常高的区域，可以跨建制镇推荐申报。

9. 在盐城市人民政府发布的《关于培育创建特色小镇的实施意见》中，总体要求是什么？

紧紧围绕"强富美高"新盐城建设要求，紧扣"产业强市、生态立市、富民兴市"三大导向，深刻把握特色小镇内涵特征，坚持以人为本、因地制宜、突出特色、创新体制，加速要素集合、产业聚合、产城人文融合，努力把特色小镇打造成为经济增长新高地、产业升级新载体、城乡统筹新平台、区域经济新增长极，为全市经济社会发展提供支撑和动力。到 2020 年，分批培育创建 20 个市级特色小镇，争创省级以上特色小镇 10 个左右，重点打造 3~5 个在全省乃至长三角地区有一定影响力和知名度的特色小镇。鼓励各县（市、区）培育发展县级特色小镇，原则上都要创成一个省级以上特色小镇。

（1）坚持产业发展特色化。按照产业发展"特而强"的要求，把发展特色产业作为特色小镇建设的核心和支柱，紧扣产业升级趋势，瞄准高端产业和产业高端，推进特色主导产业集群发展、现代服务业融合发展，打造具有持续竞争力和可持续发展特征的独特产业生态，形成新的经济增长点。

（2）坚持区域规划科学化。按照区域规划"融而优"的要求，立足主体功能定位，统筹小镇总体规划、产业发展规划、用地规划、生态规划，突出功能集成、多规合一，合理界定人口资源和环境承载力，科学确定特色小镇发展区域，构建宜居宜业宜游发展空间。

（3）坚持建设形态风格化。按照建设形态"精而美"的要求，充分体现小镇个性、内涵、魅力，找准特色、凸显特色、放大特色，产业要有竞争力、文化要有传承力、建筑要有亲和力、生态要有自然力，体现区域差异性，形成"一镇一风格"。

（4）坚持功能建设集聚化。按照功能叠加"聚而合"的要求，完善城镇基础设施、公共服务功能，建设高端、现代、引领发展的功能配套，打造高端的创新创业平台、现代的公共服务平台、引领发展的展示服务平台，提高资源要素吸附能力。

（5）坚持运作方式多元化。按照制度供给"活而新"的要求，创新建设模式、管理方式和服务手段，实行政府引导、企业主体、市场化运作，鼓励以社会资本为主投资建设特色小镇，提高多元化主体共同推动特色小镇建设的积极性，鼓励组建多元化、公司化的管理运作平台，营造支持小镇建设的良好政策环境。

10. 在盐城市人民政府发布的《关于培育创建特色小镇的实施意见》中，重点任务是什么？

（1）构建产业发展平台。重点聚焦盐城市有特色、有基础的产业，着力打造产业小镇和旅游风情小镇。产业小镇重点聚焦汽车、节能环保、大数据、智能终端等高端制造业和新一代信息技术产业，以及创意创业、健康养老、现代农业、历史经典类产业。构建小镇大产业，每个小镇精准定位一个最有优势、最具潜力的主导产业，实现绿色低碳循环发展，着力培育一批具有核心竞争力的特色产业。旅游风情小镇依托盐城市独特的特色文化、历史遗存、乡土民俗、自然风光等特色旅游资源，加快发展生态旅游、休闲旅游、乡村旅游、精品民宿，推进特色旅游与现代农业融合发展，建设一批旅游品牌线路，打造全省旅游发展新亮点。

（2）优化小镇空间布局。坚持规划先行、多规合一的要求，统筹考虑人口分布、生产力布局、国土空间利用和生态环境保护，体现产城人文"四位一体"和生产生活生态"三生融合"，邀请国内外知名设计单位，高起点高标准规划建设特色小镇。原则上特色小镇布局在产业基础较好、区位相对独立的产业集聚区、开发园区或小城镇，规划面积一般控制在3平方公里左右，建设用地面积1平方公里左右。严格划定小镇边界，选址必须符合城乡规划等上位规划要求，申报范围内规划建设用地须在土地利用总体规划确定的允许建设区内。

（3）营造美丽宜居环境。坚持生态优先，突出旅游因素和文化因素，有机整合小镇内外的绿地、河湖、林地、耕地，注重小镇的生态特色与产业特色以及当地自然风貌相协调，加强特色小镇道路绿化、生态隔离带、绿道绿廊和片林建设，构建"河林田湖共同体"系统生态格局。加强园林绿化、景点雕塑、旅游设施建设，营造功能齐全、亲水近绿的秀美风光。加强小镇人文精神塑造，打造独特景观文化，形成镇在景中、景在镇中的"高颜值"精品小镇。

（4）彰显创新创业特色。充分发挥特色小镇创新创业成本低、进入门槛低、各项束缚少、生态环境好的优势，打造大众创业、万众创新的有效平台和载体。鼓励特色小镇发展面向大众、服务小微企业的低成本、便利化、开放式服务平台，构建富有活力的创业创新生态圈，集聚创业者、风投资本、孵化器等高端要素，促进产业链、创新链、人才链的耦合。依托互联网拓宽市场资源、社会需求与创业创新对接通道，推进专业空间、网络平台和企业内部众创，推动新技术、新产业、新业态蓬勃发展。

（5）完善综合服务功能。按照适度超前、综合配套、集约利用的原则，加强特色小镇水、电、路、气、信等基础设施建设，不断提升小镇综合承载能力。所有特色小镇要按照 3A 级以上景区服务功能标准规划建设，旅游风情小镇要按照 5A 级景区服务功能标准规划建设。完善内部路网，打通外部交通连廊，提高特色小镇的通达性和便利性。加快污水处理、垃圾处理和供水设施建设，实现特色小镇供水管网、污水管网和垃圾收运系统全覆盖。完善电力、燃气设施，推进集中供气、集中供热或新能源供热。加大特色小镇信息网络基础设施建设力度，推动网络提速降费，提高宽带普及率，实现公共 Wi-Fi 和数字化管理全覆盖。合理配置教育、医疗、文化、体育等公共服务设施，大力提高公共服务的质量和水平，完善特色小镇公共服务体系，增强人口集聚能力，构建便捷"生活圈"、完善"服务圈"、繁荣"商业圈"。

（6）强化重大项目投入。明确特色小镇建设主体，坚持以市场化运作机制推动社会资本参与特色小镇建设。根据特色小镇的产业定位和建设需求，制定专项扶持政策，吸引央企、民企、外资等各类主体投入到特色小镇的开发建设中来，社会资本占固定资产投资比重达 50% 以上。加大招商引资力度，积极谋划一批重点产业建设项目。3~5 年内，新兴产业主导的特色小镇完成固定资产投资 50 亿元，健康养老、现代农业类的特色小镇完成固定资产投资 30 亿元，创意创业、文化旅游、历史经典类的特色小镇完成固定资产投资 20 亿元，主导产业投资不低于总投资的 70%，第一年完成投资不低于总投资的 20%，以上投资均不含住宅项目。

11. 在盐城市人民政府发布的《关于培育创建特色小镇的实施意见》中，有什么政策支持？

（1）加强用地保障。特色小镇建设要按照节约集约用地的要求，充分利用存量建设用地。在符合相关规划前提下，经市、县（市、区）政府批准，利用现有房屋和土地，发展文化创意、科技研发、健康养老、工业旅游、众创空间等新业态产业，可继续按原用途和土地权利类型使用土地过渡期政策，过渡期为 5 年。过渡期满后需按新用途办理用地手续，若符合划拨用地目录要求，可依法划拨供地。鼓励对现有工业用地追加投资、转型改造，合理利用地上地下空间，对符合规划、不改变用途的现有工业用地，通过厂房加层、老厂改造、内部整理等途径提高土地利用率和增加容积率，不再增收土地价款。特色产业项目鼓励利用存量建设用地，确需新增建设用地的，由各地依法先行办理供地手续。

（2）强化财政扶持。对如期完成创建任务、经市验收合格并正式命名的大市区范围内的特色小镇，由市级财政补助 500 万元。为支持特色小镇创建工作，对大市区列入创建名单的特色小镇，市级财政采取预补助方式，前两年每年预拨付 200 万元，剩余部分待验收合格后拨付到位。对列入市创建名单，但 3 年内未能创建成功的特色小镇，收回补助资金。对大市区范围内创成国家级、省级的特色小镇，由市里再另行给予适当奖励。积极探索市县联动成立新型城镇化发展基金和特色小镇发展基金，综合运用补助、贴息、奖励等手段支持特色小镇引入各类基金、发行债券以及运用 PPP 等建设模式。

（3）加大金融支持。探索创新特色小镇建设投融资模式，发挥间接融资与直接融资协同作用，以市场化机制带动社会资本投资特色小镇建设。支持特色小镇发行企业债券、项目收益债券、专项债券或集合债券，用于公用设施项目建设。支持特色小镇范围内符合条件的项目申请国家和省各类专项建设资金，支持特色小镇向国家开发银行、农业发展银行等政策性银行申请长期低息贷款。鼓励和引导金融机构到特色小镇增设分支机构和服务网点，探索开展投贷联动业务。鼓励保险和证券机构通过债券、投资基金、基础设施投资计划、资产支持计划等方式参与特色小镇建设投资。

（4）创新体制机制。鼓励特色小镇在各项改革中先行先试，创新建设、管理体制机制，推动引入第三方服务，积极探索项目审批新机制、土地供应新模式。加大高端人才的招引力度，特色小镇引进的各类人才享受各项人才激励政策，鼓励实施更积极更开放更有效的人才引进政策，保障人才以知识、技能、管理等创新要素参与利益分配，有效激发创业创新活力。强化校企合作、产教融合，培养特色小镇产业发展所需各类人才。

12. 在盐城市人民政府发布的《关于培育创建特色小镇的实施意见》中，有什么组织保障？

（1）加强组织领导。市推进新型城镇化工作领导小组牵头负责全市特色小镇建设工作，具体工作由市新型城镇化办公室组织实施，定期研究解决建设中的矛盾和问题。各地要建立组织领导机构及办事机构，定期上报特色小镇创建工作进展情况，上下联动，条块结合，共同推进特色小镇建设工作。

（2）落实责任分工。各县（市、区）政府，市开发区、城南新区管委会是特色小镇培育创建的责任主体，要建立工作落实推进机制，因地制宜制订培育计划，切不可政府大包大揽、一哄而上。要制定发展目标，分解落实年度工作任务，组织编排重点项目，完善配套政策，及时协调解决问题，确保各项工作有序推进。市各有关部门按照各自职责，进一步制定完善具体的支持政策，建立健全特色小镇服务机制，积极指导推进相关工作。

（3）突出重中之重。市级层面重点培育创建 3~5 个在省内外有特色、叫得响的特色小镇，相关县（市、区）要建立专门的工作班子，邀请国内顶尖机构进行总体策划，高质高效规划建设，同步开展有层次的宣传推介活动；加大市级层面财政、土地、金融等支持力度，重大事项提请"一事一议"，集中精力财力，政策聚焦，争取早出形象、早见成效。

（4）强化宣传推介。各县（市、区）政府立足当地资源禀赋、区位条件、生态环境、历史文化、产业集聚等特色，统筹策划和宣传推介特色小镇，加强引导，重点宣传小镇的创建特色、产业定位和人文风情，以差异化、区别化为主，打响特色小镇品牌，为特色小镇进一步集聚资源、做优做强创造条件，营造良好的社会氛围。

（5）加强督查推进。建立特色小镇联络员工作交流制度、统计报送制度和监测评估机制，由市发改委会同市统计局建立特色小镇统计指标体系，采取季度通报和年度考核的办法，对市级特色小镇建设进展情况开展统一监测。

13. 在扬州市人民政府发布的《关于加快创建特色小镇的实施意见》中，总体要求是什么？

（1）重要意义：特色小镇是具有明确产业定位、文化内涵、旅游功能、社区特征的发展载体，是协同创新、合作共赢的平台。规划建设一批特色小镇，对加快扬州市经济转型升级、推进创业创新、扩大有效投资、促进城乡统筹发展以及提升地域特色影响力、传承历史文化等具有十分重要的意义。

（2）责任主体：各县（市、区）政府、功能区管委会是特色小镇培育创建的责任主体，要成立相应的管理服务机构，负责做好特色小镇的整体推进、策划规划、资源整合、服务优化等工作，并制定出台相应的扶持政策。

（3）产业定位：每个特色小镇要根据各地发展定位和支撑扬州市未来的产业发展导向，聚焦高端制造、新一代信息技术、创意创业、健康养老、现代农业、旅游风情、历史经典等产业，选择一个具有当地特色和比较优势的细分产业作为主攻方向，使之成为引领特色小镇未来发展的支撑产业。各地要结合本地区"十三五"国民经济和社会发展规划，统筹谋划特色小镇布局，对每个细分产业只规划建设一个特色小镇，对新引进的重大产业项目根据其产业类型优先布局到同类型的特色小镇内，增强特色产业集聚度。

（4）建设空间：每个特色小镇要按照节约集约发展的要求，在符合城乡总体规划、土地利用规划的前提下，充分利用现有区块的环境优势和存量资源，合理规划产业、生活、生态等空间布局，规划区域面积一般控制在3平方公里左右，核心区建设面积控制在1

平方公里左右为宜。

（5）功能集成：注重生产、生活、生态有机融合。建有提供创业服务、商务商贸、展示交往等综合功能的小镇客厅。积极应用现代信息技术，实现公共 Wi-Fi 和数字化管理全覆盖。注重自然保护、历史传承和地下空间开发，所有特色小镇原则上要按 3A 级以上景区服务功能标准规划建设，旅游风情小镇原则上要达到国家 5A 级旅游景区规范要求，建设产城人文融合发展的现代化开放型特色小镇。

（6）项目投资：坚持高强度投入和高效益产出，每个特色小镇均要谋划一批新的建设项目，申报市级特色小镇 3 年项目投资一般应达到 20 亿元以上，申报省级高端制造业类特色小镇原则上 3 年要完成投资 40 亿元，申报省级新一代信息技术、创意创业、健康养老、现代农业、历史经典类小镇原则上 3 年要完成投资 30 亿元。第一年完成投资不少于总投资额 20%，且投资于特色主导产业的占比不低于 70%。以上投资均不含住宅项目。

（7）运作模式：特色小镇应坚持企业主体、政府引导、市场化运作的模式。每个特色小镇均应明确投资主体，投资主体可以是国有投资公司、民营企业或混合所有制企业。鼓励由特色产业内的骨干企业、创新创业载体平台或行业协会牵头，组建多元化、公司化的管理运营平台。政府做好规划编制、基础设施配套、市场运行监管、文化内涵挖掘、生态环境保护、统计数据核报等工作。

（8）综合效益：特色小镇集聚高端要素能力不断增强，税收增幅和带动就业显著。力争用 3~5 年集聚一大批同业企业和中高级人才，建成一批有影响力的产业科技创新中心、有竞争力的先进制造业基地、有较高知名度的特色产业品牌和有较好效益的新生旅游景点。

14. 在扬州市人民政府发布的《关于加快创建特色小镇的实施意见》中，发展目标是什么？

特色小镇实行创建制，按照"宽进严定、分类分批"的原则统筹推进，力争用 3~5 年创成 20 个左右特色小镇。

创建认定一批。从全市申报的特色小镇中分批次筛选出 20 个左右产业、文化、旅游和一定社区功能融合叠加的特色小镇列入市级特色小镇创建名单，通过 3 年左右的建设，验收合格的，由市政府命名为市级特色小镇。对其中符合省级特色小镇创建条件的，推荐其争创省级特色小镇。

培育储备一批。对基本条件与市级特色小镇存在一定差距，但产业有特色、发展有潜力的小镇，将纳入培育对象名单，各地区可自行制定扶持政策进行培育，待发展成熟后再视情申请认定为市级特色小镇。

15. 在扬州市人民政府发布的《关于加快创建特色小镇的实施意见》中，创建程序是什么？

（1）组织申报。市新型城镇化与城乡发展一体化工作领导小组办公室负责牵头省级特色小镇的申报和市级特色小镇申报、协调、审核等工作。各县（市、区）政府、功能区管委会结合本地实际，提出本区域内拟建设的特色小镇名单，按照要求做好小镇策划，组织编制特色小镇创建方案和概念规划，并明确四至范围和产业定位、落实投资主体和投资项目、分解创建期建设计划。

（2）审核把关。根据申报创建特色小镇的具体产业定位，由市

160

新型城镇化与城乡发展一体化工作领导小组办公室牵头组织市级相关部门，对各地申报的特色小镇创建方案进行审核，择优选出市级特色小镇创建对象，报市政府审定后公布创建名单。对各地申报创建特色小镇不平均分配名额。

（3）培育建设。各县（市、区）政府、功能区管委会根据特色小镇的创建要求，组织相关建设主体按照创建方案和建设计划有序推进各项建设任务。市新型城镇化与城乡发展一体化工作领导小组办公室每季度对各地特色小镇规划建设情况进行通报，并定期组织现场会，交流培育建设经验。

（4）年度考核。建立特色小镇年度考核制度。根据年度考核结果，公布达标小镇名单，并兑现相关扶持政策。完不成年度目标的特色小镇退出创建名单。考核结果纳入各县（市、区）、功能区党政正职考核和经济社会发展专项考核。

（5）验收命名。对实现规划建设目标、达到特色小镇标准要求的，由市新型城镇化与城乡发展一体化工作领导小组办公室牵头市级相关部门进行验收。对各项验收指标合格的，报市新型城镇化与城乡发展一体化工作领导小组同意后，提请市政府命名为市级特色小镇。

16. 在扬州市人民政府发布的《关于加快创建特色小镇的实施意见》中，有什么扶持政策？

（1）加强用地保障

A 各地在明确特色小镇四至范围与编制概念规划时，要按照"多规合一"的要求，加强与土地利用总体规划、城乡总体规划和基本农田划定成果的衔接，贯彻节约集约用地的原则，编制年度实施计划，提出用地需求，原则上以盘活存量建设用地为主。在特色小镇创建初期，由所在县（市、区）、功能区先期安排100亩用地指标用于小镇客厅等项目建设，其余用地指标由各地统筹并按建设项目专项下达，（宝应县、高邮市、仪征市在本级计划指标内充分保障，市各区统筹予以充分保障）。对未达成规划目标任务的，按比例扣减已下达的专项用地指标（含100亩启动指标），在次年度下达特色小镇所在地年度计划中扣减。

B 凡市级以上特色小镇创建对象范围内符合扬州市产业导向的先进制造业、高端装备业等属于优先发展且用地集约的工业用地项目，可参照所在地重大工业项目的地价出让。工业主导型市级以上特色小镇创建对象范围内凡利用原有单层工业厂房依法翻建三层以上厂房继续发展工业的，可不再补缴土地价款差额。

C 在符合相关规划的前提下，经市、县（市）政府批准，允许市级以上特色小镇创建对象利用规划范围内符合有关要求的存量房产资源发展健康养老、文化创意和设计等现代服务业项目（过渡期为5年）。

（2）加大资金支持

A 对纳入市级以上创建名单的特色小镇，在创建期间及验收命名后累计3年内，市财政设立总额1亿元的专项奖补资金（资金拨付办法由市财政局、市发改委另文制定），市级以上特色小镇所在县（市、区）、功能区按省、市奖补资金总额以1：1的标准进行配套奖补。

B 创建期内，对各市级部门牵头管理的各类专项资金（除有明确用途和性质等限制的以外），经审核符合条件的市级以上特色小镇创建对象可按最高标准优先使用。对市级以上特色小镇创建对象规划范围内的基础设施、公用事业、特色产业项目，市级各部门优先帮助争取上级补助，优先进行扶持。对特色小镇范围内的建设项目整体打包列入年度市级以上重大项目的，所含子项目可享受重大项目优惠政策。

C 支持市级以上特色小镇创建对象按照政府引导、市场运作的原则，采用资产抵押、产权质押或转让、资金贴现、股份改造、金融租赁、直接融资等多种方式积极拓展融资渠道，争取国家政策性银行、商业性银行以及国际金融组织贷款。充分发挥政府投融资平台的筹资主体作用，鼓励县（市、区）、功能区投资公司投资特色小镇建设，采取 PPP 等多种形式吸纳更多的社会资本投入小镇建设。鼓励银行信贷资金、天使投资、风险投资与企业投资合作，积极探索特色小镇投贷业务联动。

（3）加强人才支撑

市级以上特色小镇创建对象纳入扬州市引进高层次人才"6+1"政策重点保障范畴。各县（市、区）、功能区对市级以上特色小镇创建对象规划区内企业引进的人才每月给予工资外生活补贴时，对照《关于加强企业人才引进和培养工作的意见（试行）》（扬府发〔2012〕211号）要求，执行最高补贴时限（5年）和补贴标准（根据学历或职称、职业资格等级）。对特色小镇亟须的高端人才、特殊人才，实行"一人一议"。

17. 在扬州市人民政府发布的《关于加快创建特色小镇的实施意见》中，有什么保障机制？

（1）加强组织领导。市新型城镇化与城乡发展一体化工作领导小组负责定期研究和协调解决特色小镇创建工作中的重大事项和问题。领导小组办公室（设在市发改委）负责牵头做好全市特色小镇规划布局、申报审核、协调推进和督查考评等各项日常工作，并及时向领导小组报告全市特色小镇创建工作动态。各县（市、区）、功能区也要建立相应工作机制，扎实推动特色小镇创建。

（2）明确部门分工。市旅游局负责指导推进全市旅游风情特色小镇规划建设以及其他特色小镇旅游功能强化工作；市统计局负责协同做好全市特色小镇监测统计工作；市财政局负责协同做好市级财政奖补资金的审核兑现和支持全市特色小镇创新投融资机制工作；市经信委负责指导推进全市特色小镇的信息化建设以及信息经济（电商除外）、制造业特色小镇的规划建设工作；市科技局负责指导支持全市特色小镇的科技创新工作；市文广新局负责指导全市特色小镇文化内涵的挖掘打造工作；市商务局负责指导全市特色小镇电子商务的提升以及招商引资工作；市金融办负责指导和支持全市特色小镇创新投融资机制以及全市金融特色小镇规划建设。市国土局、规划局、建设局等其他成员单位按照各自职能，做好全市特色小镇的指导推进工作。

（3）落实推进责任。各县（市、区）、功能区是特色小镇培育创建的责任主体，要做好本地区特色小镇扶持政策制定和创建梯队建设，建立健全推进工作机制，搞好规划策划，推动各项工作按时间节点和计划要求规范有序推进，并按季度向市新型城镇化与城乡发展一体化工作领导小组办公室报送纳入监测的特色小镇创建工作进展和形象进度情况。

（4）实行动态调整。坚持"严格标准、可进可出"的原则，市新型城镇化与城乡发展一体化工作领导小组办公室要牵头完善考核标准、加大考核力度，建立优胜劣汰的良好竞争机制。经过一年建设，未完成年度目标任务和未达到建设要求的特色小镇退出创建名单；培育名单中如期完成年度目标任务的，经审核并报市政府批准，可列入下一批创建名单。

18. 在淮安市人民政府发布的《关于培育创建市级特色小镇实施意见》中，总体要求有什么？

（1）指导思想

坚持以人为本、因地制宜、突出特色、创新机制，正确处理好政府与市场关系，充分发挥市场主体作用，通过培育创建市级特色小镇，统筹特色田园乡村和田园综合体建设，打造产城（镇）融合发展新样板，促进产业转型升级和融合发展，加快新型城镇化和城乡发展一体化步伐。

（2）总体目标

到 2020 年，规划建设一批产业特色鲜明、体制机制灵活、人文气息浓厚、生态环境优美、多种功能叠加、宜业宜居宜游，兼具历史记忆、地域特色与个性特点的特色小镇，力争培育创建省级特色小镇 8 个左右、国家级特色小镇 5 个左右。2017 年重点打造 10 个具有代表性的特色小镇。

（3）基本原则

一是坚持因地制宜，差异化创建。充分考虑乡镇现有基础条件、资源禀赋，从实际出发，发掘特色优势，审慎选择特色小镇创建类型，防止一哄而上；合理界定人口、资源、环境承载力，从严从紧控制特色小镇等建设边界，防止盲目扩张、资源浪费。

二是坚持以人为本，高起点创建。以人为核心，科学规划和精细谋划，统筹生产、生活、生态空间布局，实现"产城人文"四位一体，完善城镇功能，补齐基础设施和公共服务短板，增强人民群众获得感。注重生态环境和文化原真性保护，实现形态、业态、生态相统一。

三是坚持市场主导，多元化创建。按照"政府引导、市场运作"的原则，创新建设管理机制和服务模式，调动多元化主体共同参与特色小镇建设的积极性。

四是坚持节约用地，集约化创建。充分发挥土地利用总体规划和城乡规划的管控和引导作用，统筹安排特色小镇建设用地。严格控制开发强度，盘活存量土地和未利用土地，大力推进低效用地再开发，着力提升节地水平和土地资源配置效率，防止借机"圈地造城"。

19. 在淮安市人民政府发布的《关于培育创建市级特色小镇实施意见》中，如何创建分类？

特色小镇是聚焦特色优势产业、集聚高端发展要素、不同于行政建制镇和产业园区以及旅游风景区的"非镇非区"创新创业平台与发展空间平台，具有明确的产业定位、文化内涵、旅游特色和一定社区功能。培育创建市级特色小镇，重点要聚焦高端和先进制造、新一代信息技术、创意创业、健康养老、现代农业、旅游风情、历史经典七大产业类。

（1）高端和先进制造小镇。主导产业为智能装备、节能环保、轨道交通、新能源和新材料、生命健康、特色轻工食品、机械制造、生物技术及新医药产业等具有比较优势，符合发展趋势，适合特色小镇集聚发展的高端和先进制造业。

（2）新一代信息技术小镇。主导产业为光电子、应用电子、软件与信息服务，智能信息终端制造和云服务，下一代通信网络，先进传感和物联网技术，机器人和无人系统，高级人工智能，3D打印技术，信息安全与防护等。

（3）创意创业小镇。主导产业为文化创意、科技教育、电子商务，或是服务实体企业、满足居民需求的新金融（创业投资、私募股权投资或要素市场等），以及创新创业人才集聚平台（众创空间、创业孵化器等）。

（4）健康养老小镇。主导产业为健康或养老领域的产品生产、服务提供或信息传播，如医疗服务、医药保健、医养结合、养老服务、休闲体育、健康咨询管理、营养与保健食品等。

（5）现代农业小镇。主导产业为一二三产融合发展，兼具生态保护、休闲观光、农业科普、文明传承等功能的高科技农业、高效园艺、畜牧生态健康养殖、龙虾等特色水产等品牌农业、互联网＋农业、创意农业等。现代农业小镇要与特色田园乡村建设试点、田园综合体建设试点统筹结合、科学规划。

（6）旅游风情小镇。围绕地域文化、乡土民俗、历史遗存等独特旅游资源，培育创建历史文化、休闲度假、自然生态等旅游风情小镇，充分体现旅游资源独特、风情韵味浓郁、自然风光秀丽，精致打造美誉度和影响力，促进旅游产业特别是乡村旅游转型升级、提质增效，提供多元化旅游产品，满足差异性消费需求，形成长三角旅游目的地品牌新亮点。

（7）历史经典小镇。主导产业为具有悠久历史、传统工艺的经典产业或民俗文化传承，如食品、酿造、云锦、农民画等传统优势产业。

20. 在淮安市人民政府发布的《关于培育创建市级特色小镇实施意见》中，有什么创建要求？

（1）突出特色优势，打造产业升级新平台。产业是小镇的生命力，要围绕构建"4＋2"优势特色产业、"4＋3"特色服务业和"4＋1"现代农业等现代产业体系，突出项目推动、集聚高端要素，做精做强本地最有基础、最具潜力、最能成长的主导特色产业，并着力延伸产业链、提升价值链，促进产业跨界融合发展，培育一批有竞争力的特色产业集群、有影响力的细分行业冠军，成为全市创新创业新高地、发展动能转换新样板。拓宽各类资源要素与创业创新对接的通道，推动新技术、新产业、新业态发展；协同推进特色田园乡村特色产业发展、集体经济组织培育和农民增收致富。

（2）突出改革创新，培育经济发展新动能。鼓励企业、社会组织和个人等各类市场主体参与特色小镇投资建设和管理，支持由特色产业内的骨干企业、创新创业载体平台或行业协会商会牵头，组建多元化、公司化的管理运作平台；创新审批制度，对"零用地"技术改造等国家鼓励类企业投资项目试行"不再审批"，开展区域能评环评试点；利用闲置民居、校舍、厂房翻新改造发展养老、民宿等新业态，给予建设、安全、消防等各项便捷通道；创新人才政策，支持特色小镇制定吸引高端人才落户政策，完善住房、教育、医疗保健、配偶安置等服务；因地制宜开展特色小镇助力脱贫攻坚建设试点，对试点单位优先编制融资规划，优先安排贷款规模，优先给予政策、资金等方面的支持；适用农村改革发展的试验项目和能够推广的实验成果，聚焦特色小镇先行先试。

（3）突出功能叠加，丰富公共服务新供给。注重生产、生态和生活有机融合，围绕"产城人文"四位一体，按照适度超前、综合配套、集约利用的原则，加大道路、供排水、电力通信、环卫等基础设施建设和智慧城镇建设，建有提供创业服务、商务商贸、文化展示、交往空间等综合功能的小镇客厅。旅游风情小镇要完善游客服务中心、生态停车场、旅游厕所、旅游交通引导标识等公共服务配套，实现公共 Wi-Fi 和数字化管理全覆盖，建成自驾游目的地和设计自驾游特色线路。保护与传承本地优秀传统文化，培育独特文化标识和小镇精神。切实保护小镇传统格局、历史风貌，保护不可移动文物，及时修缮历史建筑，活化非物质文化遗产，避免将非物质文化遗产低俗化、过度商业化。新建建筑的风格、色彩、材质等应传承传统风貌，雕塑、小品等构筑物应体现优秀传统文化；尊重小镇现有路网、空间格局和生产生活方式，严禁盲目拉直道路，严禁对老街区进行大拆大建或简单粗暴地推倒重建，避免采取现有居民整体迁出的开发模式。

（4）突出绿色发展，建设美丽宜居新小镇。策应苏北"生态优先、绿色发展"战略和建设江淮生态大走廊的要求，将节能、节地、建筑产业现代化等理念贯穿特色小镇建设整个过程，科学编制生态环保规划，管控生态红线，彰显生态特色。严禁挖山填湖、破坏水系、破坏生态环境；加强特色景观资源保护，统筹小镇建筑布局，协调景观风貌，体现地域特征、民族特色和时代风貌。新建区域应延续老街区的肌理和文脉特征，绿地以建设贴近生活、贴近工作的街头绿地为主。市级旅游风情小镇原则上建成 3A 级以上景区，其他产业类小镇原则上按 2A 级以上景区服务功能标准规划建设。

（5）突出整体推进，明确规划建设新标准

空间布局。按照国民经济和社会发展总体规划、城乡建设规划、土地利用总体规划、生态保护规划等"多规合一"的要求，优先考虑全市产业和旅游业发展布局，并在产业定位、文化传承、资源要素、基础设施、生态环境等方面统筹规划和策划。特色小镇规划要与"十三五"乡镇建设规划和"1047"小城镇体系相衔接，小镇建设要与地形地貌有机结合，融入山水林田湖等自然要素，彰显优美的山水格局和高低错落的天际线。建设空间规划面积原则上控制在 3 平方公里左右，其中核心区建设用地面积原则上控制在 1 平方公里左右；核心区拟新增建设用地的规划区域不得涉及永久基本农田保护区，不得超出土地利用总体规划划定的城乡建设用地扩展边界并符合城乡规划要求；建设小尺度开放式街坊住区，尺度宜为 100～150 米；新建住宅应为低层、多层，建筑高度一般不宜超过 20 米，单体建筑面宽不宜超过 40 米。保持和修复传统街区的街巷空间，新建生活型道路高宽比宜为 1∶1 至 2∶1。

投资强度。创建市级特色小镇，必须主攻产业、谋划一批重点建设项目。高端和先进制造小镇创建期 3 年累计项目投资额原则上不低于 20 亿元；新一代信息技术、创意创业、健康养老、旅游风情和历史经典小镇，培育创建期间 3 年累计项目投资额原则上不低于 15 亿元；现代农业小镇原则上不低于 10 亿元。其中，培育创建期第一年要完成总投资额的 20%，且投资于特色主导产业的占比达 60% 以上。上述投资均不含住宅项目。支持鼓励符合省级创建标准的特色小镇申报江苏省特色小镇。

综合效益。高端和先进制造等产业类小镇要以集聚高端要素为核心，吸引一批创新创业人才，集聚一批创新创业载体和众创空间，建成一批先进制造业基地、有较高知名度的特色产业和自主品牌，基本实现绿色低碳循环发展；市级旅游风情小镇游客人均逗留时间 1 天以上，人均花费 1000 元左右，年旅游综合收入在 3 亿元以上，年接待游客 15 万人次，实现直接就业人数 1000 人以上，带动就业人数 3000 人以上。

21. 在淮安市人民政府发布的《关于培育创建市级特色小镇实施意见》中，有什么政策支持？

（1）强化土地保障。对市级以上特色小镇，根据实际需求，优先统筹安排城乡建设增减挂钩用地指标或新增建设用地指标。实施差别化土地供应政策，实行长期租赁、租让结合、先租后让、弹性出让等多种方式并存的工业用地供应制度。在符合相关规划前提下，经批准利用现有房屋和土地，兴办文化创意、健康养老、工业旅游、众创空间等新业态的，可继续按原用途和土地权利类型使用土地，过渡期为5年；过渡期满后需按新用途办理用地手续，若符合划拨用地目录的，可依法划拨供地；对符合规划、不改变用途的现有工业用地，通过厂房加层、老厂改造、内部整理等途径提高土地利用率和增加容积率的，不再增收土地价款；特色产业项目确需新增建设用地的，由各县区先行办理农用地转用及供地手续；对创建市级特色小镇如期完成年度规划目标任务的，市级给予适当的增减挂钩、工矿废弃地及新增计划配套奖励；对3年内未完成规划目标任务的，次年在下达地方年度计划中酌情扣减。

（2）优化财政扶持。整合生态文明建设、文化产业发展、服务业发展、环境保护等各类专项资金以及各类涉农资金，将列入市级以上创建名单的特色小镇符合要求的项目，优先纳入相关引导资金补助范围；列入省级以上创建名单的特色小镇，在验收命名后，市级财政给予适当奖补，所在县区（开发园区）财政也给予相应奖补；支持特色小镇申请省市级创业孵化基地、创业型街道（乡镇）、省市级优秀创业项目等有关政策性补贴。

（3）加大投融资力度。加快资源整合，组建市新型城镇化引导基金，推动市、县区财政资金撬动社会资金共同发起设立特色小镇产业投资基金，对列入市级以上特色小镇基础设施和公共服务设施建设给予倾斜支持；鼓励市、县区政府投融资平台和产业投资、创业投资基金，按照市场化机制，积极参与特色小镇基础设施和产业示范项目建设；支持特色小镇与各类金融机构和社会资本开展战略合作，并通过多种途径分散和降低金融风险；推动市县（区）项目出资方参与江苏省新型城镇化建行投资基金组建，开展投贷联合业务，支持特色小镇建设的项目资本金或项目建设融资；积极参与省沿海发展投资基金组建，投资特色小镇产业项目建设；支持符合条件的特色小镇申请省级特色小镇发展基金、战略性新兴产业发展专项资金、现代服务业发展专项资金和省 PPP 融资支持基金等；鼓励社会资本参与特色小镇和特色田园乡村整体策划、详细设计、项目建设及运营管理。严格规范运作 PPP 项目，确保项目实施质量，防止"明股实债、小股大债"；支持特色小镇优势企业通过股改上市，实现直接融资；充分利用开发性金融融资、融智优势，聚集各类资源，整合优势力量，共同支持贫困地区特色小镇建设。

22. 在淮安市人民政府发布的《关于培育创建市级特色小镇实施意见》中，如何组织实施？

（1）建立协调机制。建立市特色小镇培育创建工作联席会议制度，市政府分管领导担任组长，市委组织部、宣传部，市发改委、旅游局、统计局、经信委、住建局、规划局、财政局、国土局、人社局、金融办、商务局、环保局、农委、科技局、文广新局、法制办、公安局等部门负责人为联席会议成员，联席会议办公室设在市发改委，承担组织日常推进工作。市发改委重点负责市级以上特色优势产业类小镇培育、创建申报等相关工作，市旅游局负责市级以上旅游风情小镇培育、创建申报等相关工作，市农委协同做好现代农业特色小镇培育创建工作，市规划局负责组织特色小镇规划评审工作；宣传部门加大宣传力度，及时总结推广各地典型经验；市财政、国土等相关部门结合工作职能，加强对特色小镇规划、申报、创建工作的指导和服务。

（2）强化责任落实。各县区人民政府（开发园区管委会）是培育创建特色小镇的责任主体，要准确把握特色小镇的内涵特征，明确发展路径，结合地方实际，因地制宜制定配套政策，明确培育创建计划、支持政策和工作推进机制，整合落实资金，完善体制机制，统筹项目安排并组织推进。特色小镇所在地乡镇人民政府（街道办、园区管理机构）负责做好实施工作，形成市、县（区）镇三级联动培育创建工作机制。

（3）实施绩效评价。建立市级特色小镇统计监测和考核机制。市统计局会同市发改委、旅游局建立市级特色小镇统计指标体系，开展统一监测；市发改委、旅游局分别负责列入市级培育创建的产业类、旅游风情类特色小镇年度考核工作，并将考核评价结果与政策兑现相挂钩；凡列入市级以上特色小镇创建名单的，对相关县区新型城镇化年度目标考核予以加分；对培育创建过程中弄虚作假、发生重大责任事故以及人民群众反映强烈的负面事件的乡镇，经核实取消创建资格。

23. 在南通市人民政府办公室发布的《关于培育创建南通特色小镇的实施方案》中，总体要求是什么？

深入贯彻党的十九大精神，以习近平新时代中国特色社会主义思想为指引，认真落实"四个全面"战略布局，牢固树立五大发展理念，按照省第十三次党代会、市第十二次党代会部署，遵循"强富美高"方向指引，结合国家新型城镇化综合试点要求，坚持政府引导、市场运作、民众参与，以产业为基础、创新为核心、改革为动力，努力把特色小镇打造成创新创业新高地、产业升级新样板、城乡统筹新平台。力争通过 3~5 年努力，分批培育创建 20 个左右产业特色鲜明、体制机制灵活、人文气息浓厚、生态环境优美、多种功能叠加、宜业宜居宜游的市级特色小镇，彰显南通产业特色、凸显江海人文底蕴、引领全市创新发展。

24. 在南通市人民政府办公室发布的《关于培育创建南通特色小镇的实施方案》中，特色小镇创建要求是什么？

（1）特色产业：每个特色小镇选定一个最有优势、最具潜力的主攻产业。重点聚焦历史经典、高端制造、新一代信息技术产业、创意创业、体育健康及其他产业。

——历史经典类。小镇主导产业为具有悠久历史、传统工艺的经典产业或民俗文化传承，如丝绸、蓝印花布、长寿食品、红木制品、刺绣、雕刻、木版印画、扎染、酿造等传统优势产业。

——高端制造类。小镇重点发展智能装备、新材料、新能源和新能源汽车、海洋工程、节能环保等具有比较优势，适合特色小镇集聚发展的高端制造业。

——新一代信息技术类。小镇重点发展智能终端和云服务、下一代通信网络、先进传感和物联网技术、机器人和无人系统、高级人工智能、3D 打印技术、信息安全与防护、数字内容等。

——创意创业类。小镇重点发展文化创意、科技教育、电子商务或其他新业态；服务实体企业或满足居民需求的新金融；或是创新创业人才集聚平台，如众创空间、创业孵化器等。

——体育健康类。小镇主导产业为体育健康领域的产品生产、服务提供或信息传播，如健身服务、户外运动休闲、体育赛事活动、体育特色培训、医疗服务、医药保健、健康咨询管理、体育用品制造等。

——其他类。包括现代建筑、航空航天、现代物流、金融、食品药品、军民融合等类别。

（2）建设规划：原则上布局在有较好特色产业基础，相对独立的产业集聚区、具备一定条件的开发园区或小城镇，并在产业定位、文化传承、资源要素、基础设施、生态环境等方面进行科学规划和统筹策划。规划面积一般控制在 3 平方公里左右，其中建设面积一般控制在 1 平方公里左右。

（3）功能集成：注重生产、生态和生活有机融合。建有提供创业服务、商务商贸、文化展示、交往空间等综合功能的公共平台（小镇客厅）。积极应用现代信息传输技术、网络技术和信息集成技术，实现公共 Wi-Fi 和数字化管理全覆盖，建设产城人融合发展的现代化开放型特色小镇。更加注重自然保护、历史传承和地下空间开发。特色小镇原则上要按 3A 级以上景区服务功能标准规划建设。

（4）项目投资：在主攻产业内谋划一批重点建设项目，原则上 3 年内要完成项目投资 30 亿元。其中，历史经典、新一代信息技术、创意创业、体育健康等特色小镇，原则上 3 年内要完成项目投资 20 亿元。第一年完成投资不少于总投资额的 20%，且投资于特色主导产业的占比不低于 70%。以上投资均不含住宅项目。

（5）运行方式：坚持政府引导、企业主体、市场化运作，以社会资本为主投资建设。特色小镇要有明确的建设主体，鼓励由特色产业内的骨干企业或行业协会商会牵头，组建多元化、公司化的管理运作平台。政府做好规划编制、基础设施配套、市场运行监管、文化内涵挖掘、生态环境保护、统计数据核报等工作。

（6）综合效益：集聚一大批骨干龙头企业、中小企业、工商户、创投企业和创业孵化器等创新创业载体；吸引一批"国千省千"人才、大企业高管、工艺大师、科技人员和其他创新创业人才；集聚一批促进互联网和特色产业深度融合发展，形成一批新技术、新产业、新业态和新机制，形成一批在长三角地区乃至全国具有竞争力、影响力的特色产业和自主品牌，基本实现绿色低碳循环发展。

25. 在南通市人民政府办公室发布的《关于培育创建南通特色小镇的实施方案》中，支持政策是什么？

市各部门要加大协作力度，充分整合现有政策资源，加强政策创新，进一步调动各方参与特色小镇建设的积极性。各地、各部门要认真执行苏政发〔2016〕176号文件、苏发改经改发〔2017〕201号文件各项扶持政策。鼓励各县（市）区结合实际出台鼓励政策。

26. 在南通市人民政府办公室发布的《关于培育创建南通特色小镇的实施方案》中，如何组织领导？

（1）建立协调机制。加强对特色小镇培育创建工作的组织领导和统筹协调，建立市特色小镇培育创建工作联席会议制度。联席会议办公室设在市发改委，承担联席会议日常工作。

（2）强化责任落实。各县（市）区是培育创建的责任主体，要准确把握特色小镇的内涵特征，建立工作推进机制，因地制宜制订培育计划，切不可政府大包大揽、一哄而上。市各有关部门按照部门职责，完善、落实支持政策，积极指导推进相关工作。

（3）实施考核评估。建立创建工作成效评估和考核机制，根据评估结果及时调整相关工作规划和方案。将特色小镇建设情况作为市委、市政府对县（市）区"四个全面"考核项目。对创建过程中出现的弄虚作假、重大责任事故以及人民群众反映强烈的负面事件，经联席会议核实，取消创建资格。

27. 在连云港市人民政府办公室发布的《关于印发连云港市产业特色小镇建设实施意见的通知》中，总体要求是什么？

按照"创新、协调、绿色、开放、共享"发展理念，围绕建设"强富美高"连云港目标，坚持政府规划引领、市场主导运作、民众广泛参与，在全市形成梯度培育、上下联动、滚动推进的特色小镇建设格局。力争到 2020 年，在全市范围内建设一批产业特色鲜明、体制机制灵活、人文气息浓厚、生态环境优美、多种功能叠加、宜业宜居宜游的特色小镇，为全市经济社会发展提供动力支撑。

（1）坚持产业发展"特而强"。产业选择决定小镇未来，要紧扣产业升级趋势，锁定产业主攻方向，瞄准高端产业和产业高端，构筑产业创新高地。产业定位突出"独特"，要差异定位、细分领域、错位发展，打造具有持续竞争力和可持续发展特征的独特产业生态，形成新的经济增长点。

（2）坚持区域规划"合而优"。统筹小镇总体规划、产业发展、空间布局、土地利用、生态、文旅等专项规划，突出功能集成，多规合一。合理界定人口资源和环境承载力，科学确定特色小镇发展区域，构建宜业宜居宜游的发展空间。

（3）坚持建设形态"精而美"。多维展示特色小镇的地貌特色、建筑特色、文化特色和生态特色，体现区域差异性，打造精致集约集成的高颜值小镇，做到"一镇一风格"。

（4）坚持功能叠加"聚而合"。深挖、延伸、融合产业、文化、旅游和社区功能，建设引领发展的高端功能配套，提高资源要素吸附能力，产生叠加效应，推动融合发展。

（5）坚持制度供给"活而新"。创新小镇建设、管理体制机制，实行政府引导、企业参与、市场化运作，鼓励以社会资本为主投资建设特色小镇。鼓励特色小镇在各项改革中先行先试，营造支持特色小镇建设的良好政策环境。

28. 在连云港市人民政府办公室发布的《关于印发连云港市产业特色小镇建设实施意见的通知》中，建设内容是什么？

（1）明确产业定位。围绕新兴产业、现代农业、现代服务业、历史经典四大方向，立足本地区的资源禀赋、区位环境、历史文化和产业集聚等基础条件，选择一个具有当地特色和比较优势的细分产业作为主导产业，借助"互联网＋""文化旅游＋"等功能精心培育，使之成为支撑特色小镇未来发展的大产业。

——新兴产业方向，小镇主导产业为高端装备、智能制造、新一代信息技术、节能环保、新能源新材料等具有比较优势、引领技术发展趋势、适合集聚发展的行业。

——现代农业方向，小镇主导产业为一二三产融合发展，兼具生态保护、生活休闲、农业科普、文明传承等功能的高效农业、品牌农业、互联网＋农业、创意农业、现代渔业等。

——现代服务业方向，小镇主导产业为电子商务、智慧物流、健康养老、创意创业等。

——历史经典方向，小镇主导产业为具有悠久历史和文化底蕴、传统工艺、民俗文化传承的经典产业，如水晶、茶叶、酿酒等，推动传统产业升级换代。

（2）合理规划布局。特色小镇原则上布局在特色产业基础较好、相对独立于市区的产业集聚区、具备一定条件的开发园区或城市周边的小城镇。严格划定边界，规划面积一般控制在 3 平方公里左右，其中建设面积一般控制在 1 平方公里左右。对各种产业类型特色小镇统筹安排，每个细分产业原则上建设一个特色小镇。新引进的重大产业项目可根据其产业类型优先布局到同类型的特色小镇内。

（3）完成投资规模。细分产业为新兴产业方向高端装备、智能制造等产业的特色小镇，原则上 3 年内完成项目投资 20 亿元左右；其他类型特色小镇原则上 3 年内完成项目投资 15 亿元左右（上述投资均不含住宅项目）。第一年完成投资不得少于总投资额的 20%，且投资于主导产业比重不低于 60%。申报省级特色小镇的要达到省级特色小镇创建投资标准。

（4）注重功能融合。特色小镇要注重生产、生活和生态相融合。根据小镇历史文化传统和主导产业发展方向，确定适宜的建筑风格和环境风貌，建设提供创业服务、商务商贸、文化展示、交往空间等综合功能的小镇客厅。加强基础设施建设，科学布局公共服务优质资源，实现公共 Wi-Fi 和数字化管理全覆盖。加强环境综合整治，原则上按 3A 级景区服务功能标准规划建设，构建以人为本的宜居宜游生态网络，推动产业、文化、旅游和社区四大功能有机融合。

（5）创新运作机制。明确特色小镇投资建设主体，市场化推动社会资本参与特色小镇建设。鼓励由特色产业内的骨干企业、重点创新创业载体平台或行业协会商会牵头，组建多元化、公司化的管理运作平台，充分发挥龙头企业带动作用。鼓励借助第三方机构力量进行小镇的规划策划、市场推广、技术孵化、供应链整合等。政府负责规划引导、基础设施配套、生态环境保护、文化内涵挖掘、市场运行监管、数据统计审核等工作。实行"一个窗口"承办审批模式，降低行政成本，提高行政效率。鼓励开展以"区域能评、环评＋区块能耗、环境标准"取代项目能评、环评的工作机制试点。

29. 在连云港市人民政府办公室发布的《关于印发连云港市产业特色小镇建设实施意见的通知》中，建设程序是什么？

特色小镇建设按照"自愿申报、分批审核、动态管理、验收命名"创建原则，加大培育力度，运用监测考核等手段扎实推进。

（1）组织培育申报。各县区、各功能板块深入谋划小镇，明确产业定位和建设风格，高标准制定小镇规划。围绕主导产业谋划一批重点建设项目，落实投资运营和建设主体，明确项目内容、规模，制订年度建设投资计划，开展基础设施和公共服务配套建设。对具备一定产业基础和建设条件的小镇，由各县区、各功能板块向市联席会议办公室上报拟培育小镇名单，同时按要求提交特色小镇建设方案、概念性规划等申报材料。经市联席会议办公室审核通过后正式开始培育。

（2）加强监测考核。建立特色小镇统计监测指标体系和考核制度，统计监测进入培育阶段的小镇投资项目建设情况。每季度在一定范围内公布监测结果，每半年开展一次综合考核。对完成当年目标任务、培育进度较快、建设形态良好的小镇，兑现相关扶持政策，同时推荐申报省级小镇培育和创建名单；对未完成当年目标任务的小镇，提出培育预警，暂停政策兑现；连续两年不达标的小镇，淘汰退出培育阶段。

（3）完成验收命名。3 年建设期满后，对完成项目投资、"三生"融合发展、综合效益良好、运行机制灵活、享有较高知名度和影响力的小镇，市联席会议办公室组织实地验收，报经市联席会议审议通过后，以市政府名义公布市级特色小镇名单。省级特色小镇的创建命名按省有关规定执行。

30. 在连云港市人民政府办公室发布的《关于印发连云港市产业特色小镇建设实施意见的通知》中，有什么政策支持？

（1）强化土地保障。做好规划衔接，将特色小镇建设用地纳入城镇建设用地扩展边界范围内，适度增加特色小镇新增建设用地规模，优先安排转型升级类项目新增建设用地计划，鼓励利用存量建设用地。在符合相关规划前提下，经市、县（区）人民政府批准，利用现有房屋和土地兴办文化创意、科研研发、工业旅游、健康养老等新业态的，可实行继续按原用途和土地权利类型使用土地的过渡期政策，过渡期为 5 年。鼓励对现有工业用地追加投资、转型改造，合理利用地上地下空间。鼓励特色小镇开展土地综合整治，纳入市级培育名单的特色小镇，安排增减挂钩、工矿废弃地指标100亩用于先期建设。市区范围内完成创建目标的，按实际使用量的50%奖励新增计划，各县人民政府可参照同比例配套奖励。

（2）强化财政扶持。对特色小镇范围内符合条件的项目，纳入市级部门牵头管理的各类引导资金补助范围，优先申报省级战略性新兴产业发展专项资金和现代服务业发展专项资金等专项资金。市级财政安排专项资金支持省级和市级特色小镇建设，鼓励特色小镇所在县区出台资金补助政策。鼓励和引导政府投融资平台和财政出资的投资基金，加大对特色小镇基础设施和产业项目的支持力度。

（3）强化融资支持。支持设立特色小镇产业发展基金。鼓励发行企业债券、项目收益债券、专项债券或集合债券等各类债权融资工具及采取PPP等建设模式，进行特色小镇公用设施及重点领域项目建设。支持特色小镇向国家开发银行、中国农业发展银行等政策性银行申请长期低息贷款。支持小镇范围内符合条件的项目申请国家专项建设基金和省PPP融资支持基金。鼓励金融机构在特色小镇增设分支机构和服务网点，精准对接特色产业的金融需求，开发专项金融产品，探索开展投贷联动业务，支持特色小镇建设。

（4）强化人才支撑。鼓励创新制定吸引高层次人才、创新创业人才的相关政策，完善住房、教育、医疗保健、配偶安置等服务，以"不求所有，但求所用"方式引进各类高端人才。对小镇建设发展做出突出贡献的高端人才，优先申报各类"双创人才"评定。推行知识产权和股权质押融资，对拥有自主知识产权的国家、省、市重点人才计划入选者，引导金融机构依据评估价值提供相应金额的知识产权质押贷款。

31. 在连云港市人民政府办公室发布的《关于印发连云港市产业特色小镇建设实施意见的通知》中，如何组织保障？

（1）建立协调机制。建立市特色小镇建设联席会议制度。由市政府分管领导担任召集人，市委宣传部，市发改委、经信委、科技局、财政局、人社局、国土局、环保局、规划局、建设局、农委、商务局、文广新局、统计局、旅游局、金融办等单位负责人为成员。办公室设在市发改委，承担联席会议日常工作。各县区成立相应协调机制，推进特色小镇建设工作。

（2）明确责任分工。市发改委牵头制定特色小镇培育实施意见并组织推进落实，市各有关部门和单位要加大协同推进力度，务实开展相关工作。各县区政府是特色小镇建设的责任主体，要出台相关扶持政策，明确发展路径，因地制宜地制订培育计划，形成省、市、县三级联动建设机制。市级特色小镇年度建设任务纳入市政府对各县区政府、各功能板块的综合目标考核体系。

（3）加大宣传力度。各县区、各部门要统一思想，切实把特色小镇建设作为推动供给侧结构性改革、促进城乡统筹发展和新型城镇化的重要抓手。进一步加大舆论宣传力度，采取多种形式，凝聚各方力量，加大招商力度，加强宣传推介，及时总结经验做法，不断扩大连云港市特色小镇的影响力和吸引力。

1. 安徽省出台何种政策支持特色小镇发展？

2016.7.26	宣城市人民政府《关于确定首批特色小镇创建和培育名单的通知》
2016.8.8	安徽省住房和城乡建设厅、安徽省发展和改革委员会、安徽省财政厅《关于开展特色小镇培育工作的指导意见》
2016.11.17	安徽省住房和城乡建设厅、安徽省发展和改革委员会、安徽省财政厅《关于公布安徽省第一批省级特色小镇名单的通知》
2017.3.27	铜陵市人民政府办公室《关于开展特色小镇培育工作的实施意见》
2017.6.2	安徽省国土资源厅《关于支持和促进特色小镇建设的意见》
2017.6.30	安徽省人民政府《关于加快推进特色小镇建设的意见》
2017.7.13	安徽省人民政府办公厅《关于成立省特色小镇建设领导小组的通知》

2. 在安徽省住房和城乡建设厅、安徽省发展改革委员会、安徽省财政厅发布的《关于开展特色小镇培育工作的指导意见》中，指导思想是什么？

全面贯彻党的十八大和十八届三中、四中、五中全会精神，按照"五位一体"总体布局和"四个全面"战略布局要求，牢固树立创新、协调、绿色、开放、共享的新发展理念，充分发挥市场主体作用，创新建设理念，转变发展方式，通过培育特色鲜明、产业发展、绿色生态、美丽宜居的特色小镇，探索我省小城镇健康发展之路，推动新型城镇化和美丽乡村建设。

3. 在安徽省住房和城乡建设厅、安徽省发展改革委员会、安徽省财政厅发布的《关于开展特色小镇培育工作的指导意见》中，特色小镇建设的基本原则是什么？

（1）规划引领，统筹发展

规划要加强城乡统筹，优化资源配置，合理谋划空间布局，注重发挥优势和突出特色，合理确定产业发展、空间布局、基础设施和公共服务设施等内容，做到定位科学、布局合理、功能完善。

（2）因地制宜，突出特色

根据各地经济社会发展状况、区位特点、产业基础和资源禀赋，发挥区域优势，着力培育产业特色，传承传统文化，注重生态环境保护，加强特色风貌塑造。

（3）市场主体，政府引导

尊重市场规律，坚持市场化运作，鼓励社会资本投资建设。政府重在搭建平台、提供服务，做好规划引导、基础设施配套、资源要素保障等工作。

（4）深化改革，注重创新

加大改革力度，创新发展理念，创新发展模式，创新规划建设管理，创新社会服务管理。通过政策扶持，积极培育主导产业和特色产业，促进大众创业万众创新。

4. 在安徽省住房和城乡建设厅、安徽省发展改革委员会、安徽省财政厅发布的《关于开展特色小镇培育工作的指导意见》中，特色小镇建设的总体目标是什么？

到 2020 年，在各地自愿申报的基础上，选择 80 个左右产业基础较好、生态环境优良、文化积淀深厚的小城镇进行重点培育，不断提高建设水平和发展质量，分别打造成各具特色富有活力的休闲旅游、商贸物流、现代制造、教育科技、传统文化、美丽宜居等小城镇，形成一批具有徽风皖韵、凸显专精美活的生态宜居型特色小镇。

5. 在安徽省住房和城乡建设厅、安徽省发展改革委员会、安徽省财政厅发布的《关于开展特色小镇培育工作的指导意见》中，对特色小镇建设有何培育要求？

（1）科学制定特色小镇规划

要按照节约集约发展、多规融合的要求，科学编制镇总体规划和控制性详细规划。要注重综合配套，吸引人口集聚，推进产业和服务同步发展，实现居住、就业、基本公共服务设施均衡布局。要加强环境保护，促进资源合理、集约、高效利用，强化生态涵养，实现可持续发展。

（2）培育壮大特色产业

把培育特色产业、壮大特色经济作为促进特色小镇发展的核心内容，推动茶叶、中药、丝绸、纸、墨、酱、雕刻、瓷器等传统产业改造升级，培育壮大高端装备制造、信息技术、节能环保、生物医药、旅游、金融等新兴产业。按照产业集聚、用地集约的要求，科学合理规划建设产业园，引导企业向产业园区集聚。高度重视发展现代农业，推进农业现代化、产业化发展。吸纳特色小镇周边农村劳动力就业，带动农村发展，促进农民增收。

（3）加强基础设施和服务体系建设

从统筹城乡基础设施建设出发，重点加强道路、供水、排水、污水处理、垃圾处理等基础设施建设，增强公共服务功能，提高承载力，促进人口、产业和经济集聚。以推进城乡基本公共服务均等化为方向，加快教育、科技、文化、卫生、体育等社会事业设施建设，提升公共服务水平。发挥特色小镇的农村公共服务平台作用，促进基础设施和公共服务向农村延伸覆盖。

（4）加强特色风貌建设

切实保护好特色小镇自然景观和古建筑、老街巷、特色民居等人文景观，突出地域文化特色，培育和丰富特色小镇文化内涵。加强镇区绿化工作，鼓励种植乡土树种，见缝插绿，增加绿量，倡导自然式种植，营造良好公共活动空间。充分利用和挖掘特色小镇自然环境、历史文脉、民俗风情等特点，加强风貌设计，适度控制建筑的高度和密度，凸显建筑景观风格，塑造各具特色的建设发展模式。

（5）开展环境综合整治

按照美丽乡镇建设要求，全面推进特色小镇环境整治，重点整治过境交通干线、背街小巷、镇村结合部、集贸市场、河塘岸线、居民小区、建筑工地和学校周边环境卫生。治理乱搭乱建，严格按规划规范建房审批，加强违法建设整治，依法拆除违法建筑物。治理乱停乱放，完善交通标识、导行设施和停车场地，纠正不文明交通行为。治理乱摆乱占，纠正占道摆摊、店外经营现象，清理、规范建筑材料堆场、煤矸石场、废品收购站等。治理乱拉乱挂，整治主次干道杆线，规范店招广告、过街横幅。

（6）创新发展体制机制

创新特色小镇发展理念，创新经济发展模式。探索符合特色小镇发展的体制机制，形成可复制、可推广的经验和模式。结合土地利用总体规划调整，加大特色小镇土地节约集约利用水平，探索创新土地流转经营、土地功能调整、用地保障等体制机制。建立更加高效的特色小镇规划建设管理模式，以项目为载体引导各类政策、资金、要素集聚。提升特色小镇公共服务水平和质量，推进政府向社会力量购买公共服务。

6. 在安徽省住房和城乡建设厅、安徽省发展改革委员会、安徽省财政厅发布的《关于开展特色小镇培育工作的指导意见》中，对特色小镇建设有何支持政策？

（1）支持开展多规合一

省级加强技术指导，支持特色小镇多规合一，实现国民经济和社会发展规划、镇总体规划、土地利用规划等多规融合。市级指导探索规划协调机制，推动各部门规划职能整合，解决规划协调问题。县级要建立部门协同平台，优化建设项目审批流程，促进各部门业务协同办理。

（2）加强建设资金支持

按照"渠道不变、管理不乱、统筹安排"的原则，整合对特色小镇的各类补助资金，加大对特色小镇建设的支持力度。积极争取中央投资，支持特色小镇基础设施及社会事业项目建设。省发展改革委支持符合条件的建设项目申请专项建设基金；省财政对工作开展较好的特色小镇给予奖补；市、县财政要进一步加大特色小镇建设投入。

（3）创新市场化融资模式

符合条件的产业、社会事业和基础设施项目，优先列入各级政府重点建设项目。加强与金融机构合作，引导金融机构支持特色小镇基础设施、产业发展等建设。创新特色小镇投融资体制，支持募投项目用于特色小镇建设的债券发行。拓宽建设资金来源渠道，鼓励采取政府和社会资本合作（PPP）等模式，吸引社会资金参与特色小镇基础设施和公共服务建设、运营。

（4）推动绿色低碳发展

支持特色小镇实施绿色发展战略，围绕绿色、循环、低碳发展理念，初步形成绿色空间格局，提升特色小镇空间品质。大力发展绿色建筑，开发应用清洁能源和可再生能源，健全垃圾资源化利用体系。倡导低碳绿色出行方式，形成节能低碳的生活风尚。指导特色小镇科学划定生态保护红线，扩大生态空间，按照低碳、生态、绿色要求，推进特色小镇绿色、低碳、智能、可持续发展，促进人居环境改善。

7. 在安徽省住房和城乡建设厅、安徽省发展改革委员会、安徽省财政厅发布的《关于开展特色小镇培育工作的指导意见》中，对特色小镇建设有何保障措施？

（1）落实各级责任

省住房和城乡建设厅、省发展改革委、省财政厅负责组织开展我省特色小镇培育工作，制定指导意见并予以政策支持，开展指导检查，公布省级特色小镇名单，组织推荐国家特色小镇。市级人民政府对本行政区域内的特色小镇培育工作负总责，市级住房和城乡建设、发展改革、财政部门具体负责组织开展本地区特色小镇培育工作，制定本地区指导意见和支持政策，开展监督检查，组织推荐。县级人民政府是培育特色小镇的责任主体，制定支持政策和保障措施，整合落实资金，完善体制机制，统筹项目安排并组织推进。镇人民政府负责做好实施工作。

（2）开展监督检查

省有关部门各司其职，密切配合，形成合力。各市、县（市、区）政府及有关部门要主动作为，及时研究解决工作中遇到的困难和问题，确保各项政策措施落到实处。按照分级负责的原则，建立健全特色小镇培育工作绩效评价机制。根据规划要求，合理安排项目建设时序，建立项目实施跟踪制度。及时报送工作进展情况，研究解决出现的新情况、新问题，建立工作报告制度。

（3）加大宣传力度

要发挥舆论导向作用，充分利用广播、电视、报纸、网络、宣传栏等多种形式，大力宣传特色小镇的新思路、新理念、新举措，激发广大干部群众的积极性、创造性，引导社会各界广泛参与，形成良好的舆论氛围。对特色小镇建设的典型经验和做法进行认真总结和归纳提炼，形成示范带动效应。

8. 在安徽省国土资源厅发布的《关于支持和促进特色小镇建设的意见》中，提出了什么意见？

（1）充分发挥规划引领作用

各地在调整和完善土地利用总体规划时，要做好与县域乡村建设规划、村庄规划、风景名胜区规划等相关规划的衔接，适当增加特色小镇新增建设用地规模，合理布局特色小镇各类用地，优化土地利用结构，促进产业结构优化升级和经济转型发展。在安排新增建设用地计划、城乡建设用地增减挂钩指标时，要围绕培育新经济增长点，重点保障特色小镇旅游、健康及其他产业用地。对符合省级预留指标使用条件的特色小镇用地，由省按照规定程序优先安排用地计划指标。特色小镇建设要按照节约集约用地的要求，充分利用存量建设用地。

（2）实施差别化用地政策

一是，支持新产业发展。

依据国家《战略性新兴产业重点产品和相关服务指导目录》、《中国制造 2025》、"互联网＋"等国家鼓励发展的新产业、新业态政策要求，优先安排用地供应。在不改变用地主体、规划条件的前提下，开发互联网信息资源，利用存量房产、土地资源发展新业态、创新商业模式、开展线上线下融合业务的，可实行继续按原用途和土地权利类型使用土地的过渡期政策。过渡期满，可根据企业发展业态和控制性详细规划，确定是否另行办理用地手续事宜。

二是，支持乡村旅游和文化产业发展。

在符合规划和用途管制的前提下，鼓励农村集体经济组织依法利用集体建设用地自办或以土地使用权入股、联营等方式与其他单位和个人共同举办乡村酒店、特色民宿以及其他乡村旅游项目。镇和乡村居民可以利用自有住宅依法从事旅游、文化项目经营。休闲农业和旅游项目中，属于永久性设施建设用地的，依法按建设用地管理；属于自然景观用地及农牧渔业种植、养殖用地，不征收（收回），按照现用途管理。

三是，支持养老服务业发展。

专门为老年人提供生活照料、康复护理、医疗、托管等服务，经有关部门确定属于非营利性的，其房屋和场地设施占用的土地可以划拨方式供地。在符合土地利用总体规划以及其他相关规划的前提下，农村集体经济组织可以利用其所有的集体建设用地自办或者以土地使用权入股、联营等方式与他人联合举办养老服务机构。单位、个人对现有空闲的厂房、学校、社区用房等进行改造和利用，兴办非营利性养老服务机构，经规划部门批准临时改变建筑使用功能从事非经营性养老服务且连续经营一年以上的，五年内可不增收土地年租金或者土地收益差价，土地使用性质也可暂不作变更。

（3）推进农村土地整治和发展设施农业

支持特色小镇开展土地综合整治，土地整治区内涉及建设用地整理的，优先安排城乡建设用地增减挂钩指标给予配套。通过整理农村建设用地和宅基地所节约的土地，在优先复垦耕地、满足农村发展用地的前提下，节余土地可依法办理用地手续，用于特色小镇建设。支持发展设施农业，生产设施、附属设施和配套设施用地直接用于或者服务于农业生产，其性质属于农用地，按农用地管理，不需办理农用地转用审批手续，但要按照国家规定合理控制附属设施和配套设施用地规模。

（4）积极盘活利用空闲农房及宅基地

土地利用总体规划确定的城镇建设扩展边界内的城郊、近郊农村居民点用地，原则上不再进行"一户一宅"的宅基地分配，鼓励集中建设农民新居。市、县可在《安徽省实施〈中华人民共和国土地管理法〉办法》规定的农村村民新建住宅宅基地面积标准范围内，制定符合特色小镇实际的宅基地面积标准。建立农户宅基地使用权的自愿有偿退出机制，支持引导其依法自愿有偿转让上述权益。探索农村集体组织以出租、合作等方式盘活利用空闲农房及宅基地。

9. 在安徽省人民政府发布的《关于加快推进特色小镇建设的意见》中，指导思想是什么？

全面贯彻落实党的十八大和十八届三中、四中、五中、六中全会精神，深入贯彻习近平总书记系列重要讲话特别是视察安徽重要讲话精神，牢固树立创新协调绿色开放共享发展理念，根据省第十次党代会和省五大发展行动计划的战略部署，立足产业"特而强"、功能"聚而合"、形态"小而美"、机制"新而活"，培育建设一批产业特色鲜明、生态环境优美、体制机制灵活、人文气息浓厚、宜业宜居宜游的特色小镇，成为我省创新创业新高地、发展动能转换新样板，为五大发展美好安徽建设提供有力支撑。

10. 在安徽省人民政府发布的《关于加快推进特色小镇建设的意见》中，基本原则是什么？

坚持产业引领。把培育成长性好的特色产业放在首位，千方百计壮大特色产业，瞄准高端产业和产业高端，围绕产业开发旅游资源、挖掘文化内涵、完善社区功能，实现业兴镇兴。

坚持因地制宜。根据地形地貌和资源禀赋，宜工则工，宜商则商，宜游则游，做好小镇整体规划和形象设计，景观建筑设计要各具特色，避免千镇一面。

坚持市场主导。按照政府引导、市场运作的要求，创新建设管理机制和服务模式。政府重点做好规划编制、设施配套、资源要素保障等服务，突出企业主体作用，引入优秀企业负责建设运营，不大包大揽、一哄而上，防止形成新的债务包袱。

坚持融合发展。统筹生产、生活、生态空间布局，深挖延伸融合产业功能、文化功能、旅游功能和社区功能，促进叠加效应，推进融合发展。

11. 在安徽省人民政府发布的《关于加快推进特色小镇建设的意见》中，建设目标是什么？

到 2021 年，培育和规划建设 80 个左右省级特色小镇，重点打造一批特色小镇样板，形成示范效应。

省级特色小镇镇区和企业运行质量好，债务负担合理，在全省乃至全国具有较高的知名度和美誉度，成为有竞争力的创新集群、有影响力的细分行业冠军。产业类特色小镇，主导产业主营业务收入年均增速达 15% 以上，3 年建设期满后，每平方公里年主营业务收入不低于 2 亿元；文化、体育和旅游类特色小镇，主导产业主营业务收入年均增速不低于 10%，3 年建设期满后，每平方公里年主营业务收入不低于 5000 万元。位于贫困地区的特色小镇可适当放宽。

实现小镇景观化，所有特色小镇达到 3A 级以上旅游景区标准，其中文化、体育和旅游类特色小镇达到省级旅游小镇标准。基础设施能满足特色产业发展需要，小镇内或周边拥有较为完善的公共服务设施，实现各种功能有机融合。运营管理体制和投融资机制便捷、灵活，实现投资主体多元化、运营主体专业化、日常管理服务精细化。

12. 在安徽省人民政府发布的《关于加快推进特色小镇建设的意见》中，有什么申报条件？

按主导产业定位，将特色小镇划分为产业类、文化和体育类、旅游类特色小镇。各地申报的特色小镇应满足以下条件。

（1）产业基础良好。特色小镇应聚焦信息经济、高端装备制造、新材料、新能源、节能环保、健康养老、文化创意、旅游休闲、体育健身、金融、电商等优势特色产业，以及茶叶、中药材、苗木花卉、文房四宝等历史经典产业，主导产业发展方向清晰，有一定的创新创业基础。每个细分产业原则上只培育一个特色小镇。产业类特色小镇有明确的主导产业，已拥有省级以上（含省级）著名商标、名牌产品，或建设期内有品牌创建的载体和基础，产业已有一定的知名度。文化和体育类特色小镇须拥有独特丰富的文化体育资源，能够提供具有鲜明区域特点的文化、体育产品和服务。

（2）生态环境良好。特色小镇生态条件较好，绿化面积较大，项目建设符合环保要求，镇内企业污染物达标排放。具有打造成 3A

级以上旅游景区的潜质。

（3）公共设施完善。小镇或周边应有交通、给排水、清洁能源、教育、医疗、应急等基础设施和公共服务设施，有社区服务功能。

（4）规划布局合理。选址要符合城乡规划，相对独立于中心城区，原则上布局在城乡接合部、建制镇和有条件的村及社区。要科学编制概念性规划和小镇设计，明确项目建设时间表和路线图。规划面积一般控制在 3 平方公里左右，建设用地面积 1 平方公里左右。

13. 在安徽省人民政府发布的《关于加快推进特色小镇建设的意见》中，有什么政策支持？

（1）加大资金扶持力度。省政府安排特色小镇建设专项资金，主要以"借转补"方式用于扶持各地特色小镇建设，根据各特色小镇项目建设等情况安排，并采取"以奖代补"方式对年度评估情况较好的特色小镇予以奖励。财政奖补资金用于特色小镇规划编制、基础设施和公共服务设施建设、生态环境保护、主导产业培育等方面，严禁挪作他用。

（2）强化土地要素保障。充分发挥土地利用总体规划的管控和引领作用，统筹安排特色小镇建设用地，保障合理用地空间。积极盘活存量土地和未利用地，着力提升土地资源配置效率。需新增建设用地的，由各地按规定程序办理农用地转用及供地手续。

（3）赋予先行先试权限。鼓励各地创新特色小镇建设、管理体制机制，加快"放管服"改革，将市场需要的权力放归市场，允许特色小镇根据自身发展需要先行先试有关改革事项。依法向特色小镇所在地下放各类直接面向人民群众、量大面广、由基层服务管理更方便有效的事项。

（4）创新投资融资方式。引导金融机构积极配置信贷资金，加大对特色小镇项目储备库内重点项目的信贷支持，提供产业链融资服务。鼓励设立特色小镇建设基金，支持特色小镇运用 PPP 模式开展项目建设，发挥开发性金融机构和政策性银行"投资、贷款、债券、租赁、证券、基金"综合服务功能和作用，为特色小镇建设提供多元化融资支持。

（5）加强人才队伍建设。落实创新创业人才扶持政策，对进入特色小镇的产业领军人才、大学生、企业高管、科技人员创业者、留学归国人员等给予倾斜，加快特色产业转型发展、领先发展，打造创新创业样板。

14. 在安徽省人民政府发布的《关于加快推进特色小镇建设的意见》中，有什么保障措施？

（1）加强组织领导。加强对特色小镇建设工作的组织领导和统筹协调，成立由常务副省长任组长、省有关单位主要负责同志为成员的省特色小镇建设领导小组。领导小组办公室设在省发展改革委，承担领导小组日常工作。领导小组成员单位要充分发挥各自职能作用，支持特色小镇培育建设。各地要建立相应协调机制，负责指导、协调、推进本地特色小镇建设工作。

（2）推进责任落实。各设区市人民政府要加强对特色小镇规划、申报、建设工作的指导和服务，结合地方实际研究出台配套政策。县（市、区）政府或设区市政府直管的开发区管委会是责任主体，要建立工作推进机制，在规划编制、基础设施配套、资源要素保障、生态环境保护、招商引资等方面加大对特色小镇的支持。特色小镇所在乡镇（街道）要负责抓好落实，为入驻特色小镇企业和人才做好各项服务，形成"省统筹、市指导、县主体、镇落实"的四级联动机制。

（3）强化考核评估。对授牌的特色小镇，实行年度评估和3年建设期满考核制度。每年评出优秀、良好、合格、不合格等次。对评估优秀、良好的小镇，给予一定奖励；对评估不合格的小镇，实行约谈；对连续两年评估不合格的小镇，实行退出机制，摘牌并扣回奖励资金。省财政根据省特色小镇建设领导小组考核意见，依规拨付或扣回资金。强化对特色小镇的监督，对建设过程中出现的弄虚作假、重大安全事故、环境污染、文物破坏以及人民群众反映强烈的负面事件，经核实，实行摘牌。

（4）加强统计监测。加强统计基础建设，建立健全特色小镇规划建设统计监测制度。各地每半年向省数据网络平台报送主要指标完成情况，每季度向省特色小镇建设领导小组办公室报送特色小镇建设进展情况。

（5）营造浓厚氛围。加强对特色小镇的跟踪宣传报道，及时总结推广各地典型经验。通过建立"比学赶超"例会制、特色小镇镇长论坛，开展小镇的产业高度、改革力度、特色亮度评比，促进特色小镇取长补短齐发展，营造浓厚的建设氛围。

15. 在安徽省人民政府办公厅发布的《关于成立省特色小镇建设领导小组的通知》中，职责分工是什么？

省委宣传部。负责特色小镇宣传推广工作，指导挖掘特色小镇文化内涵。

省发展改革委。负责特色小镇规划布局和特色小镇项目储备库建设，协调支持特色小镇项目列入省重点建设项目，做好特色小镇年度考评和期满考核工作。承担领导小组办公室日常工作。

省科技厅。负责指导支持特色小镇科技创新工作。

省经济和信息化委。负责指导信息经济、先进制造和部分历史经典产业特色小镇规划建设工作，支持特色小镇产业升级。

省财政厅。负责财政资金拨付，指导各地整合各类资金支持特色小镇建设。

省国土资源厅。负责指导保障特色小镇用地，提高节约集约用地水平。

省环保厅。负责指导环保类特色小镇建设工作，做好特色小镇生态建设和污染防治工作。

省住房和城乡建设厅。负责指导特色小镇规划建设、设计和功能完善。

省农委。负责指导支持农业类特色小镇建设工作。

省商务厅。负责指导支持电子商务类特色小镇建设工作。

省文化厅。负责指导支持文化类特色小镇建设工作。

省体育局。负责指导支持体育类特色小镇建设工作。

省统计局。负责建立特色小镇建设数据网络直报平台，研究制定统计监测指标体系，收集汇总相关数据。

省旅游局。负责指导支持旅游类特色小镇建设工作，指导特色小镇旅游功能建设。

省政府金融办。负责指导支持金融类特色小镇建设工作，创新特色小镇投融资机制，引导金融机构加大特色小镇金融支持。

国家开发银行安徽省分行。发挥规划先行和综合金融服务优势，加大对特色小镇建设融资融智支持。

中国农业发展银行安徽省分行。加大对特色小镇内重点项目融资支持。

1. 福建省出台何种政策支持特色小镇发展？

2016.6.3	福建省人民政府《关于开展特色小镇规划建设的指导意见》
2016.9.17	福建省人民政府《关于公布福建省第一批特色小镇创建名单的通知》
2017.3.31	福州市人民政府办公厅《关于建立特色小镇规划建设工作联席会议制度的通知》
2017.6.6	福州市城乡建设委员会《福州市城乡建设委员会转发关于做好第二批全国特色小镇推荐工作的通知》
2017.6.27	福州市人民政府《关于加快创建特色小镇的若干意见》
2017.8.29	福州市特色小镇规划建设联席会议办公室《福州市特色小镇创建工作细则（暂行）》
2017.10.10	福建省推进新型城镇化工作联席会议办公室《关于组织申报第二批省级特色小镇创建名单的通知》
2017.12.2	福建省人民政府《关于公布福建省第二批特

色小镇创建名单的通知》

2017.12.4　　　福州市人民政府《关于公布福州市第一批市级特色小镇创建名单的通知》

2. 在福建省人民政府发布的《关于开展特色小镇规划建设的指导意见》中，对特色小镇建设有何总体要求？

（1）特色为本

特色小镇是集产业链、投资链、创新链、人才链、服务链于一体的创新创业生态系统，是新型工业化、城镇化、信息化和绿色化融合发展的新形式，要按照创新、协调、绿色、开放、共享发展理念，结合自身特质，找准产业定位，制定各具特色发展规划，挖掘产业特色、人文底蕴和生态禀赋，形成"产、城、人、文"四位一体有机结合的重要功能平台。

（2）产业为根

特色小镇应聚焦新一代信息技术、高端装备制造、新材料、生物与新医药、节能环保、海洋高新、旅游、互联网经济等新兴产业，兼顾工艺美术（木雕、石雕、陶瓷等）、纺织鞋服、茶叶、食品等传统特色产业，选择一个具有当地特色和比较优势的细分产业作为主攻方向，力争培育为支撑特色小镇未来发展的大产业。每个细分产业原则上只规划建设一个特色小镇。

（3）精致宜居

特色小镇要坚持精而美，按照节约集约发展、"多规融合"的要求，充分利用现有区块的环境优势和存量资源，合理规划生产、生活、生态等空间布局，规划区域面积一般控制在 3 平方公里左右（旅游类特色小镇可适当放宽）。其中，建设用地规模一般控制在 1 平方公里左右，原则上不超过规划面积的 50%。特色小镇要建设 3A 级以上景区，旅游产业类特色小镇按 5A 级景区标准建设。

（4）双创载体

特色小镇要把人才引进作为首要任务，把为企业家构筑创新平台、集聚创新资源作为重要工作，在平台构筑、文化培育、社区建设等方面鼓励小镇内企业、社会组织、从业者等充分参与，培育小镇自治，不设专门机构，不新增人员编制；在投资便利化、商事仲裁、负面清单管理等方面改革创新，努力打造有利于创新创业的营商环境，最大限度集聚人才、技术、资本等高端要素，建设创新创业样板，助推产业转型升级。

（5）项目带动

发挥项目带动支撑作用，夯实特色小镇发展基础。新建类特色小镇原则上 3 年内完成固定资产投资 30 亿元以上（商品住宅项目和商业综合体除外），改造提升类 18 亿元以上，23 个省级扶贫开发工作重点县可分别放宽至 20 亿元以上和 10 亿元以上，其中特色产业投资占比不低于 70%。互联网经济、旅游和传统特色产业类特色小镇的总投资额可适当放宽至上述标准的 80%。

（6）企业主体

特色小镇建设要坚持企业主体、政府引导、市场化运作的模式，鼓励以社会资本为主投资建设。每个特色小镇要明确投资建设主体，可以是国有投资公司、民营企业或混合所有制企业。地方政府重点做好规划引导、基础设施配套、资源要素保障、文化内涵挖掘传承、生态环境保护、投资环境改善等工作。

3. 在福建省人民政府发布的《关于开展特色小镇规划建设的指导意见》中，对特色小镇建设有何政策措施？

（1）要素保障

各地要结合土地利用总体规划调整完善工作，统筹安排特色小镇建设用地，优化特色小镇建设用地布局。特色小镇建设要按照节约集约用地的要求，充分利用低丘缓坡地、存量建设用地等。省国土厅对每个特色小镇各安排 100 亩用地指标，新增建设用地计划予以倾斜支持。

在符合相关规划的前提下，经市、县（区）人民政府批准，利用现有房屋和土地，兴办文化创意、科研、健康养老、工业旅游、众创空间、现代服务业、"互联网＋"等新业态的，可实行继续按原用途和土地权利类型使用土地的过渡期政策，过渡期为 5 年。过渡期满后需按新用途办理用地手续，若符合划拨用地目录的，可依法划拨供地。在符合相关规划和不改变现有工业用地用途的前提下，对工矿厂房、仓储用房进行改建及利用地下空间，提高容积率的，可不再补缴土地价款差额。

在纳入省级创建名单的特色小镇内，符合条件的建设项目优先列入省重点建设项目。

（2）资金支持

对纳入省级创建名单的特色小镇，在创建期间及验收命名后累计 5 年，其规划空间范围内新增的县级财政收入，县级财政可以安排一定比例的资金用于特色小镇建设；有关市、县（区）在省财政下达的政府债务限额内，倾斜安排一定数额债券资金用于支持特色小镇建设；支持特色小镇组建产业投资发展基金和产业风险投资基金，支持特色小镇发行城投债和战略性新兴产业、养老服务业、双创孵化、城市停车场、城市地下综合管廊、配电网建设改造、绿色债券等专项债券。2016~2018 年，新发行企业债券用于特色小镇公用设施项目建设的，按债券当年发行规模给予发债企业 1% 的贴息，贴息资金由省级财政和项目所在地财政各承担 50%，省级财政分担部分由省发改委和省财政厅各承担 50%。特色小镇完成规划设计后，省级财政采取以奖代补的方式给予 50 万元规划设计补助，省发改委、省财政厅各承担 25 万元。

特色小镇范围内符合条件的项目，优先申报国家专项建设基金和相关专项资金，优先享受省级产业转型升级、服务业发展、互联网经济、电子商务、旅游、文化产业、创业创新等相关专项资金补助或扶持政策。优先支持特色小镇向国家开发银行、中国农业发展银行等政策性银行争取长期低息的融资贷款。鼓励特色小镇完善生活污水处理设施和生活垃圾处理收运设施建设，省级财政给予"以奖代补"资金倾斜支持。

（3）人才扶持

推广中关村等国家自主创新示范区税收试点政策，在特色小镇内实行促进高层次人才加大科研投入、吸引人才加盟、吸收股权投资、发展离岸业务等方面的税收激励办法。对特色小镇内企业以股份或出资比例等股权形式给予企业高端人才和紧缺人才的奖励，执行我省自贸试验区人才激励个人所得税管理办法和中关村国家自主创新示范区股权激励个人所得税政策。各级政府主导的担保公司要加大对特色小镇内高层次人才运营项目的担保支持力度，省再担保公司对小镇内高层次人才运营项目可适当提高再担保代偿比例。

（4）改革创新

列入省级创建名单的特色小镇，优先上报国家相关改革试点；优先实施国家和省里先行先试的相关改革试点政策；允许先行先试符合法律法规要求的改革。

4. 在福建省人民政府发布的《关于开展特色小镇规划建设的指导意见》中，对特色小镇建设有何相关组织领导措施？

（1）建立协调机制

各级各有关部门要强化工作联动和协调，合力推动特色小镇创建工作的有力开展。依托现有的省推进新型城镇化工作联席会议制度，推进特色小镇创建工作。各设区市人民政府、平潭综合实验区管委会参照建立相应联席会议制度。

（2）实行重点扶持

各设区市人民政府、平潭综合实验区管委会要根据省特色小镇创建遴选标准和任务，制订培育计划，研究制定具体政策措施，加强宣传推介，实行领导挂钩、重点培育、重点发展。省直部门出台的各类扶持政策要对特色小镇给予倾斜支持。

（3）推进责任落实

县（市、区）要建立实施推进工作机制，搞好规划建设，加强组织协调，确保各项工作按照时间节点和计划要求规范有序推进，确保取得实效。

（4）加强动态监测

有关市、县（区）按季度向省城镇化办报送特色小镇创建工作进展和形象进度情况，省里在一定范围内进行通报。

210

5. 在福州市特色小镇规划建设联席会议办公室发布的《福州市特色小镇创建工作细则（暂行）》中，总则是什么？

根据福州市人民政府《关于加快创建特色小镇的若干意见》（榕政综〔2017〕1704号），为加快形成"引领示范一批、创建认定一批、培育预备一批"的特色小镇良性发展格局，助力福州市经济转型发展、城乡统筹发展，特制定本细则。

6. 在福州市特色小镇规划建设联席会议办公室发布的《福州市特色小镇创建工作细则（暂行）》中，有什么申报条件？

（1）产业定位：符合新一代信息技术、海洋高新、金融基金、高端装备制造、生物技术、节能环保、新材料、新能源、旅游、健康、商贸物流、互联网经济、文化创意等支撑福州市未来发展的优势产业和新兴产业，以及生态农业、工艺美术等传统特色提升产业。

（2）建设空间：市级特色小镇规划区域面积一般控制在1~3平方公里（旅游类可适当放宽），其中：建设用地面积1平方公里左右，最大可占规划面积的50%左右；市级特色小镇按照3A级以上景区标准建设，旅游类按4A级以上景区标准建设，并做好5A级景区发展规划。

（3）投入资金：原则上3年内（永泰、闽清等县可放宽至5年内），新建类市级特色小镇完成固定资产投资15亿元以上（不含住宅和商业综合体项目）、改造提升类市级特色小镇完成固定资产投资8亿元以上，其中特色产业投资比例不低于70%。

（4）建设内涵：以集聚特色产业高端要素为核心，着力打造创新创业平台，推进"产、城、人、文"四位一体有机结合，最大限度集聚人才、技术、资本等高端要素，打造生产、生活、生态融合发展的现代化开放型市级特色小镇。

（5）运行方式：坚持政府引导、企业主体、市场化运作。市级特色小镇要明确建设主体，鼓励以社会资本为主、由企业为建设主体推进项目建设。地方政府或高新区管委会做好规划引导、基础设施配套、资源要素保障、文化内涵挖掘、生态环境保护、投资环境改善、统计数据审核上报等工作。

（6）建设进度：原则上3年内，永泰、闽清等县可放宽至5年内。其中，第一年新建类市级特色小镇完成投资不少于3亿元、改造提升类市级特色小镇完成投资不少于2亿元（建设期限为5年的第一年新建类市级特色小镇投资不少于 2 亿元、改造提升类市级特色小镇完成投资不少于 1.5 亿元）。

（7）综合效益：建成后有大量的新增税收、新增就业岗位产生，集聚一大批工商户、中小企业、中高级人才，加快形成新业态，培育具有核心竞争力的特色产业和品牌。

7. 在福州市特色小镇规划建设联席会议办公室发布的《福州市特色小镇创建工作细则（暂行）》中，有什么创建规划？

（1）列入市级特色小镇创建名单的特色小镇创建规划，由创建主体单位组织或委托开展编制，报市特色小镇办组织评审、修改完善后经所在县（市）区政府或高新区管委会批准，由特色小镇创建主体单位组织实施，并报市特色小镇办备案。

（2）创建规划应与所在县（市）区、高新区的国民经济和社会发展、城乡建设、土地利用、环境保护、产业发展等规划做好衔接，并结合自身特质，找准产业定位，挖掘产业特色、人文底蕴和生态禀赋，推进特色小镇规划的"多规合一"，实现"一本规划、一张蓝图"。

（3）特色小镇创建规划体系为"1+X"，其中"1"为特色小镇创建规划，"X"为若干专题研究，其中产业发展、文化旅游专题为必选专题。创建规划是指导小镇开展项目策划、审批、建设的重要依据。

8. 在福州市特色小镇规划建设联席会议办公室发布的《福州市特色小镇创建工作细则（暂行）》中，如何监管调整？

（1）定期监测：采取半年通报和年度考核的办法，对市级特色小镇创建对象开展统一监测。市统计局牵头建立市级特色小镇统计指标体系，促进相关监测考评制度完善落实。有关县（市）区按时向市特色小镇办报送特色小镇创建工作进展情况。

（2）动态管理：特色小镇年度建设任务纳入市政府对各县（市）区政府年度目标考核体系。对连续两年没有完成年度目标考核任务的，退出创建名单，下一年度起不再享受相关扶持政策，并对原奖励或预支的新增建设用地计划指标予以扣回。

（3）联动指导：市直相关产业主管部门具体负责对特色小镇规划建设的前期辅导、协调指导、日常督查和政策扶持。各县（市）区政府或高新区管委会具体负责指导、协调、推进本地区特色小镇的规划建设工作。市特色小镇办定期组织培训、现场推进交流活动，开展年度考核工作。

9. 在福建省推进新型城镇化工作联席会议办公室发布的《关于组织申报第二批省级特色小镇创建名单的通知》中，申报条件是什么？

（1）产业定位：小镇产业定位应结合本区域的产业、人才和资源优势，重点发展新一代信息技术、高端装备制造、新材料、生物与新医药、节能环保、海洋高新、旅游、互联网经济等新兴产业，以及工艺美术（木雕、石雕、陶瓷等）、纺织鞋服、茶叶、食品等传统特色产业。

（2）空间形态：小镇规划区域面积一般控制在 3 平方公里左右（旅游类特色小镇可适当放宽）。其中，建设用地规模一般控制在 1 平方公里左右，原则上不超过规划面积的 50%。

（3）建设投资：2018~2020 年内，新建类特色小镇完成固定资产投资 30 亿元以上（商品住宅项目和商业综合体除外），改造提升类完成 18 亿元以上，23 个扶贫开发工作重点县可分别放宽至 20 亿元以上和 10 亿元以上，其中特色产业投资占比不低于 70%。互联网经济、旅游和传统特色产业类特色小镇的总投资额可适当放宽至上述标准的 80%。

（4）建设内涵：要体现"产、城、人、文"四位一体有机结合，突出改革创新，最大限度集聚人才、技术、资本等高端要素，打造更有效率的政务生态系统、更有活力的产业生态系统、更有激情的创业生态系统和更有魅力的自然生态系统，建成产城融合发展的现代化开放型特色小镇。

（5）运行方式：要坚持企业主体、政府引导、市场化运作，小镇要明确投资建设主体，鼓励以社会资本为主推进小镇创建。地方政府负责做好规划引导、基础设施配套、资源要素保障、文化内涵挖掘、生态环境保护、投资环境改善等。

10. 在福建省人民政府发布的《关于公布福建省第二批特色小镇创建名单的通知》中，都有哪些特色小镇？

（1）宁德锂电新能源小镇

（2）鼓楼金牛"互联网＋"小镇

（3）闽侯海丝时尚居艺小镇

（4）集美动漫小镇

（5）翔安大嶝台贸小镇

（6）龙文时间小镇

（7）长乐网龙智能教育小镇

（8）漳浦海峡花木小镇

（9）平和琯溪蜜柚小镇

（10）芗城天宝香蕉小镇

（11）晋江"芯"小镇

（12）福清东壁渔乐文旅小镇

（13）福安湾坞不锈钢新材料小镇

（14）莆田妈祖国际医疗健康小镇

（15）仙游艺雕小镇

（16）荔城北高黄金珠宝小镇

（17）涵江雪津啤酒小镇

（18）建宁贡莲小镇

（19）宁化石壁客家文化小镇

（20）清流林畲桂花小镇

（21）长汀河田鸡美食小镇

（22）武平岩前新显小镇

（23）延平王台百合小镇

（24）建阳麻沙建本小镇

（25）寿宁廊桥文旅小镇

（26）周宁人鱼小镇

（27）政和东平酿造小镇

11. 在福州市人民政府发布的《关于公布福州市第一批市级特色小镇创建名单的通知》中，都有哪些特色小镇？

（1）鼓楼区——金牛山"互联网＋"特色小镇

（2）长乐区——网龙智能教育小镇

（3）长乐区——东湖 VR 小镇

（4）福清市——东壁渔乐文旅小镇

（5）福清市——福建元洪国际食品小镇

（6）闽侯县——海丝时尚居艺小镇

（7）闽侯县——闽都水乡文化特色小镇

（8）连江县——定海湾山海运动小镇

（9）罗源县——鉴江"智乐渔业"特色小镇

（10）永泰县——永泰智慧小镇

（11）永泰县——嵩口休闲旅游特色小镇

1. 江西省出台何种政策支持特色小镇发展？

2016.12.20 　　江西省人民政府《关于印发江西省特色小镇建设工作方案的通知》

2017.3.3 　　　萍乡市人民政府《关于印发萍乡市特色小镇建设工作方案的通知》

2017.3.29 　　萍乡市人民政府办公室《关于建立萍乡市特色小镇建设工作联席会议制度的通知》

2017.5.3 　　　吉安市人民政府办公室《关于成立市特色小镇建设推进领导小组的通知》

2017.5.5 　　　萍乡市人民政府办公室《关于做好第一批市特色小镇建设工作的通知》

2017.6.22 　　九江市人民政府办公厅《关于印发九江市特色小镇建设工作方案的通知》

2017.7.1 　　　新余市人民政府《关于印发新余市加快推进特色小镇建设工作方案的通知》

2017.7.18 　　萍乡市人民政府办公室《关于对第一批市特色小镇工作推进和项目建设情况进行督导的通知》

| 2017.9.20 | 江西省住房和城乡建设厅《江西省住房和城乡建设厅转发住房和城乡建设部关于公布第二批全国特色小镇名单的通知》 |

2. 在江西省人民政府发布的《关于印发江西省特色小镇建设工作方案的通知》中，特色小镇建设的指导思想是什么？

深入贯彻党的十八大和十八届三中、四中、五中、六中全会精神，全面贯彻习近平总书记系列重要讲话特别是视察江西重要讲话精神，牢固树立和贯彻落实创新、协调、绿色、开放、共享的发展理念，尊重城镇化发展规律、自然规律和市场经济规律，因地制宜、突出特色，发挥市场主体作用，创新建设理念，转变发展方式，大力培育特色鲜明、产业发展、绿色生态、美丽宜居的特色小镇，促进经济转型升级和新型城镇化发展，为决胜全面建成小康社会、建设富裕美丽幸福江西做出新贡献。

3. 在江西省人民政府发布的《关于印发江西省特色小镇建设工作方案的通知》中，特色小镇建设的基本原则是什么？

坚持突出特色，结合现状、实际，科学确定建设对象，壮大特色产业，传承传统文化，注重生态环境保护，完善市政公用设施。坚持市场主导，充分发挥市场主体作用，政府搭建平台、提供服务，依据产业发展确定建设规模。坚持深化改革，加大体制机制改革力度，创新发展理念，创新发展模式，创新规划建设管理，创新社会服务管理。

4. 在江西省人民政府发布的《关于印发江西省特色小镇建设工作方案的通知》中，特色小镇建设的目标任务是什么？

按照全面提升小城镇建设水平和发展质量的要求，在全省分两批选择 60 个左右建设对象（含行政建制镇和不同于行政建制镇、产业园区的创新创业平台），由省、市、县三级共同扶持打造。力争到 2020 年，建成一批各具特色、富有活力的现代制造、商贸物流、休闲旅游、传统文化、美丽宜居等特色小镇，坚定不移加快发展转型，推动我省国家生态文明试验区建设，努力打造美丽中国"江西样板"。

5. 在江西省人民政府发布的《关于印发江西省特色小镇建设工作方案的通知》中，特色小镇建设的工作重点是什么？

（1）编制规划方案

按照创新、协调、绿色、开放、共享的发展理念，因地制宜、突出特色，科学编制特色小镇建设专项规划和工作方案。建设专项规划要明确特色小镇发展定位，重点围绕打造优势产业、提升设施水平、传承历史文化、保护生态环境和完善体制机制五个方面，分年度确定目标体系和谋划空间布局。工作方案要制定特色小镇发展目标实施路径，结合创新体制机制，研究组织领导、项目审批、投资优惠、资金和用地保障等方面的扶持政策。每批省特色小镇名单公布后 3 个月内，有关设区市要将经县级政府审定的专项规划和工作方案，报省特色小镇建设工作联席会议办公室备案。

（2）打造特色产业

依据资源禀赋和区位优势，精准定位产业布局，合理规划产业结构，大力实施"一镇一策"，精心打造特色鲜明、优势突出的主导产业。加快新兴产业成长和传统产业升级，推动产业向做特、做精、做强发展，不断优化经济结构和提升发展效益，新增大量财税和就业岗位。强化校企合作、产研融合、产教融合，培育特色产业发展所需各类人才。深化市场主体培育，发挥市场在资源配置中的决定性作用，以企业投资为主体，催生一批市级以上特色优势产业项目。引导企业分行业、分品种研究市场，培育自身品牌，提升产业附加值和产品市场占有率。充分利用"互联网＋"等新兴手段，推动产业链向研发、营销延伸。有条件的特色小镇要积极吸引高端要素集聚，发展先进制造业和现代服务业。

（3）营造宜居环境

牢固树立"绿水青山就是金山银山"的绿色发展理念，探索生态文明建设新模式。结合周边自然环境、地域特色开展镇村建设、整治，"不砍树、不挖山、不填湖"，塑造小镇典型风貌。确定小镇生态环境保护与建设目标，开展河湖水系、绿化、环境等保护、整治和建设，保护地形地貌、河湖水系、森林植被、动物栖息地等自然景观，开展水土保持、污染防治等工程，保护和修复自然、田园景观。开展旧镇区有机更新，逐步改善旧镇区生产、生活环境。推进镇容镇貌综合治理，重点治理镇区出入口、车站广场、交易市场、占道经营、沟渠水塘、环境卫生、垃圾污水等。鼓励建设开放式住宅小区。鼓励有条件的小镇按照不低于 3A 级景区标准规划建设特色旅游景区。

（4）彰显特色文化

充分挖掘、整理、记录地方传统文化，保护和利用好历史文化遗存，在经济发展和社会管理中充分弘扬优秀传统文化，形成独特的地方文化标识。制定历史文化遗产、历史文化街区、风景名胜等的保护措施，制定传统村落保护发展规划，完善历史文化名村、传统村落和民居名录，建立健全保护和监管机制。保护独特风貌，挖掘文化内涵，彰显乡愁特色，建设有历史记忆、文化脉络、地域风貌的特色小镇。加强规划管理，集约节约利用土地，提倡街坊式居住区布局，开展房屋、店铺及院落风貌整治，建筑彰显传统文化和地域特色，防止外来建筑风格对原有风貌的破坏。发展城乡社区文化、主题文明教育和农村公益性文化事业，更新居民思想观念和提高法制意识，大力提高居民思想道德和文化素质。

（5）完善设施服务

全面提升特色小镇建设水平和群众生活质量，健全农村基础设施投入长效机制，推动城镇公共服务向农村延伸，按照适度超前、综合配套、集约利用的原则，统筹实施市政公用设施改造，加快完善道路、供水、供电、供气、广播电视、排水、防洪、农贸市场、垃圾处理、污水处理、公共交通、通信网络等设施，逐步实现城乡基本公共服务制度并轨、标准统一。加强小城镇信息基础设施建设，加速光纤入户进程，加强步行和自行车等慢行交通设施建设，推进公共停车场建设。全面收集生活污水并达标排放，生活垃圾百分之百无害化处理，道路交通停车设施完善便捷，防洪、排涝、消防等各类防灾设施符合标准。实施医疗卫生服务能力提升计划，加快推进义务教育学校标准化建设。教育、医疗、文化、商业等公共服务覆盖农村地区，服务质量较高。利用小城镇基础设施及公共服务设施，整体带动提升农村人居环境质量。

（6）创新体制机制

进一步创新发展理念和发展模式，提升社会管理服务水平，大力探索省、市、县扶持政策。深化简政放权、放管结合、优化服务改革，加快转变政府职能、提高政府效能，破除体制机制障碍，增强创新能力，激发内生动力。提供双创服务，深化投资便利化、负面清单管理等改革创新。处理好政府和市场的关系，使市场在资源配置中起决定性作用和更好发挥政府作用。充分发挥社会力量作用，充分调动各方面的积极性和创造性，最大限度激发市场主体活力和企业家创造力，鼓励企业、其他社会组织和市民积极参与特色小镇投资、建设、运营和管理。创新规划建设管理方式，试点多规合一，促进公共服务覆盖农村、产业发展合理布局、经济要素有序流动，实现城乡协调发展和镇村功能融合。建立低效用地再开发激励机制，健全进城落户农民农村土地承包权、宅基地使用权、集体收益分配权自愿有偿流转和退出机制。探索利用国家和省、市科研项目资金，支持特色小镇内企业研发平台建设，引导企业开展产品研发和创新，支持企业研发成果转化。

6. 在江西省人民政府发布的《关于印发江西省特色小镇建设工作方案的通知》中，对特色小镇建设有何保障措施？

223

（1）加强组织领导

建立省特色小镇建设工作联席会议制度，由省住房和城乡建设厅牵头组织实施，省发改委、省财政厅、省委农工部、省统计局、省国土资源厅、省工信委、省地税局作为成员单位参加，联席会议办公室设在省住房和城乡建设厅。各市、县（区）要将特色小镇建设工作作为加快小城镇建设和促进新型城镇化发展、促进创新创业的重点，摆上重要工作日程，明确责任，强化措施，在工作部署、项目落地、用地指标、财力安排上统筹协调，加强督导，确保目标任务落到实处。各有关部门要根据职能分工，发挥部门优势，整合政策、资金、项目，重点支持特色小镇建设工作，形成推进合力。

（2）明确工作责任

省特色小镇建设工作联席会议负责组织开展省特色小镇建设工作，明确建设要求，制定政策措施，开展指导检查，公布和调整特色小镇名单，推荐上报全国特色小镇。设区市政府负责对县（市、区）特色小镇建设工作进行督查，对申请纳入省级特色小镇建设的建制镇和创新创业平台进行初审上报。县级政府作为特色小镇建设责任

江西

主体，负责制订建设专项规划、工作方案、年度计划等，建立用地、财力保障制度和监督考核机制，确保特色小镇建设快速有效推进。建制镇政府和创新创业平台管理主体具体实施特色小镇建设工作。

（3）落实经费保障

县级政府是特色小镇建设经费的筹措主体，要建立"以县为主、乡镇为辅、省市奖补"的经费保障机制。县级政府设立特色小镇产业发展基金或风险资金，提供企业融资服务和创业补贴。特色小镇按规定计提各项基金后的土地出让金净收益全部留镇用于公共设施建设。入选省特色小镇名单后，省财政每年安排每个特色小镇建设奖补资金 200 万元，用于对特色小镇建设年度考核合格的进行奖励。对特色小镇年度考核不合格的，对当年建设奖补资金不予奖励。

（4）用足土地政策

坚持节约集约用地原则，支持各地从省下达的年度新增建设用地计划中安排一定数量的用地计划用于特色小镇建设，并予以优先安排、足额保障。支持有条件的特色小镇通过开展低丘缓坡荒滩等未利用地开发利用、工矿废弃地复垦利用和城乡建设用地增减挂钩试点，增减挂钩的周转指标扣除农民安置用地以外，剩余指标的20%~50% 留给特色小镇使用，有节余的可安排用于城镇经营性土地开发。特色小镇现有的存量行政划拨用地，依据规划，依法经县级以上国土资源、城乡规划主管部门同意，县级以上人民政府批准，可转为经营性用地。

（5）深化"放管服"改革

以商事制度改革为重点，降低市场准入门槛，强化事中事后监管，着力在"放、管、服"上下功夫，以放促活、以管促优、以服促强，努力营造特色小镇宽松便捷的准入环境、公平有序的市场环境、高效优质的服务环境，促进经济转型发展，助力实体经济做大做强。创新特色小镇建设投融资机制，大力推进政府和社会资本合作，鼓励利用财政资金撬动社会资金，共同发起设立特色小镇建设基金。特色小镇纳入省级小微企业创业园同步创建，提供融资服务、技术支持、证照办理等相关便利，依法给予税费减免，在投资项目审批中，进一步简化程序、缩短时限、提高效率。

7. 在江西省人民政府发布的《关于印发江西省特色小镇建设工作方案的通知》中，对特色小镇建设有何运行、监管和验收机制？

（1）日常运行

坚持政府引导、企业主体、市场运作，县级政府主要做好建设专项规划和工作方案编制、市政公用设施配套、项目监管、文化内涵挖掘、生态环境保护、统计数据审核上报等工作，项目建设推进以企业为主。

（2）动态监管

省特色小镇建设工作联席会议办公室牵头建立省特色小镇评价指标体系，采取半年度通报和年度考核的办法，对省特色小镇建设名单、观察名单开展统一监测。省特色小镇建设采取动态监管的方式，以年度统计数据、项目推进情况为依据，评出年度优秀、合格、不合格特色小镇。对年度考核优秀的特色小镇，落实省级财政、土地扶持政策并予以适当奖励，推荐上报全国特色小镇；对年度考核合格的特色小镇，落实省级财政扶持政策；对年度考核不合格的特色小镇，次年取消其省级财政扶持政策，调整进入观察名单，并向设区市政府发函督促问责。对进入观察名单的镇，一年后由省特色小镇建设工作联席会议办公室对其整改情况进行实地复核，对整改不到位的，终止观察并通报全省。

（3）联动指导

省特色小镇建设工作联席会议办公室具体负责对特色小镇规划建设的前期辅导、协调指导、日常督查和协调政策落实。各设区市要加强对所辖县（市、区）特色小镇规划、申报、建设等工作的督促和指导。各县（市、区）要参照省特色小镇建设工作联席会议部门职责分工，明确责任、分工合作，形成省、市、县联动推进的工作机制。

（4）期末验收

特色小镇要如期完成专项建设规划确定的各项目标，确保真正符合特色小镇的内涵特征，在社会上有较大的知名度，在行业内有一定的公认度。省特色小镇建设工作联席会议办公室在 2020 年底，组织有关成员单位实地察看，形成验收意见报省特色小镇建设工作联席会议审议。具体验收办法另行制定。

1. 河南省出台何种政策支持特色小镇发展？

2015.10.10	焦作市人民政府办公室《关于印发支持特色小镇建设八项措施的通知》
2016.12.30	洛阳市人民政府《关于开展全市特色小镇培育工作的实施意见》
2017.2.20	郑州市人民政府《关于开展特色小镇培育工作的意见》

2. 在焦作市人民政府办公室发布的《关于印发支持特色小镇建设八项措施的通知》中，八项措施都是什么？

（1）提升规划设计标准。将特色小镇建设纳入全市"十三五"规划。各县（市）区政府作为规划编制的主体，要综合考虑自然禀赋、产业基础、历史文化等多种因素，对特色小镇的发展方向进行科学定位，坚持生产、生活、生态"三位一体"融合发展；要坚持"五规合一"，统筹县域村镇体系规划、土地利用总体规划等法定规划和新农村建设规划、生态规划、产业规划等专项规划，实现有效衔接。特色小镇规划用地面积一般控制在3平方公里左右，核心区用地面积一般控制在1平方公里左右，各县（市）区要通过竞标等方式，聘请国内外具有特色小镇规划编制经验的一流团队进行规划设计。

（2）推动产业转型升级。强化以产兴城、产城融合的理念，因地制宜，突出特色产业和地域文化，以资源为基础、市场为导向、项目为载体，通过产业融合、项目组合、资源整合等方式，推动产业转型升级，培育主导产业突出、各具特色的小镇。促进太极拳、四大怀药、太行山水、黄河文化的共融共生，围绕建设"中国养生地、世界太极城"，做大做强太极拳、药膳、食疗、禅修等产业，打造健康养生小镇；转变农业发展方式，积极发展都市生态农业、光伏农业、创意农业，加快农业科技创新，打造特色农业小镇；提升旅游业发展水平，推动旅游产品向观光、休闲、度假、体验、购物一体化转变，打造休闲旅游小镇；挖掘胶胎瓷遗址、寨卜昌古建筑群等地历史文化内涵，发展瓷器、影视、文化创意等产业，打造民俗文化小镇；利用区位和交通优势，促进传统产业与互联网、商贸物流等新型业态深度融合，打造商贸物流小镇。

（3）加强项目谋划招商。将特色小镇纳入市重点项目进行管理，并积极推荐纳入省重点项目，指导、帮助特色小镇谋划包装项目；其项目纳入市级层面招商引资范围进行宣传推介。支持县（市）区运用PPP模式引进社会资本，推进特色小镇项目建设。

（4）加强土地要素保障。结合当前正在实施的土地利用总体规划调整完善工作，市里将特色小镇用地纳入规划调整范围，土地规划指标、年度计划指标优先向特色小镇倾斜。鼓励特色小镇节约集约用地，充分利用空心村、旧厂房等存量土地和荒山、荒滩、荒坡等进行建设，成效突出的，市里给予特色小镇所在县（市）区一定比例的年度计划指标奖励；确需新增建设用地，符合土地利用总体规划的，由市国土资源部门直接配给新增建设用地年度计划指标。

（5）整合项目集中投放。按照"渠道不乱、用途不变、各负其责、各记其功、形成合力"的原则，统筹发展改革、农业、新农村（美丽乡村）、财政、环境保护、交通运输、住房和城乡建设、旅游、科技、教育、文化、卫生等部门城乡基础设施建设资金、产业发展资金、公共服务资金等项目资金，优先集中向特色小镇投放。

（6）加大财政扶持力度。坚持"政府引导、企业主体、市场化运作"的原则，从2016年起，市级财政通过整合资金和新增财力，在年度预算中设立2000万元特色小镇建设专项引导资金，主要用于基础设施和公共服务设施的奖补。从今年起，市特色小镇建设领导小组每年对特色小镇进行严格的年度考评，对于投资主体明确、资金投入多、工程进度快、成效显著的特色小镇进行奖补，具体奖补办法由市特色小镇建设领导小组制定。市政府设立的城镇化发展专项基金，要积极支持符合条件的特色小镇建设。

（7）加大金融支持力度。金融部门要加强对特色小镇的投融资指导，优先对特色小镇建设的投资主体提供贷款。进入特色小镇创业的个人和小微企业，可申请人社部门的创业担保贷款，自主创业的个人贷款最高额度为10万元；合伙经营和组织起来就业的贷款最高额度为 100 万元；符合条件的劳动密集型小微企业贷款最高额度不超过 300 万元；对从事微利项目符合条件的各类自主创业、合伙经营和组织起来就业的，在中央和省贴息政策范围内的，据实全额贴息；被命名的市级明星合作社、龙头合作社、示范合作社以及优秀联合社，在特色小镇范围内投资创业的，可通过焦作市农民合作社贷款担保平台，按照分类档次，向协议合作银行申请 100 万～500 万元的贷款，享受利率和担保费率优惠。

（8）建立健全推进机制。市特色小镇建设领导小组统筹指导全市特色小镇建设工作，建立联席会议制度和工作台账，及时掌握工作情况，协调解决具体问题；建立考核评价机制，实行动态管理，重点考核特色小镇的产业发展、投资额度、建设进度、经济增速和就业情况等，对推进工作好的单位进行表彰奖励。各县（市）区政府是特色小镇建设的责任主体，要高度重视、精心组织，周密部署、扎实推进；市直相关单位要根据各自工作职责，主动作为、密切配合，确保特色小镇建设顺利推进。

3. 在洛阳市人民政府发布的《关于开展全市特色小镇培育工作的实施意见》中，工作目标是什么？

到 2020 年，全市将累计培育 10 个各具特色、富有活力的现代制造、休闲旅游、商贸物流、文化创意、现代农业等特色小镇，引领带动全市小城镇建设。

4. 在洛阳市人民政府发布的《关于开展全市特色小镇培育工作的实施意见》中，培育步骤是什么？

此次特色小镇培育工作，将按照"宽进严定、分批审核、验收命名"的步骤推进规划和建设等工作。

2016 年起至 2020 年年底，洛阳市将利用 4 年左右时间，分 4 个阶段、3 个批次完成全市 10 个特色小镇的培育工作。其中，第一批为示范引领类，将在整合相关资源的基础上精心筛选、重点培养；第二批、第三批为具体指导类，将视情况予以具体指导。

按照规划，市级特色小镇原则上每年集中申报一次，每批次培育期为 2 年至 3 年。列入市级培育名单的特色小镇，将实行年度动态考核，年度考核合格的特色小镇，兑现相应扶持政策；未完成年度目标任务的，不享受本年度扶持政策；累计两年未完成年度目标任务的，退出市级特色小镇培育名单。

5. 在洛阳市人民政府发布的《关于开展全市特色小镇培育工作的实施意见》中，申报工作的 4 个阶段是什么？

一是申报论证、确定名单阶段。各县（市）区政府原则上每批次申报数量不超过 4 个，市有关部门组织相关专家进行调研论证。

二是制订方案、编制规划阶段。纳入市级培育名单的特色小镇，将由所在县（市）区政府负责制订建设实施方案，编制特色小镇建设规划，明确特色小镇的规划建设范围、产业定位等。

三是分类指导、分批实施阶段。市有关部门将根据每个特色小镇功能定位，统筹衔接各类规划，着力打造有产业链、投资链、创新链等要素支撑的特色小镇。

四是考核验收、总结交流阶段。培育阶段结束后，市有关部门将考核验收，通过考核验收的将命名为"洛阳市特色小镇"。首次未通过验收的，一年内可申请一次复验。

232

6. 在郑州市人民政府发布的《关于开展特色小镇培育工作的意见》中，指导思想是什么？

全面贯彻党的十八大和十八届三中、四中、五中、六中全会以及中央、省、市城市工作会议精神，牢固树立和贯彻落实创新、协调、绿色、开放、共享的发展理念，因地制宜，突出特色，创新理念，在全市培育一批特色产业鲜明、公共服务完善、人文气息浓厚、生态环境优美、幸福感受强烈、示范效应明显的特色小镇，为全市新型城镇化开辟新的空间。

7. 在郑州市人民政府发布的《关于开展特色小镇培育工作的意见》中，基本原则是什么？

规划引领、创新发展。坚持高标准规划，按照节约集约发展、多规融合的要求，充分利用现有资源环境优势，秉持宜居宜业的发展理念，既有现代化的办公环境，又有宜人的自然生态环境，突出"一镇一景"，防止"千镇一面"，合理规划产业、生活、生态等空间布局。加大体制机制改革力度，创新发展理念，创新发展模式，创新规划建设管理，创新社会服务管理。

产业为基、突出特色。充分结合当地经济社会发展实际，遵循"产业跟着功能走，人口跟着产业走，建设用地跟着产业和人口走"的理念，突出发展重点和产业特色，传承传统文化，注重生态环境保护，完善基础设施和公共服务设施，打造具有持续竞争力和可持续发展特征的独特产业形态。

政府引导、市场主体。在规划编制、产业准入、项目审核、资源要素保障、基础设施配套、生态环境保护及文化内涵挖掘传承等方面加强政府引导服务保障。尊重市场规律，充分发挥市场主体作用，按照"主题＋专家＋产业＋项目＋企业"的思路稳步推进，鼓励社会资本投入到特色小镇建设中，依托企业与企业间的相互联系以及众筹模式等手段，带动相关企业介入，以产业发展为重点，依据产业发展确定建设规模。

8. 在郑州市人民政府发布的《关于开展特色小镇培育工作的意见》中，工作目标是什么？

2017 年起，每年有重点选择特色小镇培育试点对象。每个小镇培育期 3 年，稳固期 2 年。到 2020 年，全市培育 15 个左右各具特色、富有活力的休闲旅游、商贸物流、现代制造、教育科技、传统文化、美丽宜居等特色小镇。

9. 在郑州市人民政府发布的《关于开展特色小镇培育工作的意见》中，建设标准是什么？

（1）特色鲜明的产业形态

产业定位精准，特色鲜明，战略性产业、传统产业、现代农业等发展良好、前景可观。产业向做特、做精、做强发展，新兴产业成长快，传统产业改造升级效果明显，充分利用"互联网＋"等新兴手段，推动产业链向研发、营销延伸。产业发展环境良好，产业、投资、人才、服务等要素集聚度较高。通过产业发展，小镇吸纳周边农村剩余劳动力就业的能力明显增强，带动农村发展效果明显。

（2）和谐宜居的美丽环境

空间布局与周边自然环境相协调，整体格局和建筑风貌具有典型特征，路网自然合理，建筑高度和密度适宜。居住区开放融合，提倡街区制布局，住房舒适美观。建筑彰显传统文化和地域特色。公园绿地贴近生活、贴近工作。店铺布局有管控。镇区环境优美，干净整洁。土地利用集约节约，小镇建设与产业发展同步协调。

（3）彰显特色的传统文化

传统文化得到充分挖掘、整理、记录，历史文化遗存得到良好保护和利用，非物质文化遗产活态传承，形成独特的文化标识，与产业融合发展。优秀传统文化在经济发展和社会管理中得到充分弘扬。公共文化传播方式方法丰富有效。居民思想道德和文化素质较高。

（4）便捷完善的设施服务

基础设施完善，自来水符合卫生标准，生活污水全面收集并达标排放，垃圾无害化处理，道路交通停车设施完善便捷，绿化覆盖率较高，防洪、排涝、消防等各类防灾设施符合标准。公共服务设施完善、服务质量较高，教育、医疗、文化、商业等服务全覆盖。

（5）充满活力的体制机制

发展理念有创新，经济发展模式有创新，规划建设管理有创新，鼓励多规协调，建设规划与土地利用规划合一，社会管理服务有创新。支持政策有创新，镇村融合发展有创新，体制机制建设促进小镇健康发展，激发内生动力。

10. 在郑州市人民政府发布的《关于开展特色小镇培育工作的意见》中，有什么政策支持？

一是土地保障政策。根据调研座谈及征求国土部门和各县市、乡镇意见，提出市区及开发区内列入市级培育对象的特色小镇每年安排不少于 100 亩新增建设用地专项指标，根据特色小镇项目规划实施情况，专项用于支持特色小镇建设。对完成年度建设目标任务并考核合格的，额外给予其上一年度新增建设用地专项指标 50% 的奖励。使用城乡建设用地增减挂钩指标的，周转指标县域内统一调剂解决，这一政策比较切合郑州市特色小镇发展的实际土地指标需要。建议县市在特色小镇土地政策方面参照以上标准。

二是财税支持政策。根据调研情况来看，目前郑州市特色小镇建设面临的主要问题：（1）基础设施建设不完善，开发建设速度缓慢；（2）政府引导资金不足，对社会资金的吸引能力不足，社会资金参与的积极性不高。

市级特色小镇在 3 年创建期间及验收命名后两年内，对其规划空间范围内新增财政收入进行专项结算，市、县两级收入按照前 3 年全额、后 2 年 50% 的标准返还特色小镇所在地方财政。市财政每年安排 2 亿元专项扶持资金（5 年共 10 亿元），主要用于对市级试点特色小镇基础设施和公共服务配套建设项目实施奖补，并根据实际完成投资额比例兑现奖补资金，资金奖补期限为 5 年（培育期 3 年，命名后 2 年）。前两年试点数量少，但各试点小镇投入力度大，因此奖补力度也大，也更能激发各县（市、区）加快推进特色小镇培育工作的积极性，同时撬动社会资本参与特色小镇建设的积极性，以此带动郑州市特色小镇的建设发展，从而发挥特色小镇在促进郑州市产业转型升级和农村人口就近就业及就地城镇化方面的功能。

1. 浙江省出台何种政策支持特色小镇发展？

2015.4.7	台州市人民政府办公室《关于确定市级特色小镇培育名单的通知》
2015.4.22	浙江省人民政府《关于加快特色小镇规划建设的指导意见》
2015.7.7	绍兴市人民政府《关于加快特色小镇培育建设的指导意见》
2015.7.21	台州市人民政府《关于加快特色小镇规划建设的实施意见》
2015.7.21	台州市人民政府办公室《关于公布第一批市级特色小镇创建名单的通知》
2015.8.5	温州市人民政府《关于加快特色小镇规划建设的实施意见》
2015.8.27	金华市人民政府《关于加快特色小镇规划建设工作的实施意见》
2015.9.25	杭州市人民政府《关于加快特色小镇规划建设的实施意见》
2015.10.31	衢州市人民政府《关于加快推进特色小镇培

育建设的实施意见》

2015.12.8	嘉兴市人民政府《关于加快市级特色小镇规划建设的指导意见的通知》
2016.3.6	温州市人民政府办公室《关于公布第一批市级特色小镇创建名单的通知》
2016.3.10	嘉兴市人民政府办公室《关于印发 2016 年嘉兴市特色小镇与小城市培育试点镇建设工作要点的通知》
2016.3.16	浙江省人民政府办公厅《关于高质量加快推进特色小镇建设的通知》
2016.5.9	浙江省科学技术厅《关于发挥科技创新作用推进浙江特色小镇建设的意见》
2016.8.1	台州市人民政府办公室《关于公布第二批市级特色小镇创建名单的通知》
2016.8.16	温州市人民政府办公室《关于印发温州市特色小镇规划建设三年行动计划（2016—2018 年）的通知》
2016.10.25	宁波市人民政府办公厅《关于进一步加快特色小镇创建工作的通知》
2017.7.31	浙江省人民政府《关于命名首批省级特色小镇的通知》

238

2. 在浙江省人民政府发布的《关于加快特色小镇规划建设的指导意见》中，对特色小镇建设有何产业定位？

特色小镇要聚焦信息经济、环保、健康、旅游、时尚、金融、高端装备制造支撑我省未来发展的七大产业，兼顾茶叶、丝绸、黄酒、中药、青瓷、木雕、根雕、石雕、文房等历史经典产业，坚持产业、文化、旅游"三位一体"和生产、生活、生态融合发展。每个历史经典产业原则上只规划建设一个特色小镇。根据每个特色小镇功能定位实行分类指导。

3. 在浙江省人民政府发布的《关于加快特色小镇规划建设的指导意见》中，对特色小镇规划引领有何说明？

特色小镇规划面积一般控制在 3 平方公里左右，建设面积一般控制在 1 平方公里左右。特色小镇原则上 3 年内要完成固定资产投资 50 亿元左右（不含住宅和商业综合体项目），金融、科技创新、旅游、历史经典产业类特色小镇投资额可适当放宽，淳安等 26 个加快发展县（市、区）可放宽到 5 年。所有特色小镇要建设成为 3A 级以上景区，旅游产业类特色小镇要按 5A 级景区标准建设。支持各地以特色小镇理念改造提升产业集聚区和各类开发区（园区）的特色产业。

4. 在浙江省人民政府发布的《关于加快特色小镇规划建设的指导意见》中，对特色小镇建设支持何种运作方式？

特色小镇建设要坚持政府引导、企业主体、市场化运作，既凸显企业主体地位，充分发挥市场在资源配置中的决定性作用，又加强政府引导和服务保障，在规划编制、基础设施配套、资源要素保障、文化内涵挖掘传承、生态环境保护等方面更好发挥作用。每个特色小镇要明确投资建设主体，由企业为主推进项目建设。

5. 在浙江省人民政府发布的《关于加快特色小镇规划建设的指导意见》中，对特色小镇建设有何政策措施支持？

（1）土地要素保障

各地要结合土地利用总体规划调整完善工作，将特色小镇建设用地纳入城镇建设用地扩展边界内。特色小镇建设要按照节约集约用地的要求，充分利用低丘缓坡、滩涂资源和存量建设用地。确需新增建设用地的，由各地先行办理农用地转用及供地手续，对如期完成年度规划目标任务的，省里按实际使用指标的 50% 给予配套奖励，其中信息经济、环保、高端装备制造等产业类特色小镇按 60% 给予配套奖励；对 3 年内未达到规划目标任务的，加倍倒扣省奖励的用地指标。

（2）财政支持

特色小镇在创建期间及验收命名后，其规划空间范围内的新增财政收入上交省财政部分，前 3 年全额返还、后 2 年返还一半给当地财政。

6. 在浙江省人民政府发布的《关于加快特色小镇规划建设的指导意见》中，对特色小镇建设的组织领导方面有何说明？

（1）建立协调机制

加强对特色小镇规划建设工作的组织领导和统筹协调，建立省特色小镇规划建设工作联席会议制度，常务副省长担任召集人，省政府秘书长担任副召集人，省委宣传部、省发改委、省经信委、省科技厅、省财政厅、省国土资源厅、省建设厅、省商务厅、省文化厅、省统计局、省旅游局、省政府研究室、省金融办等单位负责人为成员。联席会议办公室设在省发改委，承担联席会议日常工作。

（2）推进责任落实

各县（市、区）是特色小镇培育创建的责任主体，要建立实施推进工作机制，搞好规划建设，加强组织协调，确保各项工作按照时间节点和计划要求规范有序推进，不断取得实效。

（3）加强动态监测

各地要按季度向省特色小镇规划建设工作联席会议办公室报送纳入省重点培育名单的特色小镇创建工作进展和形象进度情况，省里在一定范围内进行通报。

7. 在浙江省人民政府办公厅发布的《关于高质量加快推进特色小镇建设的通知》中，有何事项说明？

（1）强化政策措施落实

严格贯彻执行《浙江省人民政府关于加快特色小镇规划建设的指导意见》（浙政发〔2015〕8号）明确的有关政策措施。各市和省特色小镇规划建设工作联席会议成员单位应进一步制定完善具体的支持政策。适时对政策有关落实情况开展专项检查，确保有关政策措施落实到位。

（2）发挥典型示范作用

进一步加大工作推进力度，着力推动建设一批产业高端、特色鲜明、机制创新、具有典型示范意义的高质量特色小镇，力争每个市都有示范性小镇、每个重点行业都有标杆性小镇。对在全省具有示范性的特色小镇，省给予一定的用地指标奖励，省产业基金及区域基金要积极与相关市县合作设立专项子基金给予支持。

（3）引导高端要素集聚

充分整合利用已有资源，积极运用各类平台，加快推动人才、资金、技术向特色小镇集聚。省级有关行业主管部门应充分利用行业优势，积极推荐行业领军人物参与特色小镇建设，推动最新技术在特色小镇推广应用。鼓励指导有条件的特色小镇召开区域性、全国性乃至全球性的行业大会。加强招商引资，依托浙洽会、浙商大会等平台，开展特色小镇推介活动，吸引骨干企业、优质项目落户特色小镇。

（4）开展"比学赶超"活动

建立健全特色小镇创建对象长效交流机制，分行业、分区域、分主题组织开展"比学赶超"现场推进会。围绕特色小镇的建设速度、产业高度、创新力度和特色亮度，加强各地、各特色小镇之间的交流、互鉴，营造互比互学、你追我赶的良好氛围。

（5）加强统计监测分析

省统计主管部门要完善特色小镇统计监测制度，加强指导和培训，会同有关部门开展统计监测工作检查和数据质量核查。各县（市、区）政府要建立健全特色小镇统计工作机制，明确部门职责分工，夯实特色小镇统计基础，确保统计数据质量。建立特色小镇统计监测数据共享机制。

（6）完善动态调整机制

坚持宽进严定的创建制，高质量推进特色小镇规划建设。严格执行年度考核和验收命名制度，对不符合"三生融合"（生产、生态、生活）、"四位一体"（产业、文化、旅游和一定社区功能）等内涵特征、有效投资带动作用弱、新开工建设项目少、新增税收等预期成效差的特色小镇创建单位予以调整，对原奖励或预支的新增建设用地计划指标予以扣回。

（7）做好舆论宣传引导

积极发挥省内主流媒体阵地作用，加强与中央媒体的对接联络，创造条件开展灵活多样、经常性的宣传报道，全面展现特色小镇工作亮点。要认真总结特色小镇建设的创新实践，挖掘好亮点，提供好素材，并以此为契机查找特色小镇规划建设中的短板，制定改进举措，尽快补齐补好短板，增创新优势。

1. 甘肃省出台何种政策支持特色小镇发展？

2016.7.27　　　　甘肃省人民政府办公厅《关于推进特色小镇建设的指导意见》

2. 在甘肃省人民政府办公厅发布的《关于推进特色小镇建设的指导意见》中，特色小镇的建设目标是什么？

特色小镇的建设目标是：坚持产业、文化、旅游"三位一体"，生产、生活、生态"三生融合"，工业化、信息化、城镇化、农业现代化"四化驱动"，项目、资金、人才、管理"四方落实"的要求，坚持以人为本、公平共享，科学规划、产业集聚，生态文明、绿色低碳，文化传承、彰显特色，政府引导、市场运作，统筹协调、分类指导的原则，围绕不同区域的产业发展、自然风貌、文化风俗和资源禀赋，按照"一镇一业""一镇一品"的要求，切实做好创建工作，力争通过 3 年的努力，在全省范围内初步建成一批特色鲜明、绿色低碳、功能完善、产业集聚、开放包容、机制灵活、示范效应明显的特色小镇。

特色小镇均要建设成为 3A 级以上旅游景区，其中旅游产业类特色小镇要按 5A 级旅游景区标准建设。支持各地以特色小镇理念改造提升产业集聚区和各类开发区（园区）的特色产业。

3. 在甘肃省人民政府办公厅发布的《关于推进特色小镇建设的指导意见》中，特色小镇的实施步骤是什么？

全省推进特色小镇建设工作从 2016 年 7 月至 2018 年底，用 3 年时间分 4 个阶段进行。

第一阶段（2016 年 7 月）：调研论证，确定名单。在县市区政府自愿申报、各行业主管部门和市州政府充分调研论证的基础上，确定重点特色小镇创建名单。各市州政府可结合当地实际，确定市州特色小镇创建名单先行培育。

第二阶段（2016 年 8~10 月）：制订方案，编制规划。纳入重点特色小镇创建名单的县市区政府负责制订特色小镇建设实施方案，编制特色小镇建设规划，明确特色小镇的规划建设范围、产业定位、投资主体、投资规模、项目建设计划，以及规划范围约 3 平方公里控制性详细规划和核心区约 1 平方公里的城市设计。

第三阶段（2016 年 11 月~2018 年 9 月）：分类指导，分步实施。根据每个特色小镇功能定位，统筹衔接各类规划，突出规划引领作用，落实建设项目，培育特色产业，以优质项目的实施推动产业转型升级，着力打造集产业链、投资链、创新链、人才链、服务链等要素支撑的特色小镇。

第四阶段（2018 年 10~12 月）：总结验收，交流提升。各地全面总结特色小镇建设与管理等方面的做法和经验，探索建立特色小镇建设与监管的长效机制。组织力量对重点建设的特色小镇进行综合评定，交流推广创建工作经验。

4. 在甘肃省人民政府办公厅发布的《关于推进特色小镇建设的指导意见》中，特色小镇的创建要求是什么？

（1）绿色低碳，生态良好。围绕绿色、循环、低碳发展理念，确定特色小镇绿色发展战略，因地制宜开发应用清洁能源和可再生能源，大力发展绿色建筑和低碳、便捷的交通体系，划定绿化建设用地，控制绿色指标，提高供排水、供热、供气、环境保护、智能化管理的基础设施建设水平，促进特色小镇绿色、低碳、集约、智能、可持续发展。

（2）风貌优美，功能完善。在尊重小镇自然生态、历史文化遗存的基础上，按照城市设计的理念和方法，对特色小镇的风貌特色、产业发展、空间布局进行科学规划。坚持人与自然和谐共生，注重借景山水、巧用田园、就地取材，体现纯朴的乡村特色。坚持地域人文特色，把传统文化和风土人情融入"山、水、村"中，真正体现出"望得见山，看得见水，记得住乡愁"的小镇魅力。坚持科学管控，规划创新，塑造出特色鲜明、色彩协调、风貌优美的小镇形象。坚持合理配套，做到基础设施、公共服务、旅游交通、产业发展、生态环境等布局完善，教育养老、医疗卫生、住房就业等各项保障措施到位，提升特色小镇综合服务功能。

（3）产业集聚，特色鲜明。以特色产业的提升发展为核心，结合资源禀赋和发展基础，根据不同发展阶段、地域特征、资源优势，找准特色、凸显特色、放大特色、做足特色，紧扣适合当地实际的特色富民产业，注重聚焦旅游、文化、生态、健康、现代服务五大产业和中药材、民俗风情、特色农产品加工等传统产业，着力培育建设特色产业集群，推动产业向特色小镇集聚，形成具有市场竞争力和可持续发展产业体系的特色小镇。

（4）机制高效，体制创新。坚持政府引导、企业主体、市场化运作的方式，创新投资支持机制、健全高效管理机制、规范完善激励机制，着力打造集产业链、投资链、创新链、人才链、服务链等要素支撑的众创生态系统。通过政策扶持、品牌创新、人才支撑，全力推进产业科学集聚、资源有效整合，走出一条创新发展之路、人才创业之路，从而促进大众创业万众创新，使特色小镇成为农村有志之士施展才华的广阔舞台。

5. 在甘肃省人民政府办公厅发布的《关于推进特色小镇建设的指导意见》中，特色小镇的保障措施是什么？

（1）加强组织领导。特色小镇创建工作纳入全省新型城镇化试点工作范围，在全省推进新型城镇化试点工作领导小组领导下开展工作，并增补省供销合作社、省城乡发展投资集团为成员单位。各成员单位要充分发挥职能作用，加强工作指导，加大支持力度，全力推进特色小镇创建工作。市州政府负责指导督促本地特色小镇的创建工作，县市区政府为特色小镇创建的责任主体，镇政府为特色小镇创建的实施主体。各级要切实加强组织领导，制订特色小镇实施方案，抓紧编制规划，明确职责任务，确保特色小镇建设工作有序开展。

（2）加强规划统筹。特色小镇在创建初期要重视特色产业的科学定位，按照"多规合一"的理念统筹编制特色小镇建设规划，充分衔接产业、生态、空间、文化、旅游等专项规划内容，合理确定特色小镇的产业发展及空间布局、建设用地规模、基础设施和公共服务设施配置等重要内容，做到定位科学、目标清晰、特色鲜明、布局合理、功能完善。

（3）加强用地保障。各地要结合土地利用总体规划调整特色小镇建设用地指标，提高特色小镇土地节约集约利用水平，把特色小镇的用地纳入城镇建设用地指标范围。要加快农村土地流转力度，探索农村宅基地自愿有偿退出机制，推行特色小镇土地管理创新，突出保障特色小镇建设用地指标。

（4）加强财政支持。省级财政采取整合部门资金的办法对特色小镇建设给予支持。同时采取"以奖代补"的方式，对按期完成任务，通过考评验收的特色小镇给予一定的奖补资金。特色小镇所在县级政府要将特色小镇建设用地的租赁收入以及小城镇基础设施配套费等资金，专项用于特色小镇基础设施建设。各地要积极研究制定具体政策措施，整合优化资源，对特色小镇规划建设给予支持。

（5）加强金融支持。充分发挥信贷和投融资平台作用，引导金融机构大力支持特色小镇建设，鼓励省、市、县各级投融资平台创新融资方式，多渠道筹集特色小镇建设资金。建立市场化运作机制，采取TOT（转让经营权）、BOT（建设—经营—转交）等PPP（政府与社会资本合作）项目融资模式，引导社会资本在更大范围参与特色小镇建设。

（6）加强资源整合。充分发挥政府投资的引领带动作用，多方整合资金，创新投入方式，对特色小镇建设的重点项目给予支持。省新型城镇化试点工作领导小组各成员单位，按照职责分工，围绕特色小镇创建工作目标，每年在编制部门专项资金预算时，重点向特色小镇倾斜。对涉及特色小镇建设的文化、旅游、产业、基础设施、小镇风貌等项目，充分利用新型城镇化试点、华夏文明传承创新区建设、丝绸之路经济带建设、生态环境建设与发展循环经济、精准扶贫和易地搬迁、改善农村人居环境和美丽乡村建设的成果，编制特色小镇建设项目清单，优先对列入特色小镇建设的项目给予重点支持。

（7）加强舆论宣传。各地要大力宣传特色小镇建设中的好经验、好典型和新思路、新举措，强化示范带动效应，凝聚社会共识，使特色小镇建设成为全社会高度重视、广泛参与的共同行动，为特色小镇建设工作营造良好氛围。省政府每年召开一次全省特色小镇工作经验交流会，及时总结推广经验，充分发挥典型的示范带动作用，推动全省特色小镇建设不断向纵深发展。

（8）加强考核考评。按照分级负责的原则，建立健全特色小镇建设工作考核评价机制。各市州要切实加强对特色小镇创建工作的监督检查指导，纳入创建名单的各县市区和乡镇要切实加强组织实施工作，及时了解工作进展情况，研究解决存在问题，确保特色小镇建设工作正常开展。省推进新型城镇化试点工作领导小组定期对特色小镇建设的进展情况开展督查，每年对特色小镇创建工作进行一次综合考评。考评实行政府绩效第三方评估机制，评估结果作为省级财政以奖代补的重要依据。

6. 在甘肃省人民政府办公厅发布的《关于推进特色小镇建设的指导意见》中，重点创建的特色小镇有几个？分别是哪些？

一共 18 个，分别是定西市通渭县平襄书画小镇、临夏州和政县松鸣冰雪运动小镇、武威市凉州区清源葡萄酒小镇、天水市麦积区甘泉民俗风情小镇、张掖市临泽县倪家营七彩丹霞小镇、定西市临洮县洮阳马家窑洮砚小镇、兰州市西固区河口黄河风情小镇、平凉市崆峒区崆峒养生休闲小镇、酒泉市肃州区酒泉玉文化小镇、兰州市榆中县青城历史文化小镇、定西市陇西县首阳中药材小镇、陇南市康县阳坝生态度假小镇、白银市景泰县黄河石林小镇、陇南市成县西狭颂文化养生小镇、兰州市皋兰县什川梨园小镇、庆阳市华池县南梁红色旅游小镇、甘南州夏河县拉卜楞民族风情小镇、金昌市金川区双湾香草小镇。

7. 甘肃省住建厅、财政厅和发改委共同转发了《住房城乡建设部 国家发展改革委 财政部关于开展特色小镇培育工作的通知》，对特色小镇的建设提出了什么意见？

（1）高度重视特色小镇培育工作，各级城乡建设、发展改革、财政部门务必高度重视，结合当地实际，制订工作方案，加强组织领导，完善体制机制，提出支持保障措施，统筹安排并组织推进，

250

切实按照要求做好培育工作。

（2）准确把握特色小镇培育原则，各地要按照以人为本、公平共享，科学规划、产业集聚，生态文明、绿色低碳，文化传承、彰显特色，政府引导、市场运作，统筹协调、分类指导的原则，围绕不同区域的产业发展、自然风貌、文化风俗和资源禀赋，找准特色、凸显特色、放大特色、做足特色，突出"一镇一业""一镇一品"，紧扣适合当地实际的特色富民产业，注重聚焦旅游、文化、生态、健康、现代服务五大产业和中药材、民俗风情、特色农产品加工等传统产业，着力培育建设特色产业集群，推动产业向特色小镇集聚，形成具有市场竞争力和可持续发展产业体系的特色小镇。可对当地产业集聚区和各类开发区（园区）以特色小镇理念进行改造提升后加以培育。

（3）积极开展特色小镇培育建设，全省将重点培育建设一批特色鲜明、绿色低碳、功能完善、产业集聚、开放包容、机制灵活、示范效应明显的特色小镇。各市州可结合当地实际，确定市州特色小镇培育名单先行培育，待条件具备后可申请纳入全省特色小镇创建名单，省建设厅将会同省发改委、省财政厅从全省特色小镇创建名单中择优推荐申报全国特色小镇。

1. 广东省出台何种政策支持特色小镇发展？

2016.7.21	广东省发展和改革委员会《关于建立省特色小镇建设工作联席会议制度的通知》
2017.1.23	中山市人民政府《关于印发中山市第一批市级特色小镇创建名单的通知》
2017.3.2	广东省发展和改革委员会《关于安排粤东西北地区发展改革部门省级特色小镇创建工作费用的通知》

2. 在广东省发展和改革委员会发布的《关于安排粤东西北地区发展改革部门省级特色小镇创建工作费用的通知》中，工作费用如何安排？

为扎实开展省级特色小镇创建工作，根据省人大十二届五次会议批准的 2017 年省级支出预算，经研究，从 2017 年省级财政预算内基建统筹资金中安排中 1200 万元，专项用于粤东西北地区发展改革部门开展省级特色小镇创建工作，12 个地市，每市 100 万元。

3. 在广东省发展和改革委员会发布的《关于建立省特色小镇建设工作联席会议制度的通知》中，会议的主要职责是什么？

（1）贯彻落实国家、省关于推进新型城镇化的工作部署，统筹协调全省特色小镇建设工作，指导各地、各有关部门推进特色小镇创建工作。

（2）研究出台促进特色小镇建设的重大政策措施，审议全省特色小镇规划建设指导意见、创建导则等重要文件。

（3）审议候选特色小镇的发展规划、政策措施、重大项目布局，以及其他重要事项，研究提出拟公布的全省特色小镇名单报省政府审定。

（4）建立特色小镇规划建设协调机制、考核评价机制与动态调整机制，加强对特色小镇建设工作的指导、监督、评估和考核，协调解决特色小镇规划建设过程中遇到的重大问题。

（5）组织召开特色小镇创建现场会和专题工作会议，总结推广特色小镇规划建设经验，及时向省委、省政府报告有关工作进展情况。

（6）完成省委、省政府交办的其他事项。

4. 在广东省发展和改革委员会发布的《关于建立省特色小镇建设工作联席会议制度的通知》中，会议的工作规则是什么？

联席会议根据工作需要定期或不定期召开会议，由召集人主持或由召集人委托有关负责人主持。联席会议可根据工作需要，邀请非联席会议成员单位参加会议。联席会议以会议纪要形式明确会议议定事项，经与会成员同意并由召集人签发后印发。重大事项及时向省委、省政府报告。

5. 在广东省发展和改革委员会发布的《关于建立省特色小镇建设工作联席会议制度的通知》中，会议的工作要求是什么？

各成员单位要按照职责分工，互通信息、密切配合、相互支持、形成合力，认真落实联席会议议定事项，充分发挥联席会议的作用。要积极研究制定各领域推进特色小镇建设的具体支持政策和实施细则，及时指导和帮助解决特色小镇建设中的相关问题。

6. 在中山市人民政府发布的《关于印发中山市第一批市级特色小镇创建名单的通知》中，有几个特色小镇？分别是哪些？

一共 18 个。分别是小榄镇（菊城智谷小镇）、大涌镇（中国红木文化旅游特色小镇）、南朗镇 [翠亨旅游小镇（融合中国音乐特色小镇）]、古镇镇（古镇灯饰特色小镇）、火炬开发区（火炬智慧健康小镇）、港口镇（广东游戏游艺文化小镇）、石岐区（互联网＋智能制造大数据产业小镇）、东区（金钟湖体育健康小镇）、南头镇（中国品牌家电特色小镇）、三乡镇（温泉小镇）、东升镇（中国棒球小镇）、南朗镇（华南中医药健康小镇）、沙溪镇（时尚服装小镇）、板芙镇（板芙小镇）、五桂山（长命水沉香小镇）、东区（三溪古屋文创小镇）、三角镇（迪茵湖小镇）、民众镇（民众岭南水乡休闲旅游特色小镇）。

山东 >>>

1. 山东省出台何种政策支持特色小镇发展？

| 2016.9.1 | 山东省人民政府办公厅《山东省创建特色小镇实施方案的通知》 |
| 2017.3.27 | 山东省发展和改革委员会《关于开展山东省服务业特色小镇试点工作的通知》 |

2. 在山东省人民政府办公厅发布的《山东省创建特色小镇实施方案》中，特色小镇的创建目标是什么？

特色小镇是区别于行政区划单元和产业园区，具有明确产业定位、文化内涵、旅游特色和一定社区功能的发展空间平台。到2020年，创建100个左右产业上"特而强"、机制上"新而活"、功能上"聚而合"、形态上"精而美"的特色小镇，成为创新创业高地、产业投资洼地、休闲养生福地、观光旅游胜地，打造区域经济新的增长极。

3. 在山东省人民政府办公厅发布的《山东省创建特色小镇实施方案》中，特色小镇的创建标准是什么？

（1）定位明确，特色突出。以产业为基础，一业为主，多元发展，特色突出。

（2）以产兴城，以城兴业。围绕打造创新创业载体，做大做强主导产业，就业岗位和税收有较大增长，主导产业税收占特色小镇税收总量的70%以上。

（3）产城融合，功能配套。优化功能布局，集聚大批工商户、中小企业、中高级人才，实现产业、文化、旅游和社区有机结合，实现生产、生态、生活融合发展。

（4）规模集聚，品牌示范。主导产业在行业内有较大影响力，特色产业和品牌具有核心竞争力，在全省或全国有较大知名度。

（5）宜居宜游，生态优美。人文气息浓厚，旅游特色鲜明，每年接待一定数量游客，达到省级特色景观旅游名镇标准，其中旅游类小镇达到国家级特色景观旅游名镇标准。

4. 在山东省人民政府办公厅发布的《山东省创建特色小镇实施方案》中，特色小镇的创建内容是什么？

（1）明确产业定位

尊重经济规律，按照一镇一业、一镇一品要求，因势利导，突出主导产业，拉长产业链条，壮大产业集群，提升产业层次，做大做强特色经济。聚集人才，培育海洋开发、信息技术、高端装备、电子商务、节能环保、金融等新兴产业；挖掘资源禀赋，发展旅游观光、文化创意、现代农业、环保家具等绿色产业；依托原有基础，优化造纸、酿造、纺织等传统产业。

（2）科学规划布局

特色小镇规划符合城镇总体规划，并与经济社会发展、土地利用、生态环境保护、历史文化保护、旅游发展等相关专业规划有效衔接。规划面积一般控制在 3 平方公里左右，起步阶段建设面积一般控制在 1 平方公里左右。将城市设计贯穿特色小镇规划建设全过程，塑造特色风貌。

（3）增加有效投资

原则上 5 年完成固定资产投资 30 亿元以上，每年完成投资不少于 6 亿元。西部经济隆起带的特色小镇和信息技术、金融、旅游休闲、文化创意、农副产品加工等产业特色小镇的固定资产投资额不低于 20 亿元，每年完成投资不少于 4 亿元。

（4）完善功能配置

高标准配套建设基础设施和教育、医疗等公共服务设施。建设具有创业创新、公共服务、商贸信息、文化展示、旅游信息咨询、产品交易和信息管理等功能的综合服务平台，积极应用现代信息技术，实现公共 Wi-Fi 和数字化管理全覆盖。

（5）创新运营方式

发挥政府服务职能，积极做好规划编制设计、基础设施配套、资源要素保障、文化内涵挖掘传承、生态环境保护等工作；发挥市场在资源配置中的决定性作用，以企业为主推进项目建设；发挥第三方机构作用，为入驻企业提供电子商务、软件研发、产品推广、技术孵化、市场融资等服务，将特色小镇打造为新型众创平台。

5. 在山东省人民政府办公厅发布的《山东省创建特色小镇实施方案》中，特色小镇的创建程序是什么？

（1）自愿申报

特色小镇申报每年组织1次，按照创建内容，凡具备创建条件的均可申报。凡列入新生小城市和重点示范镇的不再列为特色小镇。设区市政府向省城镇化工作领导小组办公室报送书面申报材料（包括创建方案，特色小镇的建设范围、产业定位、投资主体、投资规模、建设计划、营商环境改善措施，并附概念性规划）。

（2）审核公布

省城镇化工作领导小组办公室将申报材料送省有关部门初审，并在初审基础上组织联审，根据联审结果提出建议名单分批报省政府审定后公布。

（3）年度评估

对列入创建名单的小镇，省城镇化工作领导小组办公室委托第三方评价机构进行年度评估，达到发展目标要求的兑现扶持政策。

（4）验收命名

对经过创建，达到创建内容标准要求，通过省城镇化工作领导小组办公室评价验收的，省政府命名为山东省特色小镇。

6. 在山东省人民政府办公厅发布的《山东省创建特色小镇实施方案》中，有何政策支持？

（1）用地支持

各地要结合土地利用总体规划调整完善工作，将特色小镇建设用地纳入城镇建设用地扩展边界内。特色小镇建设要按照节约集约用地的要求，充分利用低丘缓坡、滩涂资源和存量建设用地，对如期完成年度规划目标任务的，省里按实际使用指标一定比例给予奖励；对连续 2 年内未达到规划目标任务的，加倍倒扣省奖励的用地指标。各地在分配新增建设用地指标时要积极支持特色小镇创建。

（2）财政支持

从 2016 年起，省级统筹城镇化建设等资金，积极支持特色小镇创建，用于其规划设计、设施配套和公共服务平台建设等。鼓励省级城镇化投资引导基金参股子基金加大对特色小镇创建的投入力度，支持其特色产业、人才项目建设等。各地也要出台有针对性的财政支持政策，筹集相应资金予以扶持。

（3）金融支持

引导金融机构加大对特色小镇的信贷支持力度。创新融资方式，探索产业基金、股权众筹、PPP 等融资路径，加大引入社会资本的力度，用于特色小镇公共配套基础设施、公共服务平台以及创新孵化平台等项目的建设。

（4）人才支持

牢固树立人才是第一资源的理念，落实扶持创新创业政策，吸引、支持泰山学者、泰山产业领军人才、科技人员创业者、留学归国人员，积极投入特色小镇创建，运用现代新技术，开发新产品，加快特色产业转型发展、领先发展。

7. 在山东省人民政府办公厅发布的《山东省创建特色小镇实施方案》中，如何推进特色小镇创建？

（1）建立协调机制

省城镇化工作领导小组办公室负责特色小镇创建的统筹、协调工作，及时分解工作任务，落实责任单位，加大推进力度。有关部门要各司其职，研究制定有利于特色小镇创建的配套措施，在资金、土地、人才、技术、项目等方面给予支持和倾斜，要建立信息交流制度，协调互动，密切配合，形成合力。

（2）推进责任落实

各市、县（市、区）政府要科学引导特色小镇培育创建，建立工作推进机制，搞好规划建设，加强组织协调，推动技术标准应用，确保各项工作规范有序进行。特色小镇创建主体要积极作为、真抓实干，确保创建目标任务落实，不断取得实效。

（3）加强动态监管

将特色小镇创建工作推进情况，纳入新型城镇化考核。建立考核指标体系和评价制度，引入第三方评价机构，每年评价 1 次。实行动态管理制度，对第一年没有完成规划建设投资目标的，给予黄牌警告；对连续 2 年没有完成规划建设投资目标的，取消特色小镇创建资格。

（4）优化发展环境

各地要积极开辟"绿色通道"，精简审批事项，优化审批服务，提高审批效率，提升政府服务质量和服务水平，努力把特色小镇建设成"创业最佳、服务最优、环境最美、宜居宜游"的新型发展增长极。

8. 在山东省发展和改革委员会发布的《关于开展山东省服务业特色小镇试点工作的通知》中，试点范围是什么？

2017 年，拟在商贸流通、休闲旅游、文化创意、养老养生、医疗健康等服务业领域，选定一批服务业特色小镇开展试点。

9. 在山东省发展和改革委员会发布的《关于开展山东省服务业特色小镇试点工作的通知》中，试点条件标准是什么？

（1）特色小镇以企业为主体进行规划建设、运营管理，市场化运作；

（2）特色小镇已有建设方案，已编制完成发展规划，建设手续完备，已开工建设；

（3）特色小镇有传统产业基础、文化特色突出，有较好的发展基础和发展前景；小镇一业为主，相关产业融合发展，主导产业是服务业（不低于 50%）；

（4）特色小镇有健全的运营管理机构和服务平台，能为入驻小镇的商户提供全方位的良好服务；

（5）特色小镇有鲜明的品牌标识，有打造品牌规划安排，便于营销推介和宣传。

10. 在山东省发展和改革委员会发布的《关于开展山东省服务业特色小镇试点工作的通知》中，试点工作如何组织实施？

（1）试点申报。由企业自愿申请，小镇所在地发展改革委或服务业办（局）向市发展改革委或服务业办（局）申报。申报材料包括：①申请报告，②小镇发展规划，③小镇管理主体及管理机构基本情况，④小镇产业定位及发展前景，⑤品牌特色及品牌打造构想，⑥当地政府打造特色小镇的政策措施等。

（2）试点选定。各市发展改革委或服务业办（局）组织对申报特色小镇的资格审查、实地查看、专家评选等工作，择优选定试点单位。

11. 在山东省发展和改革委员会发布的《关于开展山东省服务业特色小镇试点工作的通知》中，有何扶持措施？

（1）各市选定的试点小镇向省发展改革委备案，由省发展改革委发文公布名单，由省级服务业引导资金给予一定的资金扶持。

（2）省发展改革委积极协调有关咨询机构为试点小镇提供创意、设计、咨询、人才、营销等服务。

（3）省发展改革委建立试点小镇建设和发展情况季度调度制度，及时了解发展中的困难和问题，有针对性地研究解决办法。

1. 湖南省出台何种政策支持特色小镇发展？

2017.6.29　　　　　娄底市人民政府《关于开展高速公路沿线
　　　　　　　　　　特色小镇建设试点的实施意见》

2. 在娄底市人民政府发布的《关于开展高速公路沿线特色小镇建设试点的实施意见》中，指导思想是什么？

围绕"加速转型、奋力赶超"发展战略，坚持"聚焦发展、规划引领，产业支撑、政策支持，整合资源、稳步推进"的原则，充分发挥娄底市高速公路路网密集的优势，在高速公路出入口和服务区临近区域，根据各地资源禀赋，以特色产业发展为主线，结合产业转型、脱贫攻坚、生态环境治理等重点工作开展特色小城镇建设试点，使之成为娄底市小城镇建设的示范和新的经济增长极，促进全市经济社会快速发展。

3. 在娄底市人民政府发布的《关于开展高速公路沿线特色小镇建设试点的实施意见》中，试点区域和目标是什么？

在高速公路沿线的娄星区杉（杉山镇）双（双江乡）城镇带，冷水江市禾青镇，涟源市杨市镇、桥头河镇，双峰县青（青树坪镇）三（三塘铺镇）甘（甘棠镇）城镇带、锁石镇，新化县琅塘镇、温塘镇。试点建设 8 个产业特色鲜明、人文气息浓厚、生态环境优美、多种功能叠加的特色小镇。到 2019 年底，试点乡镇（区域）建成区面积扩展 2 平方公里以上（其中建设面积达到 1 平方公里），扩展区聚集 1 万人以上，完成固定资产投资达到 20 亿元以上。

4. 在娄底市人民政府发布的《关于开展高速公路沿线特色小镇建设试点的实施意见》中，试点工作任务是什么？

（1）进行规划管控。立足高起点，着眼大发展，在市、县城市总体规划、城镇体系规划、城镇带体系规划等已有规划的基础上，由市规划局组织编制娄底市高速公路沿线特色小镇发展整体规划。根据多规合一的原则，由县市区及有关乡镇人民政府组织编制试点乡镇（区域）产业发展规划、土地利用规划、镇（乡）规划、重点地段详细规划及其他专项规划，经市规划局审核，报市人民政府审批后实施。各级各有关部门要严格执行规划，对高速公路出入口和

266

服务区临近区域实行严格规划控制，严厉查处强占乱建等违法违规行为，努力将规划蓝图变为美好现实。

（2）突出产业发展。牢固树立产城融合发展的理念，紧紧围绕产业发展主线，根据一镇一特色产业的原则和各地的资源禀赋、优势、特色，进行产业发展定位，实行差异化发展，形成产业规模，避免千镇一面和无序竞争。同时，积极承接大中城市的产业转移，强化城镇发展的产业支撑，实现经济大发展目标。

（3）提高承载能力。根据经济社会发展的需要，科学规划和建设公共设施，注重标准化配套设施建设，进一步提高综合承载能力。强化试点乡镇（区域）与高速公路、干线公路的连接，完善镇区道路网络和停车设施；加快集中供水设施建设和提质改造；加快教育、医疗卫生、文化体育、社会福利、商贸市场、就业促进、电子商务、消防和公安派出所、警务室等公共服务设施建设，健全城乡公共服务网络，实现公共服务城乡全覆盖。

（4）发掘文化功能。加强历史文化保护和传承，依法加强文物保护工作，把文化要素融入特色小镇建设全过程，培育创新文化、历史文化、山水文化、农耕文化，汇聚人文资源，打造特色小镇的文化标识。

（5）拓宽融资渠道。建立健全投融资体制和机制，用改革和创新的方法解决资金难题。各县市区人民政府要通过政府购买服务和政府与社会资本合作（PPP）等方式，通过特色产业资源吸纳各类资本，筹措试点建设资金；积极贯彻落实国家支持政策，通过城投集团等各类政府融资平台，向国家开发银行和农业发展银行等金融机构争取政策性融资贷款，加快试点乡镇（区域）基础设施和生态环境治理项目建设。

（6）优化生态环境。以保护和优化生态环境为目标，强化工业污染的预防和治理；实行污水集中处理，加快污水处理设施及配套管网建设；加快生活垃圾收集转运设施建设；大力开展植树造林，抓好园林绿化，留住绿水青山，营造优美的生态环境，让居民望得见山、看得见水。

（7）凸显建筑特色。因地制宜优化集镇房屋、街巷风格设计，统一规范建设风格、建房层数、层顶造型、外墙装饰材料和颜色、墙裙色彩，抓好房屋建筑风貌管控，打造特色风貌集镇、街区。在特色小镇建设过程中先行先试、全面推行装配式建筑。

5. 在娄底市人民政府发布的《关于开展高速公路沿线特色小镇建设试点的实施意见》中，有什么支持措施？

（1）保障用地需求。优先满足试点乡镇（区域）用地需求，新增建设用地计划及城乡建设增减挂钩用地指标予以倾斜支持。试点乡镇建设确需修改乡镇土地利用规划的，可依程序申请修改；单个项目符合规划调整规定情形的，支持调整规划。支持试点乡镇利用集体土地进行乡（镇）村公共设施和公益事业建设。在符合农村宅基地管理和相关规划的前提下，允许返乡下乡人员和当地农民合作改建自住房。试点乡镇符合条件的项目优先纳入土地综合整治范畴，对受地质灾害隐患威胁且灾害治理难度大的房屋可实施搬迁避让，按 4 万 ~5 万元 / 户标准予以补助。

（2）加大财政投入。市财政给予每个试点乡镇 5000 万元的资金支持，并归集到市城投集团建立的 20 亿元左右的特色小镇建设引导基金，市财政按固定的回报率进行补贴。各县市区要在中心城区安排 100 亩商业土地支持试点乡镇（区域）建设。支持试点范围内符合条件的建设项目打捆纳入市、县重点项目，争取国家专项建设基金、中央预算内资金和省预算资金支持。试点镇城镇资源经营收益全部归试点镇所有，城镇基础设施配套费和土地出让金扣除征收成本、相关税费和依规提取专项资金（基金）后的收益全额拨回试点镇，用于基础设施建设。整合市县两级发改、交通、住建、水利、环保、农业、林业等部门和电力等企业的支持政策和奖补资金，按照"渠道不乱、用途不变、集中使用、各负其责"的原则，对特色小镇建设给予重点支持。对按期完成规划编制任务的试点乡镇给予 50 万元的规划设计补助（市、县财政各补助 25 万元）。

（3）强化金融支持。搭建政银合作平台，进一步加大对试点乡镇（区域）项目建设的支持力度。市县两级以贴息方式支持试点乡镇发行地方政府债券，筹集建设资金。市城投集团和各县市区向国家开发银行、农业发展银行和中国建设银行等金融机构争取长期低息融资贷款，用于试点乡镇（区域）基础设施配套、产业发展和生态环境治理项目建设。

（4）鼓励创新发展。鼓励试点乡镇（区域）加大引入社会资本的力度，创新融资方式，探索产业基金、股权众筹、PPP 等融资路径，吸引多元主体参与小镇建设和发展。政府购买服务（包含 PPP 合作项目投资）支出列入政府财政预算。支持试点乡镇积极引入市城投集团及其他战略投资者，参与市政道路、供水、污水处理、垃圾治理和生态环境优化项目建设，共同开发经营产业发展项目。支持试点乡镇优先享受国家和省、市相关改革试点政策，鼓励试点乡镇先行先试符合法律法规要求的改革。

（5）突出产业扶持。加大招商引资力度，着力发展特色产业。试点乡镇（区域）产业发展享受市相关文件规定的支持政策。符合条件的项目，市级工业转型发展引导资金优先给予扶持，并优先申报省级产业转型升级相关专项资金补助和支持政策。

（6）优化发展环境。试点乡镇（区域）项目建设实行"一站式审批、一条龙服务、全程代理、限时办结"制度。建设项目行政事业性收费全免（中央、省按规定计提的除外），服务性收费参照工业项目收费标准收取。

6. 在娄底市人民政府发布的《关于开展高速公路沿线特色小镇建设试点的实施意见》中，有什么工作要求？

（1）加强组织领导。成立市高速公路沿线特色小镇建设试点工作领导小组（以下简称市领导小组，试点任务完成后自行撤销），由市人民政府市长任组长，市人民政府常务副市长、分管副市长任副组长，市人民政府相关副秘书长和有关单位主要负责人为成员。领导小组办公室设在市住建局，承担领导小组日常工作，市人民政府协管副秘书长任办公室主任，市住建局局长任办公室常务副主任。市领导小组每季度召开一次工作调度会议，每年适时召开试点工作现场推进会，及时研究和解决试点工作中的重要事项和难点问题，及时总结和推广试点经验。市城投集团、各县市区和有关乡镇要深化认识，加强领导，着力改革，创新机制，强化措施，全力推进，确保按期保质完成试点任务。

（2）落实工作职责。各县市区人民政府是试点工作的责任主体，负责试点工作的具体组织实施。试点乡镇人民政府负责落实相关具体工作。市住建局负责指导城镇基础设施配套完善和规范建房等工作。市发改委负责指导特色小镇经济社会发展、产业发展、交通基础设施建设工作，负责相关项目立项、可行性研究等审查、审批工作，参与投融资体制改革和机制创新等工作。市规划局负责指导编制和组织审批各项规划，督查落实各项规划。市国土资源局负责建设用地征用、审批工作和用地计划指标统筹安排工作，拟订和落实用地支持（优惠）政策和措施。市交通运输局负责区域公路配套建设工作和与高速公路管理部门的衔接协调工作。市财政局负责拟定和落实财政支持政策，参与投融资体制改革和机制创新等工作。市经信委负责指导产业发展工作。市农业委负责特色小镇建设与脱贫攻坚（精准扶贫）、新农村建设相结合的有关工作。市商务粮食局负责指导产业发展的招商引资工作和商业网点规划与建设工作。市旅游外事侨务局负责旅游产业发展相关工作。市环保局负责建设项目的环评审批、环境监察和环境保护项目的申报与衔接协调工作，指导特色小镇的污染防治和生态创建工作。市水利局负责与水利设施建设相关的工作。市林业局负责与林业部门相关的工作。市公安局负责人口市民化、农业人口落户城镇等相关工作。市政府金融办负责投融资相关工作。市文体广新局负责指导文化功能发掘等工作。市城投集团负责投融资具体工作及项目的实施工作。

（3）做好结合文章。各级各有关部门要整合资源，将高速公路沿线特色小镇建设与扶贫攻坚、易地扶贫搬迁、新农村建设等工作结合起来，形成工作合力，产生同步共振效应，发挥资源最佳效用。

（4）加强督查考核。试点工作纳入对各县市区和市直相关部门的年度绩效评估考核。市领导小组办公室每季度要对各县市区的相关工作开展一次督查。要牵头组织市绩效办等相关单位，对试点工作任务完成情况进行年度考核，对任务完成的县市区予以奖励，对未完成任务的县市区予以通报批评并约谈县市区政府负责人。市财政每年安排 100 万元，对优秀单位进行奖励。

（5）强化舆论宣传。各级各有关部门要充分利用各种宣传途径，加大对特色小镇建设的宣传和引导，营造良好氛围，提高群众自觉参与试点的积极性和主动性，增强各级干部群众投身、关注特色小镇的热情。

272

1. 湖北省出台何种政策支持特色小镇发展？

2016.11.19	荆门市人民政府《关于加快特色小镇建设的实施意见》
2017.6.21	武汉市城乡建设委员会《关于公布武汉市首批生态特色小镇创建名录和培育名录的通知》
2017.6.22	武汉市城乡建设委员会《关于成立武汉生态特色小镇专家组的通知》
2017.12.12	湖北省人民政府办公厅《关于印发湖北省特色小镇创建工作实施方案的通知》

2. 在荆门市人民政府发布的《关于加快特色小镇建设的实施意见》中，指导思想是什么？

全面贯彻落实党的十八大和十八届三中、四中、五中、六中全会精神，按照"五位一体"总体布局和"四个全面"战略布局，牢固树立和贯彻落实创新、协调、绿色、开放、共享的发展理念，坚持以特色为灵魂、以产业为支撑、以项目为载体、以创新为动力、以人才为保障，规划建设一批特色小镇，形成一批生产、生活、生态有机融合的重要功能平台，加快培育新的经济增长点，促进经济转型升级，推动新型城镇化建设。

3. 在荆门市人民政府发布的《关于加快特色小镇建设的实施意见》中，发展原则是什么？

功能错位、突出重点。按照各功能区定位要求，与县级城市作为人口集聚主战场的功能错位，不搞"遍地开花"，重点选择一批具有自然、制造、产业、人文等特色资源的小镇，因地制宜培育成为特色小镇，成为县级城市功能的有益补充，优化完善市域城镇体系。

市级示范、因地制宜。市级集中筛选确定一批特色小镇示范点，加强相关政策扶持，发挥引领示范作用，尽快形成可供推广的经验模式。各县（市、区）要充分发挥主动性和积极性，因地制宜培育发展一批特色小镇。

政府主导、市场主体。充分发挥市场在资源配置中的决定性作用，坚持市场化运作，凸显企业在项目投资、运营、管理等方面的主体地位。更好发挥政府作用，在规划编制、基础设施配套、资源要素保障、公共服务设施完善、文化内涵挖掘传承、生态环境保护、宣传推广等方面统筹推进。

产城融合、集约节约。依托产业集聚相应规模的人口就业、居住、旅游，不搞"空心镇"，避免"大建设"，使特色小镇成为生态优美、风貌独特、宜居宜业的风情小镇。注重发挥特色小镇在县级城市、农村人口及要素流动之间的承接传递作用，使其成为城乡联动的重要纽带。

4. 在荆门市人民政府发布的《关于加快特色小镇建设的实施意见》中，发展目标是什么？

以"特色鲜明、产业发展、绿色生态、美丽宜居"为目标，通过要素聚合、资源整合、产城融合，打造一批特色小镇成为经济增长的新引擎、创业创新的新平台、产业发展的新高地、文化传承的新载体、美丽荆门的新名片。首批重点建设漳河爱飞客小镇、太子山森林小镇、柴湖花卉小镇、彭墩长寿小镇、屈家岭中国农谷风情小镇、孙桥国宝桥米小镇、官垱双低油菜小镇、石牌豆制品小镇等特色小镇。到 2020 年，力争建成 20 个左右产业富有特色、文化独具韵味、生态充满魅力的市级特色小镇，力争建成 10 个国家级和省级特色小镇。

5. 在荆门市人民政府发布的《关于加快特色小镇建设的实施意见》中，主要任务是什么？

（1）坚持规划引领。按照节约集约发展、"多规融合"的要求，充分利用自身环境优势和存量资源，合理规划生产、生活、生态等空间布局，规划区域面积一般控制在 3 平方公里左右（旅游产业类特色小镇可适当放宽）。其中，建设用地规模一般控制在 1 平方公里左右，原则上不超过规划面积的 50%。旅游产业类特色小镇要按国家 4A 级以上旅游景区标准建设，其他特色小镇要按国家 3A 级以上旅游景区标准建设。围绕主题选址、小镇选址、功能定位、空间组织、实施计划等，科学编制特色小镇规划。

（2）培育特色产业。特色小镇要充分利用原有的小城镇建设和产业园区发展基础，聚焦产业转型升级，引导高端要素集聚，推动经济创新发展，促使传统产业提档升级、战略性新兴产业茁壮成长。大力发展生态、安全、高效农业和农产品加工，重点瞄准新一代信息技术、互联网经济、共享经济、智能制造、高端装备制造、新材料、生物与新医药、节能环保、旅游休闲、金融、体育健康、文化创意、设计咨询等战略性新兴产业，兼顾茶叶、酒类、水产品加工、纺织鞋服、小商品批发等传统特色产业及地域特色产业。各地可选择 1~2 个具有当地特色和比较优势的细分产业作为主攻方向，力争培育成为支撑特色小镇未来发展的大产业。

（3）搭建双创载体。特色小镇要把人才引进作为首要任务，把为企业构筑创新平台、集聚创新资源作为重要工作，在平台构筑、文化培育、社区建设等方面鼓励小镇内企业、社会组织、从业者等充分参与；在投资便利化、商事仲裁、负面清单管理等方面改革创新，努力培育有利于创新创业的营商环境，最大限度集聚人才、技术、资本等高端要素，建设创新创业样板，助推产业转型升级。

（4）强化项目支撑。发挥项目带动支撑作用，夯实特色小镇发展基础。新建类特色小镇原则上 3 年内完成固定资产投资 15 亿元以上（不含商品住宅和商业综合体项目），改造提升类特色小镇完成固定资产投资 10 亿元以上；省、市级扶贫开发工作重点县特色小镇原则上可放宽至 5 年，完成固定资产投资 10 亿元以上，改造提升类特色小镇完成固定资产投资 8 亿元以上，其中特色产业投资不低于 70%。互联网经济、金融、科技创新、旅游和传统特色产业类特色小镇的总投资额可适当放宽至上述标准的 80%。突出实体经济投资，防止单纯建设房地产。支持各地以特色小镇理念改造提升产业集聚区和各类开发区（园区）的特色产业。

（5）强化市场运作。坚持企业主体、政府引导、市场化运作模式，鼓励以社会资本为主投资建设，充分发挥市场在资源配置中的决定性作用。每个特色小镇均应明确投资建设主体，由企业为主推进项目建设。投资建设主体可以是国有投资公司、民营企业或混合所有制企业。各地要重点做好规划引导、基础设施配套、资源要素保障、文化内涵挖掘传承、生态环境保护、投资环境改善等工作。

（6）推动机制创新。强化城镇基础设施建设，完善居住功能和服务功能。探索特色强镇扩权的资源要素优化配置方式和体制创新改革机制，强化事权、财权、人事权和用地指标等保障，提高行政效能。

6. 在荆门市人民政府发布的《关于加快特色小镇建设的实施意见》中，创建程序是什么？

按照深化投资体制改革要求，采用"宽进严定"的创建方式推进特色小镇规划建设，务实、分批筛选创建对象。

（1）自愿申报。由县（市、区）向市特色小镇规划建设工作联席会议办公室报送创建特色小镇书面材料，制定创建方案，明确特色小镇四至范围、产业定位、投资主体、投资规模、建设计划，并附概念性规划。

（2）分批审核。根据申报创建特色小镇产业定位，坚持统分结合、分批审核，由市级相关职能部门牵头进行初审，再由市特色小镇规划建设工作联席会议办公室组织联审，并报市特色小镇规划建设工作联席会议审定后，由市政府分批公布创建名单。对各地申报创建特色小镇不平均分配名额，凡符合特色小镇内涵和质量要求的，纳入市重点培育特色小镇创建名单。

（3）年度考核。对申报审定后纳入创建名单的省、市重点培育特色小镇，建立年度考核制度，考核合格的兑现扶持政策。考核结果纳入各县（市、区）和牵头部门目标考核体系，并在市级媒体公布。对连续两年未完成年度目标考核任务的特色小镇，实行退出机制，下一年度起不再享受特色小镇相关扶持政策。

（4）验收命名。制定《荆门市特色小镇创建导则》。通过3～5年创建，对实现规划建设目标、达到特色小镇标准要求的，由市特色小镇规划建设工作联席会议办公室组织验收，通过验收的认定为市级特色小镇。

7. 在荆门市人民政府发布的《关于加快特色小镇建设的实施意见》中，有什么政策保障？

（1）强化用地保障。结合城乡规划修编和土地利用总体规划调整完善工作，优先保障特色小镇建设用地。特色小镇建设要按照节约集约用地的要求，充分利用低丘缓坡和存量建设用地。对列入省、市级创建名单的特色小镇，确需新增建设用地的，优先配置新增建设用地指标。对 3 年内未达到规划目标任务的，按一定比例扣减新增建设用地计划指标。

在不改变用地主体、规划条件的前提下，经市、县（市、区）人民政府批准，利用现有房屋和土地，兴办文化创意、科研、健康养老、工业旅游、众创空间、现代服务业、"互联网 +"等新业态的，可实行继续按原用途和土地权利类型使用土地的过渡期政策，过渡期为 5 年。过渡期满后需按新用途办理用地手续，若符合划拨用地条件的，可依法划拨供地。在符合相关规划和不改变现有工业用地用途的前提下，对工矿厂房、仓储用房进行改建及利用地下空间提高容积率的，可不再补缴土地价款差额。

（2）加强财政扶持。市级特色小镇范围内的建设项目整体打包列入年度市重点项目的，所含子项目可享受市重点项目优惠政策。对省、市级特色小镇内为服务特色产业而新设立的公共科技创新服务平台，政府给予资助。特色小镇范围内符合条件的项目，优先申报国家专项建设基金和相关专项资金，优先享受市级产业转型升级、服务业发展、互联网经济、电子商务、旅游、文化产业、创业创新等相关专项资金补助或扶持政策。市级财政融合相关小城镇及农村补助资金，对特色小镇完善生活污水处理设施、生活垃圾处理收运设施及其他基础设施建设的给予"以奖代补"。

（3）拓宽融资渠道。优先支持特色小镇向国家开发银行、中国农业发展银行等政策性银行争取长期低息融资贷款。特色小镇建设可通过转让经营权、政府和社会资本合作（PPP）、招商引资等方式，引入社会资本，发挥企业建设主体作用。

（4）强化人才支撑。特色小镇引进的各类人才优先享受市委、市政府关于人才引进所规定的各项政策，有效激发创新创造活力，切实增强人才保障和智力支撑。对特色小镇急需的高端人才、特殊人才，采取"特事特办、一事一议、一人一议"的办法，吸引有思路、有资金、有项目的高层次人才落户。

280

8. 在荆门市人民政府发布的《关于加快特色小镇建设的实施意见》中，如何组织领导？

（1）建立协调机制。为加强对特色小镇建设工作的组织领导和统筹协调，市政府建立市特色小镇规划建设工作联席会议制度，由市政府分管副市长担任召集人，市委宣传部、市委农办、市发改委、市经信委、市住建委、市科技局、市财政局、市交通运输局、市林业局、市商务局、市文体新广局、市国土资源局、市环保局、市外事侨务旅游局、市城乡规划局、市城市管理局、市政府金融办等单位负责同志为成员。联席会议办公室设在市住建委，负责联席会议日常工作。

（2）加大推进力度。各县（市、区）政府是特色小镇规划建设的责任主体，要加强组织协调，建立工作推进机制，分解落实年度目标任务，及时协调解决问题，确保按时间节点和进度要求规范有序推进。市直有关部门要根据特色小镇产业类别，结合职责分工，加强指导协调和政策扶持，支持特色小镇加快发展。各地要定期向市特色小镇规划建设工作联席会议办公室报送纳入省、市重点培育名单的特色小镇创建工作进展情况。

（3）抓好宣传推广。各地、各有关部门在创建过程中要及时宣传推广成功经验和做法。充分利用传统媒体和微博、微信、客户端等新兴媒体，加大对特色小镇建设的宣传力度，营造全社会关心支持特色小镇建设的浓厚氛围。

1. 云南省出台何种政策支持特色小镇发展？

| 2017.3.30 | 云南省人民政府《关于加快特色小镇发展的意见》 |
| 2017.4.27 | 丽江市人民政府《关于加快特色小镇发展的实施意见》 |

2. 在云南省人民政府发布的《关于加快特色小镇发展的意见》中，重要意义是什么？

特色小镇是指聚焦特色产业和新兴产业，具有鲜明的产业特色、浓厚的人文底蕴、完善的服务设施、优美的生态环境，集产业链、投资链、创新链、人才链和服务链于一体，产业、城镇、人口、文化等功能有机融合的空间发展载体和平台。加快特色小镇发展是省委、省政府贯彻落实新发展理念、适应经济发展新常态、深化供给侧结构性改革，从统领全局的高度作出的一项重大决策部署。发展特色小镇有利于推动全省经济转型升级和发展动能转换，有利于推进新型城镇化建设，有利于精准扶贫、精准脱贫，有利于推动大众创业、万众创新，有利于形成新的经济增长点，有利于引领人们生产生活方式转变和促进社会文明进步。

3. 在云南省人民政府发布的《关于加快特色小镇发展的意见》中，总体要求是什么？

（1）工作目标

按照"一年初见成效、两年基本完成、三年全面完成"的总体要求，突出重点、突出产业、突出特色，坚持因地制宜、分类指导，2017年启动全省特色小镇创建工作，鼓励在原有基础上进行提升改造，鼓励州、市、县、区结合本地实际积极培育发展特色小镇，力争通过3年的努力，到2019年，全省建成20个左右全国一流的特色小镇，建成80个左右全省一流的特色小镇，力争全省25个世居少数民族各建成1个以上特色小镇。

（2）规划引领

坚持规划先行，突出规划引领，以人为核心，以产业为支撑，高起点、高标准、宽视野，科学编制特色小镇发展总体规划、修建性详细规划，明确特色小镇的选址、投资建设运营主体、特色内涵、产业定位、建设目标、用地布局、空间组织、风貌控制、项目支撑、建设时序、资金筹措、政策措施、环境影响评价等，确保规划的科学性、前瞻性、操作性。统筹特色小镇生产、生活、生态空间布局，推动特色小镇"多规合一"。

（3）产业定位

按照"错位竞争、差异发展"的要求，瞄准产业发展新前沿，顺应消费升级新变化，紧跟科技进步新趋势，细分产业领域，明确主导产业。每个特色小镇要选择1个特色鲜明、能够引领带动产业转型升级的主导产业，培育在全国具有核心竞争力的特色产业和品牌，实现产业立镇、产业富镇、产业强镇。聚焦生命健康、信息技术、旅游休闲、文化创意、现代物流、高原特色现代农业、制造加工业等重点产业，推进重点产业加快发展；聚焦茶叶、咖啡、中药、木雕、扎染、紫陶、银器、玉石、刺绣、花卉等传统特色产业优势，推动传统特色产业焕发生机。

（4）创业创新

充分发挥特色小镇创业创新成本低、进入门槛低、发展障碍少、生态环境好的优势，打造大众创业、万众创新的有效平台和载体。营造吸引各类人才、激发企业家活力的创新环境，为初创期、中小微企业和创业者提供便利、完善的"双创"服务。全面推进众创众包众扶众筹，大力发展服务经济，集聚创业者、风投资本、孵化器等高端要素，推动新技术、新产业、新业态、新经济蓬勃发展。

（5）彰显风貌

按照"多样性、独特性、差异性"的要求，加强风貌形象设计，打造特色小镇的独特魅力。运用地方优秀传统建筑元素，营造具有地域差异的建筑风貌特色，避免盲目模仿、千镇一面。深入挖掘历史文化资源，加大历史遗迹遗存文化保护传承力度，凸显文化特色。充分发挥民族风情多样的独特优势，将民族特色打造成为特色小镇的亮丽名片。坚持人与自然和谐共生，凸显生态特色，实现特色小镇发展与生态文明建设协调统一。

（6）人口集聚

围绕人的城镇化，完善城镇功能，补齐特色小镇在道路、通信、供水、供电、公厕、污水垃圾处理等公共基础设施和教育医疗、商业娱乐、文化体育等公共服务设施方面的短板，完善防火、防汛、防涝、抗震等安防设施，提升特色小镇的综合配套服务能力，打造宜居宜业生态环境，营造便捷高效的营商环境，促进人口在特色小镇集聚。

（7）投资建设

坚持"政府引导、企业主体、群众参与、市场化运作"的原则，充分发挥市场在资源配置中的决定性作用，强化政府在规划编制、基础设施配套、公共服务提供、生态环境保护等方面的作用，吸引和撬动民间资本参与特色小镇建设。引入战略投资者，每个特色小镇必须有与投资规模相匹配的、有实力的投资建设主体。创建全国一流特色小镇的，原则上要引入世界 500 强、中国 500 强或在某一产业领域公认的领军型、旗舰型企业。

（8）运营管理

按照"小政府、大服务"工作思路，推进体制机制创新，建立以市场化为主的运营模式。通过投资建设主体自身参与运营、实行政企合作和引入理念新、实力强、专业化的运营商等多种模式，推动特色小镇建成后的高效运营和可持续发展。

4. 在云南省人民政府发布的《关于加快特色小镇发展的意见》中，创建标准是什么？

（1）用地标准

每个特色小镇规划面积原则上控制在 3 平方公里左右，建设面积原则上控制在 1 平方公里左右。根据产业特点和规模，旅游休闲类、高原特色现代农业类、生态园林类特色小镇可适当规划一定面积的辐射带动区域。

（2）投入标准

2017～2019 年，创建全国一流特色小镇的，每个累计新增投资总额须完成 30 亿元以上；创建全省一流特色小镇的，每个累计新增投资总额须完成 10 亿元以上。2017 年、2018 年、2019 年，每个特色小镇须分别完成投资总额的 20%、50%、30%。建成验收时，每个特色小镇产业类投资占总投资比重、社会投资占总投资比重均须达到 50% 以上。

（3）基础设施标准

创建全国一流旅游休闲类特色小镇的，须按照国家 4A 级及以上旅游景区标准建设；创建全省一流旅游休闲类特色小镇的，须按照国家 3A 级及以上旅游景区标准建设。每个特色小镇建成验收时，集中供水普及率、污水处理率和生活垃圾无害化处理率均须达到 100%；均须建成公共服务 APP，实现 100M 宽带接入和公共 Wi-Fi 全覆盖；均须配套公共基础设施、安防设施和与人口规模相适应的公共服务设施；至少建成 1 个公共停车场，有条件的尽可能建设地下停车场。

（4）产出效益标准

2017～2019 年，创建全国一流特色小镇的，每个特色小镇的企业主营业务收入（含个体工商户）年均增长 25% 以上，税收年均增长 15% 以上，就业人数年均增长 15% 以上；创建全省一流特色小镇的，每个特色小镇的企业主营业务收入（含个体工商户）年均增长 20% 以上，税收年均增长 10% 以上，就业人数年均增长 10% 以上。

州、市、县、区培育发展特色小镇，达到省级创建标准的，纳入省级支持范围。

5. 在云南省人民政府发布的《关于加快特色小镇发展的意见》中，创建程序是什么？

采取"自愿申报、宽进严定、动态管理、验收命名"的创建方式，推进特色小镇建设。

（1）自愿申报

分为创建全国一流和全省一流特色小镇 2 个类型，由各州、市人民政府向省特色小镇发展领导小组办公室（以下简称领导小组办公室）统一报送特色小镇创建方案，明确每个特色小镇的特色内涵、四至范围、产业选择、投资建设运营主体、投资规模、资金来源、建设进度、综合效益及与大型企业主体合作的思路等。

（2）方案审查

由领导小组办公室牵头，会同省直有关部门和专家，对各州、市报送的特色小镇创建方案进行审查，提出创建特色小镇建议名单报省特色小镇发展领导小组（以下简称领导小组）审定。对各地创建特色小镇的名额，不搞平均分配。

（3）名单公布

创建特色小镇建议名单经领导小组审定后，由领导小组办公室公布。

（4）规划审查

进入创建名单的特色小镇，由所在地的县市、区人民政府组织编制特色小镇发展总体规划、修建性详细规划。各州、市人民政府认真组织审查后，将本地编制完成的特色小镇规划报送领导小组办公室，领导小组办公室会同省直有关部门和专家进行审查，审查结果报领导小组审定。没有编制规划或未通过省级规划审查的特色小镇，不享受有关支持政策，不予审批项目，不安排项目资金。

（5）项目建设

特色小镇所在地的县、市、区人民政府，要以产业发展和特色小镇功能提升为重点，按照审查通过的规划，加快推进特色小镇项目建设。

（6）考核评价

由领导小组办公室制定考核办法，按照"自查自评、第三方评估、随机抽查、综合考核、结果报审"的程序组织年度和验收考核，形成年度和验收考核结果报领导小组审定。年度考核合格的兑现年度扶持政策，考核不合格的停止扶持政策支持，退出创建名单。年度考核或验收考核不合格的，通过扣减特色小镇所在地的州、市、县、区一般性财政转移支付，收回相应阶段的省财政支持资金。

（7）验收命名

由领导小组办公室牵头，于2019年底进行验收，提出特色小镇命名建议名单报领导小组审定后命名。

6. 在云南省人民政府发布的《关于加快特色小镇发展的意见》中，有什么支持政策？

（1）保障建设用地

坚持节约集约用地的原则，充分利用存量建设用地，鼓励利用低丘缓坡土地，鼓励低效用地再开发，盘活闲置建设用地。2017~2019 年，省级单列下达特色小镇建设用地 3 万亩。在符合有关规划的前提下，经县、市、区人民政府批准，利用现有房屋和土地兴办文化创意、健康养老、众创空间、"互联网 +"等新业态的，可实行继续按原用途和土地权利类型使用土地的过渡期政策，过渡期为 5 年，过渡期满后需按新用途办理用地手续，符合划拨用地目录的可依法划拨供地。在符合有关规划和不改变现有工业用地用途的前提下，对工矿厂房、仓储用房进行改建及利用地下空间，提高容积率的，可不再补缴土地价款差额。在符合有关规划和用途管制前提下，在特色小镇规划区范围内，探索集体经营性建设用地入市，允许以出租、合作等方式盘活利用宅基地，允许通过村民自愿整合、采取一事一议，在现有宅基地基础上进行统一集中规划建设。

（2）加大财税支持

凡纳入创建名单的特色小镇，2017 年，省财政每个安排 1000 万元启动资金，重点用于规划编制和项目前期工作。2018 年底考核合格，创建全国一流、全省一流特色小镇的，省财政每个分别给予 1 亿元、500 万元奖励资金，重点用于项目贷款贴息。2019 年底验收合格，创建全国一流、全省一流特色小镇的，省财政每个分别给予

9000万元、500万元奖励资金，重点用于项目贷款贴息。特色小镇规划建设区域内的新建企业，从项目实施之日起，其缴纳的各种新增税收省、州市分享收入，前3年全额返还、后2年减半返还给特色小镇所在地的县、市、区人民政府，专项用于特色小镇产业培育和扶持企业发展支出。

（3）拓宽融资渠道

健全政府和社会资本合作机制，大力吸引民间资本参与特色小镇建设。通过财政资金引导、企业和社会资本投入、政策性银行和保险资金项目贷款以及特色小镇居民参与等多种渠道筹措项目建设资金。2017~2019年，由省发展改革委每年从省重点项目投资基金中筹集不低于300亿元作为资本金专项支持特色小镇建设，实现资本金全覆盖，并向贫困地区、边境地区、世居少数民族地区和投资规模大的特色小镇倾斜。积极支持具备条件的特色小镇建设开发企业发行企业债进行融资。支持各州、市利用财政资金和社会资金设立特色小镇发展基金。

（4）优先给予项目支持

特色小镇申报符合条件的项目，省发展改革委、财政厅、住房和城乡建设厅等省直有关部门在审核批准、投资补助等方面加大倾斜支持力度，优先支持申请中央预算内投资和国家专项建设基金，优先列入省级统筹推进的重点项目计划和省"十、百、千"项目投资计划以及有关基金支持，优先安排城镇供排水、"两污"、市政道路等城镇基础设施建设专项补助资金。

7. 在云南省人民政府发布的《关于加快特色小镇发展的意见》中，有什么保障措施？

（1）加强组织领导

成立由省人民政府主要领导任组长，分管住房和城乡建设工作的副省长任副组长，省直有关部门主要负责同志为成员的省特色小镇发展领导小组，主要负责特色小镇建设重大事项的统筹协调、政策制定、创建和奖惩名单审定等。领导小组下设办公室在省发展改革委，具体牵头负责特色小镇建设的综合协调、审查创建方案和规划、动态管理、考核评价、监督检查等工作。

（2）落实主体责任

各县、市、区人民政府是特色小镇建设的责任主体。各州、市人民政府要出台扶持政策、建立工作机制、强化工作措施、倒排时间节点，督促指导所属县、市、区做好特色小镇建设工作，避免另起炉灶、重复建设、大拆大建和搞房地产开发，确保工作实效。

（3）强化分工协作

省发展改革委具体承担领导小组办公室的日常工作，做好协调推进特色小镇发展有关工作；省住房和城乡建设厅负责特色小镇的建设监管，制定建设导则，与省发展改革委共同做好规划审查、考核评价等有关工作，积极申报国家级特色小镇；省财政厅负责财税支持政策的兑现落实，配合做好考核评价工作；省工业和信息化委负责指导做好工业转型升级工作；省科技厅负责指导做好科技创新工作；省人力资源和社会保障厅负责做好就业指导和培训工作；省国土资源厅负责做好用地支持政策的兑现落实工作；省农业厅负责指导做好高原特色现代农业类特色小镇建设工作；省商务厅负责指导做好电子商务发展及口岸类特色小镇建设工作；省民族宗教委、文化厅负责指导做好民族文化挖掘、传承和保护工作；省旅游发展委负责指导做好旅游休闲类特色小镇景区标准建设工作；省招商合作局负责指导做好招商引资工作。领导小组其他成员单位要按照职能职责，加强协调配合，积极支持特色小镇发展。

（4）抓实招商引资

创新招商方式，搭建合作平台，完善激励机制，围绕特色小镇发展方向和产业定位，盯大引强，采取项目推介、整体包装营销、委托招商、以商招商、专业招商等方式，提高招商引资针对性和成功率。各州、市、县、区要在特色小镇申报创建的前期阶段，加大招商引资力度，促进以企业为主体推进特色小镇的项目建设。

（5）强化项目支撑

按照"论证储备一批、申报审核一批、开工建设一批、投产运营一批"的要求，建立全省特色小镇发展重大项目库，创新项目管理模式，以项目为载体引导各类政策、资金、要素向特色小镇集聚。

（6）加强督查监测

由省政府督查室牵头，加大对特色小镇建设工作的督查检查力度。省重点项目稽查特派员办公室要将特色小镇创建纳入稽查工作范围，加强对特色小镇建设项目的稽查。由省统计局会同省直有关部门，于2017年上半年前建立全省特色小镇发展统计监测指标体系。各州、市人民政府要按季度报送特色小镇建设进展情况，由领导小组办公室汇总后向全省通报。

（7）加大宣传力度

充分发挥舆论引导作用，通过新闻发布、专题报道、项目推介、经验交流等，大力宣传特色小镇建设的重要意义、政策措施及成功经验，营造有利于加快推进特色小镇建设的良好社会环境和舆论氛围。

1. 重庆出台何种政策支持特色小镇发展？

2016.6.17 　　　　重庆市人民政府办公厅《关于培育发展特色小镇的指导意见》

2. 在重庆市人民政府办公厅发布的《关于培育发展特色小镇的指导意见》中，指导思想是什么？

全面贯彻落实党的十八大和十八届三中、四中、五中全会精神，按照"五位一体"总体布局和"四个全面"战略布局，牢固树立创新、协调、绿色、开放、共享的发展理念，贯彻落实深化拓展五大功能区域发展战略部署要求，以产业发展为核心，以人口集聚为基础，强化改革创新支撑，抓好试点示范突破，着力提升供给效率水平，坚持集聚发展、差异发展，培育一批特色小镇，充分释放小城镇蕴藏的发展活力和潜力，为深入推进新型城镇化提供有力支撑。

3. 在重庆市人民政府办公厅发布的《关于培育发展特色小镇的指导意见》中，发展目标是什么？

按照"三特色、三集聚"目标，力争在"十三五"期间建成 30 个左右在全国具有一定影响力的特色小镇示范点，推动形成一批产城融合、集约紧凑、生态良好、功能完善、管理高效的特色小镇。

"三特色"。特色产业，基本形成"一镇一业"发展格局，主导产业特色鲜明、集群式发展，生产方式较为高效，是小镇地区生产总值、税收、投资、就业保持稳定增长的主要支撑。特色风貌，小镇建设实现整体平面和立体空间的统筹，地域文化特色浓郁，建筑风貌与自然环境相融合，建筑色彩与建筑形态相协调。特色功能，形成较为完善的基础设施和公共服务功能，具备与区县城综合服务功能错位补充的产业配套、休闲娱乐、度假旅游、文化体验等专业特色功能。

"三集聚"。空间集聚，核心建设区域范围明确，主要发展空间向镇总体规划确定的城镇建设用地范围集聚，资源要素向核心建设区域集聚，单位面积产出效率较高。旅游小镇可根据功能适当调整空间范围。产业集聚，围绕主导产业全链式延伸，集聚发展相关配套产业及相关服务产业，形成具有一定规模、跨界融合的产业集群。人口集聚，就业岗位稳步增加，吸引与区域功能定位、主导产业发展方向、资源环境承载能力相适应的人口集聚，成为融合发展的典范。

4. 在重庆市人民政府办公厅发布的《关于培育发展特色小镇的指导意见》中，发展原则是什么？

（1）功能错位、突出重点

按照各功能区功能定位要求，与区县城作为人口集聚主战场的功能错位，不搞"遍地开花"，重点选择一批具有自然、建筑、产业、人文等特色资源的小镇，因地制宜培育成为特色小镇，成为区县城城市功能的有益补充，优化完善市域城镇体系。

（2）市级示范、区县推动

市级集中筛选确定一批特色小镇示范点，给以相关政策支持，发挥引领示范作用，尽快形成可供推广的经验模式。各区县（自治县）人民政府要充分发挥主动性和积极性，因地制宜培育发展一批特色小镇。

（3）市场主导、政府引导

充分发挥市场在资源配置中的决定性作用，坚持市场化运作，凸显企业在项目投资、运营、管理等方面的主体地位。更好发挥政府的作用，在规划编制、基础设施配套、资源要素保障、公共服务设施完善、文化内涵挖掘传承、生态环境保护、宣传推广等方面统筹推进。

（4）产城融合、城乡联动

特色小镇发展要坚持依托产业集聚相应规模的人口就业、居住、旅游，不搞"空心镇"，避免"大建设"，要成为生态优美、风貌独特、宜居宜业的风情小镇。注重发挥好在区县城和农村人口及要素流动之间的承接传递作用，要成为城乡联动的重要纽带。

5. 在重庆市人民政府办公厅发布的《关于培育发展特色小镇的指导意见》中，发展导向是什么？

立足各功能区功能定位，遵循"产业跟着功能定位走，人口跟着产业走，建设用地跟着产业和人口走"思路，合理配置资源要素，突出发展重点，形成"一镇一景、一镇一业、一镇一韵"的差异化发展格局。

重点领域。依托历史人文资源和自然景观资源，结合地理区位特点，培育发展一批历史文化传承、民俗风情展示、健康养老养生、休闲度假、观光体验类特色旅游小镇；围绕特色农副产品加工、零部件加工制造、轻工纺织等劳动密集型产业培育发展一批特色产业小镇；围绕电子商务、文化创意、创新创业、商贸农贸等培育发展一批特色服务小镇。

区域导向。立足于城乡联动的重要纽带功能，特色小镇原则上不布局在都市功能核心区和都市功能拓展区二环以内的区域。都市功能拓展区二环以外区域，以补充完善都市区功能为导向，培育若干旅游小镇和服务小镇；城市发展新区，以补充完善新型工业化、新型城镇化主战场功能为导向，重点发展一批产业小镇、旅游小镇和服务小镇；渝东北生态涵养发展区和渝东南生态保护发展区，充分利用自然生态风光和特色资源，突出民族民俗民风等文化特色，适度发展一批旅游小镇、产业小镇和服务小镇。建设用地空间制约明显的巫山县、巫溪县、城口县、奉节县、彭水县、酉阳县等县（自治县），可重点支持结合县城建设培育发展若干特色街区。

6. 在重庆市人民政府办公厅发布的《关于培育发展特色小镇的指导意见》中，主要任务是什么？

（1）统筹兼顾推动"多规合一"

坚持规划先行，科学编制特色小镇全域规划，合理确定建设规模和功能定位，把以人为本、尊重自然、传承历史、绿色低碳等理念融入规划过程，切实提升规划的前瞻性、科学性和操作性。统筹考虑人口分布、生产力布局、国土空间利用和生态环境保护，合理确定生产、生活、生态空间，推动小镇发展规划、城乡规划、土地利用规划等"多规合一"，实现以规划"定空间、定产业、定项目"。立足于特色小镇自然资源、文化底蕴、特色产业等，坚持系统规划、整体打造、做靓品牌，统筹规范特色小镇的标志标识、风格塑造、建筑风貌、市场营销等。强化小镇建筑风格的个性设计，制定《重庆市特色小镇城镇建设导则》，明确小镇建筑标准，规范统一建筑形体、色彩、体量、高度等。

（2）打造特色鲜明的主导产业

特色小镇要融入所在区县（自治县）乃至全市的重点产业格局，结合当地实际，突出本地资源优势，差异定位、细分领域、错位发展，明确产业发展定位，锁定产业主攻方向，做好"一镇一业"文章。围绕主导产业，发挥龙头骨干企业的示范带动效应，提升小微企业协作和配套能力，加速"点"上集聚、"链"式拓展，在"一镇一业"上实现集群化、集约化、规模化。切实改变传统镇域产业粗放型发展模式，积极主动适应绿色、生态、安全、个性化的消费升级需求，加快产业提档升级，改进完善生产工艺，严格产品质量标准，坚持做"精"、做"细"、做"绿"，彰显"个性"和"特色"。切实改变传统镇域产业"高消耗、高排放、低效率"的生产模式，鼓励引导发展循环经济，推动产业绿色低碳发展。切实改变传统镇域产业发展"空心化""园区化"的现象，积极吸纳小镇农业转移人口就近就业、落户定居，鼓励扶持小镇人员创新创业，构建以产业促就业、产城融合发展的良好格局。

（3）营造优美宜居的人居环境

提升特色小镇基础设施建设水平，统筹推进公共供水、道路交通、燃气供热、信息网络、分布式能源建设，推进生活污水垃圾处理设施全覆盖和稳定运行，完善垃圾收集转运、公共厕所等设施。加大环境综合整治力度，实施绿化美化工程和生态环境提升工程，突出与自然景观融合发展，强化独特文化风貌展示，努力打造一批环境优美、文化浓郁、生态宜居的特色小镇。提升特色小镇公共服务便利化水平，合理确定公共服务设施建设标准，加强商业服务、社区服务、教育卫生、公共交通、文化娱乐、休闲健身等公共服务设施建设，形成以村级设施为基础，区县、乡镇级设施衔接配套的公共服务设施网络体系。

（4）创新特色小镇发展体制机制

特色小镇要坚持把改革创新作为发展的根本动力，探索形成符合特色小镇发展的体制机制，尽快形成可复制、可推广的经验和模式。探索扩权增能，着力降低行政成本、提高行政效率，根据实际需要，依法赋予特色小镇部分区县级经济社会管理权限。建立更加高效的特色小镇建设管理模式，制订分年度的项目投资计划，以项目为载体引导各类政策、资金、要素集聚。提升特色小镇公共服务的水平和质量，推进政府向社会力量购买公共服务，推动社区网格化管理，利用"互联网＋"推动公共服务更加便捷普惠。探索创新土地流转经营、土地功能调整、用地保障等体制机制，推动特色小镇集约节约建设。

7. 在重庆市人民政府办公厅发布的《关于培育发展特色小镇的指导意见》中，有什么支持政策？

有序引导特色小镇发展，充分发挥条件较好的特色小镇示范引领作用，市级层面集中规划、金融、财政、用地、人力资源等相关政策支持发展若干特色小镇示范点，根据特色小镇示范点推进建设情况适时扩大覆盖范围。

（1）规划

编制特色小镇示范点建设规划，支持推进"多规合一"。统筹特色小镇示范点土地利用总体规划、城乡规划等现行规划，编制各专项规划，实现资源的合理配置，有效利用。

（2）金融

新型城镇化专项建设基金、少数民族特色小镇专项建设基金原则上用于特色小镇示范点建设，其他专项基金优先安排特色小镇示范点。利用国际金融组织（世界银行、亚洲开发银行等）贷款优先支持特色小镇示范点建设。加强信贷政策指导，引导银行业金融机构结合新型城镇化建设金融需求特点，创新金融产品和服务，加大对特色小镇示范点建设的信贷支持，积极利用再贷款、再贴现等货币政策供给，加大定向支持力度，扩大金融机构新型城镇化建设信贷资金来源。支持募投项目用于特色小镇示范点建设的债券发行。鼓励产业引导股权投资基金、基础设施 PPP 项目投资基金等支持特色小镇示范点建设。

（3）财政

加大市级小城镇建设专项资金投入，调整优化市级中心镇专项建设资金，重点支持特色小镇示范点建设。对特色小镇示范点建设较好的区县（自治县）加大财政转移支付力度。旅游、扶贫、文化、农业、商贸、工业、市政、城乡建设、水利、科技、环保等市级行业主管部门将特色小镇示范点经济社会发展纳入专项资金支持范围。

（4）用地

按照规划、建设时序，市级专项下达特色小镇示范点建设用地计划指标。综合运用增减挂钩周转指标、地票等政策，充分保障特色小镇示范点建设。支持有条件的特色小镇示范点开展农村土地承包经营权、农村宅基地使用权、林地承包经营权、集体收益分配权自愿退出机制探索，盘活农村土地资源。

（5）人力资源

市内转移人口和市外来渝在特色小镇示范点创业投资和稳定就业人员，在城市发展新区、渝东北生态涵养发展区和渝东南生态保护发展区特色小镇示范点落户不受务工经商年限限制。重庆市新型城镇化工作联席会议（以下简称市联席会议）成员单位和特色小镇示范点互派干部交流锻炼。针对主导产业开展分类创业就业培训，将特色小镇示范点就业人员纳入农民工培训计划。

（6）其他

支持特色小镇示范点参照国家新型城镇化综合试点地区享受市级部门相关政策，国家 1000 个特色小镇、建制镇示范试点、国家投融资模式创新小城镇试点原则上在特色小镇示范点中选取。特色小镇示范点建设项目打捆纳入市级重点项目，享受相关支持政策。特色小镇示范点名单在市级主流媒体公布。

302

1. 广西出台何种政策支持特色小镇发展？

2017.7.15 广西壮族自治区人民政府办公厅《关于培育广西特色小镇的实施意见》

2. 在广西壮族自治区人民政府办公厅发布的《关于培育广西特色小镇的实施意见》中，总体要求是什么？

特色小镇是指相对独立于城市中心区，具有明确产业定位、文化内涵、旅游特征和一定社区功能的发展空间平台。广西特色小镇的培育应突出产业发展能力，主要以建制镇（乡）、产业园区、现代农业核心示范区、特色旅游集聚区等为载体进行培育。培育特色小镇，有利于加快产业结构转型升级，促进产业链完善延伸，更好地推动供给侧结构性改革，带动地方经济发展；有利于集聚产业人口，激发县域经济活力，积极稳妥推进新型城镇化发展；有利于完善设施服务，建设宜居城镇，整体提升小城镇建设水平。

3. 在广西壮族自治区人民政府办公厅发布的《关于培育广西特色小镇的实施意见》中，指导思想是什么？

全面贯彻党的十八大和十八届三中、四中、五中、六中全会精神，以马克思列宁主义、毛泽东思想、邓小平理论、"三个代表"重要思想、科学发展观为指导，深入贯彻习近平总书记系列重要讲话精神和治国理政新理念新思想新战略，深入学习贯彻习近平总书记对广西工作的重要指示精神，统筹推进"五位一体"总体布局和协调推进"四个全面"战略布局，牢固树立创新、协调、绿色、开放、共享的发展理念，认真落实中央城镇化工作会议、中央城市工作会议精神，以实施大县城战略为主线，以推进供给侧结构性改革为目标，以壮大县域经济为方向，统筹推进特色小镇产业、生态、文化、旅游、基础设施和公共服务融合发展，实现小城镇大集聚、小产业大市场、小领域大创新。以培育特色小镇为抓手，带动信息技术、节能环保、海洋产业、生物制药、现代物流、电子商务、休闲旅游养老、食品糖业、农产品加工、边境贸易十大千亿元产业发展，做强百家优势企业，建成百个经济（生态）强镇，激活 2000 亿元以上固定资产投资，形成统筹城乡新平台、经济发展新引擎、特色营造新典范。

4. 在广西壮族自治区人民政府办公厅发布的《关于培育广西特色小镇的实施意见》中，基本原则是什么？

改革创新、增强活力，以市场化为导向，降低或缩小公共政策供给方的政府约束，增强产业、企业的发展活力；政府引导、企业主体，采取市场化运作模式，以社会资本为主投资建设，激发企业自身潜力，发挥主体作用，拓宽发展空间；集聚要素、突出主业，集聚全社会的各类要素，突出培植主业、规模经营、品牌效应，增强市场活力；推进产业、生态、文化、旅游、基础设施"五位一体"深度融合发展，实现互促共进；多方培育、宽进窄出，发挥部门的职能和协调作用，建立考核激励机制，实行宽进窄出、分级培育、动态管理，共同培育特色产业发展。

5. 在广西壮族自治区人民政府办公厅发布的《关于培育广西特色小镇的实施意见》中，工作目标是什么？

构建国家、自治区、市三级特色小镇培育体系，建设一批特色产业鲜明、服务功能完善、体制机制灵活、生态环境优美、文化底蕴彰显、宜居宜业宜旅的国家、自治区、市级特色小镇，使特色小镇成为我区县域经济发展新的增长点，成为农民就地就近城镇化的重要载体。

到 2020 年，培育 30 个左右全国特色小镇，小城镇功能完善、特色鲜明、活力凸显，成为 21 世纪海上丝绸之路和北部湾城市群的新亮点；建设 100 个左右自治区级特色小镇，产业集聚能力明显增强、拉动投资作用显著，成为县域经济跨越发展的新支撑；建设 200 个左右市级特色小镇，吸纳就业成效明显，区域发展整体加快，成为统筹城乡发展的新平台。

到 2020 年，以特色小镇为载体，培育特色产业，做强特色优势企业，建成百个经济（生态）强镇，激活 2000 亿元以上固定资产投资，培育形成产业链、投资链、创新链、人才链、服务链等融合发展的生态链。

到 2020 年，通过扩权强镇、改革创新，逐步完善适应特色小（城）镇发展的机制体制，营造良好的创新、创业氛围，增强发展内生动力，推进全区小城镇发展水平整体提升。

6. 在广西壮族自治区人民政府办公厅发布的《关于培育广西特色小镇的实施意见》中，主要任务是什么？

（1）构建科学合理培育体系。广西特色小镇按照自治区、市两个层级，采用培育小镇、建设小镇和命名小镇三个阶段，分级培育、动态管理。市级特色小镇由各设区市出台政策开展培育；列入市级培育名单的特色小镇才能进入自治区级培育名单。确定培育小镇的程序为：各设区市自主申报（或自治区主要产业部门推荐）、专家评审、相关部门联合审定后公布，自名单公布之日起 1 年内为培育期。培育期完成后，经考核达到预期成效的，转为建设小镇；未达到成效的，再培育 1 年，次年考核仍未达到成效的，退出培育名单。建设小镇的建设周期为 2 年，达到预期成效并经相关部门联合验收通过的，报请自治区人民政府命名；未通过验收的，延期一年，次年验收仍未通过的，取消特色小镇建设资格。

细分特色小镇产业类型。选择一个具有地方特色和明显优势的细分产业作为主攻方向，防止特色小镇"一哄而上""遍地开花"，防止将已建成的各类小区、园区列为特色小镇。对地域相近、产业相同、定位相似的小镇择优选择，原则上一个细分产业只培育1~2个特色小镇，避免同质竞争。要统筹考虑产业特色、基础条件、区位优势和带动能力，坚持设区市申报与自治区重点培育相结合的原则，突出发展千亿元产业，重点培育边境贸易、海洋产业、健康养老、民族文化、休闲旅游、农产品生产加工、本地产业型市场等传统优势产业和信息技术、节能环保、生物制药、现代物流、电子商务等新兴产业，强化对县域经济的支撑作用。（自治区住房和城乡建设厅、发展改革委，工业和信息化委、科技厅、财政厅、人力资源社会保障厅、国土资源厅、农业厅、商务厅、文化厅、旅游发展委、地税局、工商局、体育局等。排在第一位的为牵头单位，下同）

（2）开展"五位一体"规划建设。要按照产业、生态、文化、旅游、基础设施要素融合发展、协同推进的"五位一体"方式创建特色小镇。自列入培育名单起，1年内要完成特色小镇总体规划编制和特色小镇培育策划，并完成控制性详细规划编制。选址应符合城乡规划要求，与城乡规划不一致的，必须先依法修改城乡规划。特色小镇选址所在地县级人民政府应建立住房和城乡建设、发展改革、国土资源、文化、旅游及产业主管部门协调联动的发展建设规划编制和实施机制，由相关部门牵头组织规划编制，县级人民政府审批通过，坚持"一张蓝图干到底"。发展建设规划要做好与上位相关规划的衔接，并加强规划实施的技术指导，每个特色小镇均需安排乡村规划师挂点服务。

要结合各自特点统筹产业、生态、文化、旅游、基础设施项目建设，将特色小镇建成集文化展示、旅游观光、产业集聚、生态保护、生活宜居等于一体的城镇生产生活综合体。文化展示方面，要深度研究挖掘地方优秀传统文化和产业文化，将文化展示融入小镇规划建设和生活中，保持与自然生态相协调、与民族文化相适应的村镇风貌，以及有民族特色的传统建筑群落，让小镇居民和创业者既能享受现代城市生活，又能留住绿水青山。每个小镇都要实现文化展示"四个一"的目标，即突出一个主题文化品牌、建设一个文化场馆、打造一个小镇公园、形成一个具有独特文化肌理和建筑风貌的小镇核心区。旅游观光方面，工、农、贸、新兴产业类小镇需按照国家 AAA 级旅游景区建设，休闲旅游、健康养生类小镇需按照国家 AAAA 级以上旅游景区建设。生态保护方面，要加强环境整治，完善污水、垃圾处理设施，突出绿化美化，加强空气污染治理，发展清洁能源和循环利用体系，推广绿色建筑，将特色小镇所在地建成自治区级以上园林城镇。生活宜居方面，要完善交通路网，推进慢行系统建设，加强公共服务供给，建立健全创业者住房保障体系，着力推进民生服务的智慧应用，打造智慧小镇。

特色小镇原则上按 1~3 平方公里面积进行建设，原则上轻资产型（生态、文化、旅游等）社会投入要达到 8 亿元 / 平方公里以上，重资产型（工业、贸易等）社会投入要达到 16 亿元 / 平方公里以上。严格控制特色小镇的房地产开发，新增建设用地主要用于基础设施和公共服务设施、产业及配套用房、文化养生旅游设施等建设，防止"变相圈地"和以特色小镇建设为名变相实施房地产开发。（自治区住房和城乡建设厅、发展改革委、工业和信息化委、国土资源厅、交通运输厅、农业厅、文化厅、旅游发展委）

（3）开展"一业主导、多业联动"产业培育。每个特色小镇要重点发展一个主导产业及 2~3 个联动产业。鼓励特色小镇的主导产业注册地理标志商标，培育小镇特色产业品牌。要推动主导产业要素集聚、产业升级，不断完善产业上下游链条，提升产业链意识和智慧，或构建新链条，或延伸链条，或拉长链条，或补足链条，或做强链条，加快形成具有行业竞争力的"单打冠军"。

要加大龙头企业扶持力度，在特色小镇重点扶持一批具有较强研发创造力、行业影响力、辐射带动力的龙头企业，做强百家优势企业。要协同推进联动产业发展，加快特色小镇产城融合，推动商业、办公、居住、生态空间与交通站点的合理布局与综合利用开发，统筹生产、办公、生活和商业区等功能区规划建设，建成集生产、服务和消费于一体的综合体，在集聚产业的同时集聚人口。注重特色小镇内闲置工业厂房、码头仓库等的改造利用，将其发展成为具有历史记忆、符合现代要求的众创空间或产业基地。自特色小镇培育起，全区各级人民政府引导落地的同类型或关联产业，在满足建设规划的基础上，优先考虑落户特色小镇；各级财政主导的技改、研发和产业升级资金，优先考虑安排特色小镇所在企业。（自治区发展改革委、工业和信息化委、财政厅、住房和城乡建设厅、农业厅、商务厅、旅游发展委）

（4）推进特色产业创新驱动。特色小镇的特色在于产业，产业发展源于创新。要进一步增强企业自主创新能力，激励企业加大研发投入，加强企业研发能力建设，推动在特色小镇的企业建设一批工程（技术）研究中心等创新基地（平台）；要积极搭建平台，支持企业与区内外高校、研究机构开展产学研合作，优先将政府引导的实验、试点项目安排在特色小镇。加强对集群产业的商标品牌建设，鼓励支持集体商标、地理标志证明商标注册、使用和保护，加快形成一批拥有自主知识产权、核心技术和知名品牌、具有竞争力的创新型企业。

建立健全创新保障体系，为科技成果转化和企业技术创新提供优质高效服务。加强特色小镇各类科技公共服务平台和科技资源共享网络建设，加快提升其服务功能和服务水平，完善开放共享的保障政策和运行机制。创新投融资体系，支持商业银行加大对科技创新的信贷支持，完善科技型企业信用担保体系，加大对社会资金设立风险投资基金的引导支持和风险补偿，支持科技型企业上市融资，构建多元化、多层次的科技投融资体系。（自治区科技厅、发展改革委、住房和城乡建设厅、工商局、金融办）

（5）完善特色小镇发展机制体制。推进扩权强镇，对具备条件的特色小镇，由县级主管部门委托乡镇人民政府负责乡村规划建设管理审批工作；进一步完善乡财县管财政制度，具备条件的特色小镇经批准可设立镇一级财政；对以产业园区为主要载体创建的建制镇，推进"园镇合一"试点，按照两块牌子、一套领导班子的建设管理模式，实现产业、城镇、人员深度融合；强化市场的主体作用，充分调动企业积极性，有条件的可以试行以企业为主体的特色小镇建设和管理、运营模式；加强与国家开发银行、农业发展银行、建设银行、光大银行等金融部门合作，着力搭建银行优惠贷款落地的平台和渠道，促进特色小镇长效健康发展。（自治区发展改革委、工业和信息化委、财政厅、住房和城乡建设厅、金融办）

310

7. 在广西壮族自治区人民政府办公厅发布的《关于培育广西特色小镇的实施意见》中，有什么支持政策？

（1）建设用地激励。全区各设区市、县（市、区）要做好特色小镇与土地利用总体规划的衔接，避让优质耕地、禁止占用基本农田，要本着节约集约利用土地资源的理念，充分利用荒山、荒坡、荒滩等未利用地以及存量建设用地。特色小镇确需新增建设用地的，由自治区和各设区市按照集中统筹、分级保障的原则，优先列入土地利用年度计划。探索特色小镇建设与易地扶贫搬迁、城乡建设用地增减挂钩、土地整治协同推进工作模式，集中整合各方资源，打造精品。易地扶贫搬迁安置区及其配套的基础设施、公共服务设施、产业项目用地，在符合节约集约用地要求的前提下，由自治区统筹保障用地指标；具备增减挂钩实施条件的特色小镇，增减挂钩试点指标由自治区应保尽保，增减挂钩节余周转指标可按规定有偿流转使用，拓宽特色小镇建设资金来源。在符合相关规划的前提下，利用现有房屋和存量建设用地，兴办文化创意、科研、健康养老、众创空间、现代服务业、"互联网＋"等新业态的，可实行继续按原用途和土地权利类型使用土地的过渡期政策，过渡期为5年，过渡期满后需按新用途办理用地手续。对存量工业用地，在符合相关规划和不改变用途的前提下，经批准在原用地范围内进行改建或利用地下空间而提高容积率的，不再收取土地出让价款。（自治区国土资源厅、发展改革委、住房和城乡建设厅）

（2）补助资金激励。自治区财政按照每个特色小镇培育资金2000万元予以奖励，其中列入培育名单后先拨付奖励资金1000万元，用于启动特色小镇建设；培育合格转入建设阶段后再奖励1000万元，用于特色小镇规划设计、基础设施和公共服务平台等建设。其中，属于旅游、科技、工业的特色小镇，奖励资金从相关部门的经费中安排。未能通过验收获得命名的，自治区通过财政年终结算扣款收回2000万元奖励资金。（自治区财政厅、发展改革委、住房和城乡建设厅）

（3）财税优惠激励。特色小镇范围内的建设项目整体打包列入年度自治区重点项目的，所含子项目可享受自治区级重点项目优惠政策。特色小镇自列入培育名单之日起，自治区据其规划空间范围内实际上划自治区财政的税收收入情况，通过统筹安排专项转移支付等方式支持规划区项目建设。充分利用好农业发展银行支持农村人居环境改善信贷政策，整合各类涉农资金，支持特色乡镇建设。优先支持项目方向国家开发银行、中国农业发展银行等政策性银行争取长期低息贷款。（自治区财政厅、发展改革委、住房和城乡建设厅、地税局）

（4）人才培育保障。引进和培育一批与特色小镇建设相关的产业、生态、文化、旅游、基础建设等领域专业技术人才，分级建立与特色小镇规划建设相关的各领域专家人才信息库，实行动态管理。支持特色小镇聘请专家采用挂钩联系方式指导特色小镇建设发展；支持在具备条件的特色小镇建设与其产业发展定位相一致的人才小高地、博士后科研流动站和工作站、博士后创新实践基地、专家服务基地；鼓励高校相关专业增加特色小镇规划、建设相关课程，并鼓励高校师生积极参与特色小镇课题的研究。（自治区人力资源社会保障厅、编办、发展改革委、教育厅、住房和城乡建设厅）

（5）其他奖励激励。以产业园区、旅游景区为载体的特色小镇，给予先上浮、再认定的优惠政策，即自培育之日起，可享受上浮一个等级的优惠政策，待完成建设通过验收后，再由相关部门予以认定。参照国务院对落实有关政策措施成效较明显地区予以激励支持的做法，每年由自治区住房和城乡建设厅、发展改革委组织第三方评估，对在全区排前 10 位的特色小镇所在地的县级人民政府给予相关的奖励措施。（自治区住房和城乡建设厅、发展改革委、工业和信息化委、科技厅、财政厅、人力资源社会保障厅、国土资源厅、农业厅、商务厅、文化厅、旅游发展委、地税局、工商局、体育局等）

8. 在广西壮族自治区人民政府办公厅发布的《关于培育广西特色小镇的实施意见》中，有什么保障措施？

（1）加强组织领导。建立广西特色小镇培育厅际联席会议（以下简称联席会议）制度，由自治区住房和城乡建设厅、发展改革委、工业和信息化委、科技厅、财政厅、人力资源社会保障厅、国土资源厅、农业厅、商务厅、文化厅、旅游发展委、地税局、工商局等部门共同参与，统筹推进全区特色小镇培育。联席会议办公室设在住房和城乡建设厅，承担日常工作。自治区住房和城乡建设厅、发展改革委要切实履行好统筹协调的工作职责，会同相关部门做好建设名单筛选、规划设计评审、项目计划下达、指导督促、验收等工作；各有关部门要按照职责分工，做好产业发展指导和优惠政策落实等工作。各特色小镇所在地的县级人民政府是特色小镇建设的责任主体，要建立工作领导机制，制订工作方案，组织规划编制，推进项目建设，加快产业集聚，确保培育工作有序实施。要建立完善问题协调、指导服务、工作督查、信息公开、总结交流等工作机制，确保工作有序推进；要组建广西特色小镇培育专家指导组和工作推进组，及时解决存在问题，加快特色小镇建设；要构建上下联动、横向互动的工作格局，适时召开工作推进会，交流经验做法，整体提升水平。

（2）完善工作机制。自治区住房和城乡建设厅、发展改革委要会同有关部门研究制定广西特色小镇申报标准、评选办法、动态管理和验收细则等，实现申报、评选、建设、命名全过程科学规范管理；要建立策划方案、规划设计、产业发展等重大事项的专家咨询论证和集中会审制度，确保特色小镇高起点规划、高标准建设、高速度发展。

（3）加大资金投入力度。要坚持"政府主导、市场主体、公众参与"的原则，加大财政资金的统筹力度，将棚户区改造、城市地下综合管廊建设、海绵城市建设、农村人居环境改善、城镇基础设施建设、特色旅游名县和现代农业核心示范区创建，以及企业技术改造、研发等资金统筹用于支持特色小镇培育。积极申请国家专项建设基金、绿色债券，以及广西政府投资引导基金的资金支持；以财政资金做引导，扩大市场化融资规模，大力运用政府和社会资本合作等方式开展特色小镇各类项目建设与运营；运用多种手段，支持项目业主引入保险资金，鼓励公共基金、保险资金等参与项目自身具有稳定收益的项目建设和运营。

1. 宁夏出台何种政策支持特色小镇发展?

| 2017.7.12 | 中共银川市委办公厅、银川市人民政府办公厅《关于印发〈银川市加快打造特色小镇实施意见〉的通知》 |

2. 在中共银川市委办公厅、银川市人民政府办公厅发布的《关于印发〈银川市加快打造特色小镇实施意见〉的通知》中，指导思想是什么?

全面贯彻落实 2017 年中央城市工作会议、自治区第十二次党代会、银川市第十四次党代会、自治区和银川市农村工作会议等会议精神，以《国家新型城镇化规划（2014—2020）》为依据，结合新型城镇化综合试点工作，牢固树立和贯彻落实创新、协调、绿色、开放、共享的发展理念，转变发展方式，充分发挥市场主体作用，打造一批生态农业、东西合作、影视红酒等特色鲜明、产城融合、充满魅力的美好银川特色小镇，增强城镇连接城乡、聚集产业、承载人口、辐射带动能力，发挥示范带动效应，为银川市推进新型城镇化建设提供有力支撑。

3. 在中共银川市委办公厅、银川市人民政府办公厅发布的《关于印发〈银川市加快打造特色小镇实施意见〉的通知》中，基本原则是什么？

（1）坚持突出特色。从银川市经济社会发展实际出发，发展本土优势特色产业，传承传统文化，注重生态环境保护，完善市政基础设施和公共服务设施。依据特色资源优势和发展潜力，科学确定培育对象，防止一哄而上。

（2）坚持市场主导。尊重市场规律，充分发挥市场主体作用，县（市）区人民政府重在搭建平台、提供服务，避免出现大包大揽。以产业发展为重点，依据产业发展确定建设规模，防止盲目造镇。避免出现打着特色小镇名义，违法违规搞圈地开发。

（3）坚持深化改革。加大体制机制改革力度，创新发展理念，创新发展模式，创新规划建设管理，创新社会服务管理。推动传统产业改造升级，培育壮大新兴产业，打造创业创新新平台，发展新经济。

4. 在中共银川市委办公厅、银川市人民政府办公厅发布的《关于印发〈银川市加快打造特色小镇实施意见〉的通知》中，主要任务是什么？

2017 年启动银川市特色小镇创建工作，按照"成熟一批、培育一批"的原则，突出重点、突出产业、突出特色，坚持因地制宜、分类指导，力争在"十三五"期间推动形成一批特色鲜明、产城融合、充满魅力的特色小镇。

5. 在中共银川市委办公厅、银川市人民政府办公厅发布的《关于印发〈银川市加快打造特色小镇实施意见〉的通知》中，实施步骤是什么？

（一）前期准备阶段

1. 确定培育对象。立足旅游休闲型、健康疗养型、商贸物流型、文化民俗型、特色制造型等不同特点，开展特色小镇"名镇名村"工程。按照每个县（市）区范围内选择一个镇开展试点的要求，由县（市）区人民政府按照自身发展实际，进行自主申报，由市委农村工作领导小组办公室（以下简称市委农办）组织专家及相关部门，按照特色小镇培育要求和自治区美丽乡村建设"八大工程"实施情况进行评审，重点从土地、产业、文化、旅游、资金等方面把关，最终确定最符合条件的特色小镇培育示范对象。

牵头单位：市规划局；

配合单位：市委农办、财政局、国土局、住建局、农牧局、发改委、文广局。

2. 科学编制规划。列入市级特色小镇培育对象的县（市）区人民政府，要高标准编制特色小镇建设实施规划。改变规划任务书由编制单位制定的传统，组织编制单位深入调研，针对问题制定规划任务书。创新规划理念和方法，按照空间规划（多规合一）的要求，明确特色小镇规划编制内容，因地制宜确定小镇建设规模、范围、内容、布局、形态、样式等。统一技术审查、备案，特色小镇规划编制，除常规性的部门审查、专家审查外，创新引入编制单位互审机制，促进编制单位间良性竞争，确保规划的科学性、可行性与前瞻性。

牵头单位：市规划局；

配合单位：市住建局、国土局、交通局、环保局、林业局、发改委、文广局。

（二）建设实施阶段

1. 制订建设方案。在前期规划编制完成基础上，县（市）区人民政府进一步制订特色小镇年度发展建设方案，细化特色小镇投资主体、推进主体、投资规模、建设项目、建设计划等内容，并积极推进项目实施。提前开展当年建设项目可研、规划选址、立项、项目施工设计、用地批准等相关前期工作。

牵头单位：县（市）区人民政府；

配合单位：市发改委、财政局、国土局、住建局、交通局、环保局、林业局、水务局、行政审批局。

318

2. 制定扶持政策。由市直相关部门负责，结合自身职责，按照特色小镇建设要求，从招商引资、基础设施建设等方面，对培育打造的市级特色小镇给予政策扶持，整合优化政策资源，在各类项目安排上给予倾斜，确保培育小镇达到创建标准。

牵头单位：市委农办；

配合单位：市财政局、国土局、发改委、扶贫办、农牧局、水务局、林业局、经合局、交通局、环保局、商务局、银西生态防护林管理处。

3. 开展国家级特色小镇申报工作。按照住建部、发改委、财政部《关于开展特色小镇培育工作的通知》（建村〔2016〕147号）相关要求，在市级特色小镇培育对象内，做好国家级特色小镇申报各项工作，对于初具成效的乡镇，于当年7月底前按照申报要求，准备好相关资料并向区市住建、发改、规划部门递交申报材料，争取国家级特色小镇培育项目。

牵头单位：市规划局；

配合单位：县（市）区人民政府。

4. 进行动态监管。对培育对象工作开展情况进行动态督察，组织相关单位，加强对规划、建设、申报工作的联动指导，协调、督促特色小镇建设工作有序推进。

牵头单位：市规划局；

配合单位：市委农办、市财政局、国土局、发改委、扶贫办、农牧局、水务局、林业局、经合局、交通局、环保局、商务局、文广局、体育旅游局、县（市）区人民政府。

（三）年度考评阶段

1. 开展考评工作。成立特色小镇年度考评小组，按照自治区特色小镇培育创建绩效考评办法，结合各县（市）区制订的年度建设方案，组织对特色小镇培育建设情况进行综合考评。各县（市）区根据年度建设方案，在考评前开展自查，形成自查报告，向特色小镇考评组提出年度考评申请，由考评组择期进行考评。

牵头单位：市委农办、市规划局；

配合单位：市财政局、国土局、发改委、扶贫办、农牧局、水务局、林业局、经合局、交通局、环保局、商务局、文广局、体育旅游局、县（市）区人民政府。

2. 建立退出机制。经考评，没有按期完成年度建设任务或工作开展不力的特色小镇退出培育范围。

牵头单位：市委农办；

配合单位：市财政局、规划局、国土局、发改委、扶贫办、农牧局、水务局、林业局、经合局、交通局、环保局、商务局、文广局、体育旅游局、县（市）区人民政府。

6. 在中共银川市委办公厅、银川市人民政府办公厅发布的《关于印发〈银川市加快打造特色小镇实施意见〉的通知》中，有什么保障措施？

（1）全力保障用地。市国土局按照规划、建设时序，适度安排特色小镇建设用地计划指标。综合运用增减挂钩周转指标，充分保障特色小镇建设。

（2）强化资金扶持。由市财政局负责，对列为培育对象的特色小镇，根据年度考核结果实行差别化奖补，自 2018 年起将培育经费列入市财政预算，每年安排 5000 万元，连续支持 3~5 年。

（3）加强项目保障。加大市级乡镇基础设施、农田水利、公共服务项目保障力度，重点支持特色小镇建设。对特色小镇培育对象，各县（市）区要整合各类项目，进行集中实施。农业、水利、林业、旅游、扶贫、文化、科技、环保等市级行业主管部门要将特色小镇建设纳入各类重点项目保障范围。

（4）加强小镇推广。由市委宣传部、文广局负责引入国内知名的文案策划团队，通过微信公众号、微博大 V 等互联网新媒体，包装策划推送特色小镇"热点"，提升特色小镇产业发展水平。

7. 在中共银川市委办公厅、银川市人民政府办公厅发布的《关于印发〈银川市加快打造特色小镇实施意见〉的通知》中，有什么具体要求？

（1）加强组织领导。各县（市）区要成立专门的领导小组，建立推进工作机制，加强组织协调，分期制定建设项目安排和实施步骤，确保各项工作按照时间节点和计划要求有序推进，不断取得实效。

（2）强化项目支撑。市发改委、行政审批局要按照"论证储备一批、申报审核一批、开工建设一批、投产运营一批"的要求，建立银川市特色小镇发展重大项目库，创新项目管理模式，以项目为载体引导各类政策、资金、要素向特色小镇集聚。

（3）抓实招商引资。市级特色小镇培育对象要创新招商方式，搭建合作平台，完善激励机制，围绕特色小镇发展方向和产业定位，盯大盯强，采取项目推介、整体包装营销、委托招商、以商招商、专业招商等方式，提高招商引资针对性和成功率。

（4）深化强镇扩权。市编办、法制办、财政局要指导各县（市）区向乡镇放权，理顺特色小镇的职权关系，探索建立特色小镇行政、财政管理制度，按法定程序和要求赋予特色小镇一定的经济社会管理权限，做到权责相称。各县（市）区、各级部门要结合特色小镇的培育打造，在推进教育、医疗、就业等公共服务均等化方面做出探索尝试。

（5）延长农业产业链。市农牧局、体育旅游局结合"三精"（精挑细选、精耕细作、打造精品）农业打造，夯实特色小镇产业发展基础，走"三产融合"的道路，做优粮食产业，做大葡萄酒、畜牧产业集群，做精蔬菜、花卉设施、适水、休闲等产业。鼓励农业龙头企业向乡镇驻地集中，向园区集中，拉长产业链条。依托农业优势特色产业，大力发展旅游业及相关的休闲、娱乐、餐饮等产业。引导和支持农民到乡镇驻地务工经商办实体，推动人口向城镇集中。

（6）建立特色小镇市场化运作机制。探索由县（市）区人民政府负责成立国有或民营投融资公司，负责特色小镇房地产开发、招商引资、融资、技术孵化、供应链整合等服务。由市发改委、住建局制定具体政策，进一步鼓励和引导社会资本通过产业基金、PPP模式等方式，参与城镇基础设施等项目投资、建设、运营和管理，提高融资效率和资金使用效益。

8. 在中共银川市委办公厅、银川市人民政府办公厅发布的《关于印发〈银川市加快打造特色小镇实施意见〉的通知》中，首批培育名单是什么？

序　号	县市区	乡镇名称	主导产业
1	兴庆区	掌政镇	湿地生态旅游业
2	金凤区	良田镇	观光农业、自然生态型旅游
3	西夏区	兴泾镇	商贸服务业
4	灵武市	梧桐树乡（老新华桥镇区）	民俗旅游、工业
5	永宁县	闽宁镇	葡萄产业、劳务产业
6	贺兰县	洪广镇	旅游业、生物制药
7	兴庆区	月牙湖乡	通用航空产业、旅游业
8	西夏区	镇北堡镇	影视旅游业、红酒产业、商贸服务业
9	永宁县	纳家户	回乡风情旅游业、地方文化产业
10	永宁县	华夏河图	旅游业、现代艺术产业

图书在版编目（CIP）数据

特色小镇政策一问一答.2017~2018 / 许菡芬主编
. -- 北京：社会科学文献出版社，2018.10
ISBN 978 - 7 - 5201 - 2846 - 9

Ⅰ.①特…　Ⅱ.①许…　Ⅲ.①小城镇 -城市建设 -中
国 -问题解答　Ⅳ.①F299.21 - 44

中国版本图书馆 CIP 数据核字（2018）第 118995 号

特色小镇政策一问一答（2017~2018）

主　　编 / 许菡芬

出 版 人 / 谢寿光
项目统筹 / 高　雁
责任编辑 / 王楠楠　王春梅

出　　版 / 社会科学文献出版社·经济与管理分社（010）59367226
地址：北京市北三环中路甲 29 号院华龙大厦　邮编：100029
网址：www.ssap.com.cn
发　　行 / 市场营销中心（010）59367081　59367018
印　　装 / 天津千鹤文化传播有限公司

规　　格 / 开 本：787mm × 1092mm　1/16
印 张：20.75　字 数：239 千字
版　　次 / 2018 年 10 月第 1 版　2018 年 10 月第 1 次印刷
书　　号 / ISBN 978 - 7 - 5201 - 2846 - 9
定　　价 / 75.00 元